# गोरखनाथ

*जीवन और दर्शन*

# गोरखनाथ

## जीवन और दर्शन

*सबदी और पद सहित*

डॉ. कन्हैया सिंह

लोकभारती प्रकाशन

**लोकभारती प्रकाशन**
पहली मंजिल, दरबारी बिल्डिंग, महात्मा गाँधी मार्ग
प्रयागराज-211 001
वेबसाइट : www.lokbharatiprakashan.com
ईमेल : info@lokbharatiprakashan.com
**शाखाएँ** : 1-बी, नेताजी सुभाष मार्ग, दरियागंज
नयी दिल्ली-110 002
अशोक राजपथ, सइन्स कॉलेज के सामने
पटना-800 006 (बिहार)
36-ए, शेक्सपियर सरणी
कोलकाता-700 017

**प्रथम संस्करण** : 2020

**मूल्य** : ₹ 550



**ग्राफिक क्रियेशन्स प्रा.लि.**
प्रयागराज द्वारा मुद्रित

GORAKHNATH
*Jeevan aur Darshan*
by Dr. Kanhaiya Singh

ISBN : 978-93-89742-75-6

**पूज्य महन्त योगी आदित्यनाथ जी**

के मिशन को निरन्तर अग्रसर करने में संलग्न

प्राचार्य डॉ. प्रदीप कुमार राव

को सस्नेह

# अनुक्रम

# प्रस्तावना

इस पुस्तक में गोरखनाथ के सम्बन्ध में नौ अध्यायों में जो कुछ लिखा गया है, मैं उसके सम्बन्ध में किसी मौलिकता का दावा नहीं करता। आचार्य हजारीप्रसाद द्विवेदी के 'नाथ-सम्प्रदाय' और अक्षय कुमार बनर्जी के 'नाथपन्थ' में बहुत अच्छा विश्लेषण इस धारा का हुआ है। योगी आदित्यनाथ के 'राजयोग' में इसका विवेचन महत्त्वपूर्ण है। साथ ही जार्ज डब्ल्यू. ब्रिग्स की अंग्रेजी पुस्तक Gorakhnath and the Kanphata yogis ने पहले ही इस पन्थ और इसके प्रवर्तक महायोगी गोरखनाथ को विश्वभर में विख्यात करने का काम किया था। डॉ. नागेन्द्रनाथ उपाध्याय की तीन पुस्तकों में तथा कई शोध-प्रबन्धों में भी काफी-कुछ लिखा गया है। मैंने केवल मधु-संचय का काम किया है। इन प्रख्यात आचार्यों और अन्य लोगों के ग्रन्थों की सामग्री का उपयोग करके मैंने युगप्रवर्तक के रूप में गोरखनाथ को स्थापित करने का प्रयास किया है। उन विद्वानों द्वारा बनाये गये मार्ग से चलकर मैंने भी मंजिल तक पहुँचने का प्रयास किया है, वैसे ही जैसे—

*अति अपार जे सरितबर जौं नृप सेतु कराहिं।*
*चढ़ि पिपीलिकऊ परम लघु बिनु श्रम पारहि जाहिं।।*

मैंने यह प्रयास किया है कि विषय सरलतम ढंग से प्रस्तुत किया जाय ताकि अध्येताओं को सरलता से गोरखनाथ की योग-साधना की विशेषता और तत्कालीन समाज में उसकी उपयोगिता समझ में आ सके। वैसे तो योग-साधना के विषय पर कुछ लिखने का अधिकारी वही व्यक्ति है जो योगी और साधक हो। यह विषय तो—

*'मन बानी को अगम अगोचर,*

*सो जाने जो पावै।'*

पर मैंने यह धृष्टता की है क्योंकि योग की उपयोगिता युगों की सीमा का अतिक्रमण करते हुए वर्तमान समय में भी सारे विश्व में स्वीकृति पा रही है। यह भारत की ऐसी देन है जो जाति, धर्म देश की सीमाओं को तोड़कर आज वैश्विक स्वीकृति पा चुकी है।

इस पुस्तक में नवीं-दशवीं शताब्दी के इस महापुरुष का प्रभाव आसेतु हिमालय देश की सभी भाषाओं के भक्तिकाल के कवियों की रचनाओं में दिखाया गया है। सन्तकाव्य तो उस परम्परा की कड़ी में ही है, बाहर से आये सूफ़ियों पर भी इसका प्रभाव पड़ा। सूफ़ीमत के प्रचार में सबसे बड़ी बाधा योग और योगियों से थी। अतः उन्होंने अपनी साधना में इसे एक सोपान के रूप में ग्रहण किया। इन प्रभावों का विस्तार से विचार यहाँ किया गया है।

इस पुस्तक में जिनकी पुस्तकों का उपयोग किया गया है, उनका मैं आभारी हूँ। पुस्तक को लोकभारती प्रकाशन ने स्वीकार करके इस महायोगी के प्रति अपना आदर और सम्मान प्रदर्शित किया है। उनके प्रति मैं कृतज्ञ हूँ। पुस्तक के मेरे वक्तव्य को लिपिबद्ध करने के लिए डॉ. विनम्रसेन सिंह, इलाहाबाद विश्वविद्यालय के शोध छात्र श्री आलोक गुप्त को धन्यवाद और आशीर्वाद देता हूँ।

5 जुलाई, 2020 गुरुपूर्णिमा, —**कन्हैया सिंह**

आषाढ़शुक्ल पूर्णिमा, 2097

अध्याय–1

# योगदर्शन और परम्परा

योगदर्शन छह आस्तिक दर्शनों (षड्दर्शन) में प्रसिद्ध है। इस दर्शन का प्रमुख लक्ष्य है कि मनुष्य परम लक्ष्य (मोक्ष) की प्राप्ति कर सके। अन्य दर्शनों की भाँति योगदर्शन तत्त्वमीमांसा के प्रश्नों (जगत् क्या है, जीव क्या है?, आदि) में न उलझकर मुख्यत: मोक्षवाले दर्शन की प्रस्तुति करता है। किन्तु मोक्ष पर चर्चा करनेवाले प्रत्येक दर्शन की कोई–न–कोई तात्त्विक पृष्ठभूमि होनी आवश्यक है। अत: इस हेतु योगदर्शन, सांख्यदर्शन का सहारा लेता है और उसके द्वारा प्रतिपादित तत्त्वमीमांसा को स्वीकार कर लेता है। इसलिए प्रारम्भ से ही योगदर्शन, सांख्यदर्शन से जुड़ा हुआ है।

प्रकृति, पुरुष के स्वरूप के साथ ईश्वर के अस्तित्व को मिलाकर मनुष्य जीवन की आध्यात्मिक, मानसिक और शारीरिक उन्नति के लिए दर्शन का एक बड़ा व्यावहारिक और मनोवैज्ञानिक रूप योगदर्शन में प्रस्तुत किया गया है। इसका ज्ञान पतंजलि मुनि के योगसूत्रों से होता है। योगसूत्रों की सर्वोत्तम व्याख्या व्यास मुनि द्वारा लिखित व्यासभाष्य में प्राप्त होती है। इसमें बताया गया है कि किस प्रकार मनुष्य अपने मन (चित्त) की वृत्तियों पर नियन्त्रण रखकर जीवन में सफल हो सकता है और अपने अन्तिम लक्ष्य निर्वाण को प्राप्त कर सकता है।

योगदर्शन, सांख्य की तरह द्वैतवादी है। सांख्य की तत्त्वमीमांसा को पूर्ण रूप से स्वीकारते हुए उसमें केवल 'ईश्वर' को जोड़ देता है।

इसलिए योगदर्शन को 'सेश्वर सांख्य' (स+ईश्वर सांख्य) कहते हैं और सांख्य को निरीश्वर कहा जाता है।

योगदर्शन में पुरुष तत्त्व केन्द्रीय विषय के रूप में प्रस्तुत हुआ है। यद्यपि पुरुष और प्रकृति दोनों की स्वतन्त्र सत्ता मानी गयी है परन्तु तात्त्विक रूप में पुरुष की सत्ता ही सर्वोच्च है। पुरुष के दो रूप कहे गये हैं। पुरुष को चैतन्य एवं अपरिणामी कहा गया है, किन्तु अविद्या के कारण पुरुष जड़ एवं परिणाम चित्त में स्वयं को आरोपित कर लेता है। पुरुष और चित्त के संयुक्त हो जाने पर विवेक जाता रहता है और पुरुष स्वयं को चित्त रूप में अनुभव करने लगता है। यह अज्ञान ही पुरुष के समस्त दु:खों, क्लेशों का कारण हैं। योगदर्शन का उद्देश्य पुरुष को इस दु:ख से, अज्ञान से, मुक्त कराना है। इसी तथ्य को सैद्धान्तिक रूप से योगदर्शन में हेय, हेय-हेतु, हान और हानोपाय के रूप में प्रस्तुत किया गया है। इन चार क्रमों में पुरुष दु:खों से मुक्ति पाता है, इसलिए योग में इसे 'चतुर्व्यूहवाद' कहा गया है एवं इस चतुर्व्यूह से मुक्त होना ही योग का परम उद्देश्य है। चतुर्व्यूहवाद की विवेचना में ही योगदर्शन में पुरुष, पुरुषार्थ और पुरुषार्थशून्यता का दर्शन प्रकट होता है। पुरुष अविद्याग्रस्त होने पर संसार-चक्र में पड़ता है और पुरुषार्थशून्यता की अवस्था को प्राप्त करता है। पुरुष का परम लक्ष्य कैवल्य की प्राप्ति है। योग में पुरुष को आत्मा का पर्याय माना गया है। अत: आत्मा, जो कि संख्या में असंख्य है, उसकी कैवल्य प्राप्ति तभी हो सकती है जब चतुर्व्यूह का पुरुषार्थ साधन कर दु:ख के विविध रूपों का समाधान कर लिया जाय। दु:ख के तीन रूप हैं—आध्यात्मिक, आधिभौतिक ओर आधिदैविक। पुरुषार्थशून्यता इन त्रितापों से ऊपर की अवस्था है। पुरुषार्थशून्यता के पश्चात् ही पुरुष की अपने स्वरूप की स्थिति होती है। योगदर्शन में इसे ही कैवल्य अथवा मोक्ष कहा गया है।

पतंजलि को कपिल द्वारा बताया गया सांख्यदर्शन ही अभिमत है। थोड़े में, इस दर्शन के अनुसार इस जगत् में असंख्य पुरुष हैं और एक प्रधान या मूल प्रकृति। पुरुष चित् है, प्रधान अचित्। पुरुष नित्य है और अपरिवर्तनशील, प्रधान भी नित्य है परन्तु परिवर्तनशील। दोनों एक-दूसरे

से सदा पृथक् हैं, परन्तु एक प्रकार से एक का दूसरे पर प्रभाव पड़ता है। पुरुष के सान्निध्य से प्रकृति में परिवर्तन होने लगते हैं। वह क्षुब्ध हो उठती है। पहले उसमें महत् या बुद्धि की उत्पत्ति होती है, फिर अहंकार की, फिर मन की। अहंकार से ज्ञानेन्द्रियों और कर्मेन्द्रियों तथा पाँच तन्मात्राओं अर्थात् शब्द, स्पर्श, रूप, रस तथा गन्ध की, अन्त में इन पाँचों से आकाश, वायु, तेज, आप और क्षिति नाम के महाभूतों की। इन सबके संयोग-वियोग से इस विश्व का खेल हो रहा है। संक्षेप में, यही सृष्टि का क्रम है। प्रकृति में परिवर्तन भले ही हो परन्तु पुरुष ज्यों-का-त्यों रहता है। फिर भी एक बात होती है। जैसे श्वेत स्फटिक के सामने रंग-बिरंगे फूलों को लाने से उस पर उनका रंगीन प्रतिबिम्ब पड़ता है, इसी प्रकार पुरुष पर प्राकृतिक विकृतियों के प्रतिबिम्ब पड़ते हैं। क्रमशः वह बुद्धि से लेकर क्षिति तक से रंजित प्रतीत होता है, अपने को प्रकृति के इन विकारों से सम्बद्ध मानने लगता है। अब अपने को धनी, निर्धन, बलवान्, दुर्बल, कुटुम्बी, सुखी, दुःखी आदि मान रहा है। अपने शुद्ध रूप से दूर जा पड़ा है। यह उसका भ्रम, अविद्या है। प्रधान से बने हुए इन पदार्थों ने उसके रूप को ढँक रखा है, उसके ऊपर कई तह खोल पड़ गयी है। यदि वह इन खोलों, इन आवरणों को दूर फेंक दे तो उसका छुटकारा हो जायगा। जिस क्रम से बँधा है, उसके उलटे क्रम से बन्धन टूटेंगे। पहले महाभूतों से ऊपर उठना होगा। अन्त में प्रधान की ओर से मुँह फेरना होगा। यह बन्धन वास्तविक नहीं है, परन्तु बहुत ही दृढ़ प्रतीत होते हैं। जिस उपाय से बन्धनों को तोड़कर पुरुष अपने शुद्ध स्वरूप में स्थित हो सके उस उपाय का नाम योग है। सांख्य के आचार्यों का कहना है: यद्वा तद्वा तदुच्छितिः परमपुरुषार्थः-जैसे भी हो सके पुरुष और प्रधान के इस कृत्रिम संयोग का उच्छेद करना परम पुरुषार्थ है। (मुक्त ज्ञान कोश विकिपीडिया से)

महाभारत में कहा गया है—

*सांख्यस्य वक्ता कपिलः परमर्षि स उच्यते।*
*हिरण्यगर्भो योगस्य वक्ता नान्यः पुरातन।।*

सांख्य के वक्ता कपिलमुनि हैं और योग के वक्ता हिरण्यगर्भ हैं, इनमें पुरातन कोई नहीं है। हिरण्यगर्भ के सूत्र अप्राप्त हैं। अत: योग के सम्बन्ध में पतंजलि महर्षि का योगसूत्र ही आधार ग्रन्थ है।

## योग की प्राचीन परम्परा

योग शब्द का प्रयोग वेदों से लेकर उपनिषदों आदि में बराबर हुआ है। योग शब्द युज् धातु से बना है जिसका अर्थ है जोड़ना। महर्षि व्यास ने योगसूत्र की व्याख्या में योग को समाधि कहा है। सभी वासनाओं और आसक्तियों को छोड़कर ब्रह्म में या अपने स्वरूप में स्थिर हो जाने को ही योग कहते हैं। ऋक् संहिता में लिखा है—

*यस्मादृते न सिध्यति यज्ञोविपश्चितश्चन।*
*स धीनां योगमिन्वति।।*

कठोपनिषद् और श्वेताश्वतर उपनिषद् में भी योग की चर्चा आयी है। अन्य प्राचीन उपनिषदों तथा परवर्ती उपनिषदों में योग की पर्याप्त चर्चा मिलती है। कठोपनिषद् आर-2,3 श्लोक 10/11 के अनुसार—

*यदा पञ्चावतिष्ठन्ते ज्ञानानि मनसा सह।*
*बुद्धिश्च न विचेष्टति तामाहु: परमां गतिम्।।*
*तां योगमिति मन्यन्ते स्थिरामिन्द्रियधारणाम्।*
*अप्रमत्तस्तदा भवति योगो हि प्रभवाप्ययौ।।*

जब पंच ज्ञानेन्द्रियाँ मन सहित आत्मा में स्थिर होकर बैठती हैं, बुद्धि भी कोई चेष्टा नहीं करती तब उस अवस्था को परमागति कहते हैं। उसी स्थिर इन्द्रिय धारणा को योग कहते हैं। उस अवस्था में साधक प्रमादरहित होता है।

“उपनिषदों में योग या अध्यात्म योग शब्द का प्रयोग दर्शन–विशेष के लिए मिलता है। साथ ही क्रियात्मक योग के लिए भी यह व्यवहृत हुआ है। दर्शन (वैचारिक) और साधना (क्रियात्मक) इन दोनों ही रूपों में योग का प्रयोग कठोपनिषद् के अतिरिक्त मुण्डकोपनिषद्,

छान्दोग्योपनिषद् और बृहदारण्यकोपनिषद् में भी देखा जा सकता है। उदाहरणार्थ श्वेताश्वतर उपनिषद् को ही देखें तो उनमें षडङ्गयोग का वर्णन स्पष्ट रूप से हुआ है। कहने की आवश्यकता नहीं है कि बाद के कालखण्ड में नाथ सम्प्रदाय में वर्णित षडङ्गयोग-साधना का मूलरूप इन्हीं उपनिषदों में देखा जा सकता है जो निश्चित रूप से एक परम्परागत साधना का विकास ही है। अस्तु श्वेताश्वतर में कहा गया है कि, "शरीर को त्रिरुन्नत अर्थात् शरीर के छाती, गर्दन और सिर भाग को उन्नत और सम करके, मन सहित इन्द्रियों को हृदय में नियत कर ब्रह्मरूप नौका से विद्वान् सब भयानक प्रवाहों को तर जायँ। इस शरीर में प्राणों को अच्छी तरह निरोध करके युक्त-चेष्टा हो और प्राण के क्षीण होने पर नासिका द्वारों से श्वास छोड़ें और इन दुष्ट घोड़ों की लगाम मन को विद्वान अप्रमत् होकर धारण करें। ध्यान रूप मन्थन से अत्यन्त गूढ़-सा जो आत्मा है" उसे देखें—

*तिरुन्नतं स्थाप्य समं शरीरं हृदीन्द्रियाणि मनसा संनिरुध्य।*
*ब्रह्मोडुपेन प्रतरेत विद्वान्स्रोतांसि सर्वाणि भयावहानि।।*
*प्राणान्प्रपीड्येह स युक्तचेष्टः क्षीणे प्राणे नासिकयोच्छ्वसीत।*
*दुष्टाश्वयुक्तमिव वाहमेनं विद्वान्मनो धारयेताप्रमत्तः।।*

(पातंजलयोग-नाथयोग-डॉ. भारती सिंह, पृ. 10)

परवर्ती उपनिषदों में क्रियात्मक योग और उसके अंगों का स्पष्ट उल्लेख किया गया है इस सम्बन्ध में योगी आदित्यनाथ ने 'राजयोग : स्वरूप एवं साधना' पृष्ठ 10 और 11 में इनका इस प्रकार से उल्लेख किया है—

अमृतनादोपनिषद् तथा मैत्रायण्युपनिषद् के अनुसार प्रत्याहार, ध्यान, धारणा, प्राणायाम, तर्क और समाधि यह षडङ्गयोग कहा जाता है।

*प्रत्याहारस्तथा ध्यानं प्राणायामोऽय धारणा।*
*तर्कश्चैव समाधिश्च षडङ्गो योग उच्यते।।*

बिन्दूपनिषद् के अनुसार—

*आसनं प्राणसंरोधः प्रत्याहारश्च धारणा।*
*ध्यानं समाधिरेतानि योगाङ्गानि भवन्ति षट्।।*

तेजोबिन्दूपनिषद् के अनुसार योग के पञ्चदश अंग हैं—

*यमो हि नियमस्त्यागो मौनं देशश्च कालतः।*
*आसनं मूलबन्धश्च देहसाम्यं च दृक्स्थितिः।।*
*प्राणसंयमनं चैव प्रत्याहारश्च धारणा।*
*आत्मध्यानं समाधिश्च प्रोक्तान्यङ्गानि पञ्चदश।।*

योगकुण्डल्युपनिषद् के अनुसार—

*हेतुद्वयं हि चित्तस्य वासना च समीरणः।*
*तयोर्विनष्ट एकस्मिंस्तद्द्वावपि विनश्यतः।।*

चित्त के दो हेतु हैं—वासना और प्राण। इनमें से किसी एक पर नियन्त्रण होने से दोनों नियन्त्रित हो जाते हैं। योगतत्त्वोपनिषद् के अनुसार—मोक्ष प्राप्ति के लिए ज्ञान तथा योग दोनों आवश्यक हैं—

*योगहीनं कथं ज्ञानं मोक्षोढं भवति ध्रुवम्।*
*योगोहि ज्ञानहीनस्तु न क्षमो मोक्षकर्मणि।।*

'योग' के बिना ज्ञान, ध्रुव मोक्ष भला कैसे हो सकता है? उसी प्रकार ज्ञानहीन योग भी मोक्ष कर्म में असमर्थ है। याज्ञवल्क्य जी कहते हैं—

*यज्ञयाचारदमाहिंसा-दान-स्वाध्याय-कर्मणाम्।*
*अयं तु परमो धर्मो यद्योगेनात्मदर्शनम्।।*

यज्ञाचार, दम, अहिंसा, दान, स्वाध्याय, प्रकृति धर्मों से योग के द्वारा आत्मदर्शन परम धर्म है। इस परम धर्म का साधन है योग।

योगवासिष्ठ जो आध्यात्मिक ग्रन्थों में उच्चकोटि का ग्रन्थ है उसके अनुसार 'संसार-सागर से पार होने की युक्ति' को योग कहते हैं। इसमें योग की तीन रीतियाँ बतायी गयी हैं—

(1) एक तत्त्व की दृढ़ भावना।

(2) मन की शान्ति।

(3) प्राणों के स्पन्दन का निरोध।

श्रीमद्‌भगवद्‌गीता के अनुसार योग—सांख्यदर्शन और योगदर्शन की तात्त्विक भूमि एक ही है। यह पहले ही बताया जा चुका है। गीता के पाँचवें अध्याय में भी यही बात कही गयी है—

*साङ्ख्ययोगौ पृथग्बालाः प्रवदन्ति न पण्डिताः।*
*एकमप्यास्थितः सम्यगुभयोर्विन्दते फलम्।। 5/4*

(अज्ञानीजन ही सांख्य व योग को पृथक्-पृथक् कहते हैं, पण्डित जन ऐसा नहीं कहते हैं। एक का भी भली-भाँति आश्रय करनेवाले दोनों का फल प्राप्त करते हैं।)

आर.जी. भण्डारकर, लोकमान्य तिलक, तैलंग एवं एस.एन. दास गुप्त मानते हैं कि गीता मौलिक और सांख्यावलम्बी ग्रन्थ है।

इसी पाँचवें अध्याय में श्लोक 27-28 में योगासन की विधि की चर्चा इस प्रकार हुई है:

*स्पर्शान्कृत्वा बहिर्बाह्यांश्चक्षुश्चैवान्तरे भ्रुवोः।*
*प्राणाप्रानौ समौ कृत्वा नासाभ्यन्तरचारिणौ।।5/27*
*यतेन्द्रियमनोबुद्धिर्मुनिर्मोक्षपरायणः।*
विगतेच्छाभयक्रोधो यः सदा मुक्त एव सः।। 5/28

(जो शब्द-स्पर्शादि से मन को हटाकर, दृष्टि को दोनों भृकुटियों के बीच स्थित कर प्राण और अपान वायु के ऊर्ध्व और अधोगति (ऊपर-नीचे की गति) को रोककर उन्हें समान (कुम्भक) करके जितेन्द्रिय, मन-बुद्धि पर नियन्त्रण करके मोक्षपरायण होते हैं, वे इच्छा, भय और क्रोध से विरत होकर सदा मुक्त ही हैं।)

इस श्लोक में स्पष्टतः क्रियात्मक योग का संकेत रूप में उल्लेख किया गया है। गीता के छठें अध्याय में और स्पष्ट रूप से योग की चर्चा की गयी है। अष्टांग योग में यम-नियम के बाद आसन आता है। इस

अध्याय के 10 से 16 श्लोक तक इनके सम्बन्ध में कहा गया है—

*योगी युञ्जीत सततमात्मानं रहसि स्थितः।*
*एकाकी यतचित्तात्मा निराशीरपरिग्रहः।।*

योगी पुरुषं निर्जन स्थान में एकाकी निवास करते हुए चित्त और देह को संयत कर आशारहित होकर एवं विषय को अस्वीकार कर मन को सर्वदा समाधियुक्त करेंगे।।10।।

*शुचौ देशे प्रतिष्ठाप्य स्थिरमासनमात्मनः।*
*नात्युच्छ्रितं नातिनीचं चैलाजिनकुशोत्तरम्।*

पवित्र स्थान में न अति उच्च और न अति निम्न कुशासन के ऊपर मृगासन और उसके ऊपर वस्त्रासन बिछाकर, उस निश्चल आसन को भूमि पर स्थापित करते हुए।।11।।

*तत्रैकाग्रं मनः कृत्वा यतचित्तेन्द्रियक्रियः।*
*उपविश्यासने युञ्ज्याद्योगमात्मविशुद्धये।।*

उस आसन के ऊपर बैठकर, मन को एकाग्र कर, चित्त इन्द्रिय और उनके कार्यों को संयत करते हुए अन्तःकरण की शुद्धि के लिए योगाभ्यास करेंगे।।12।।

*समं कायशिरोग्रीवं धारयन्नचलं स्थिरः।*
*सम्प्रेक्ष्य नासिकाग्रं स्वं दिशश्चानवलोकयन्।।*

ब्रह्मचर्य व्रत में स्थित, निर्भय तथा प्रशान्त आत्मा शरीर, गर्दन और मस्तक को लम्बवत् रखते हुए, अन्य दिशाओं में दृष्टिपात न करते हुए।।13।।

*प्रशान्तात्मा विगतभीर्ब्रह्मचारिव्रते स्थितः।*
*मनः संयम्य मच्चित्तो युक्त आसीत् मत्परः।।*

दृष्टि को अपनी नाक के अग्रभाग में केन्द्रित कर, मन को संयमित कर, चित्त को मुझमें लगाते हुए तथा मेरे परायण होकर भक्ति भाव से रहेंगे।।14।।

*युञ्जन्नेवं सदात्मानं योगी नियतमानसः।*
*शान्तिं निर्वाणपरमां मत्संस्थामधिगच्छति।।*

सयंतचित्त योगी पूर्वोक्त रीति से मन को सदा ही योगयुक्त कर मेरे स्वरूप में अवस्थित होकर परम निर्वाणरूपी शान्ति प्राप्त करते हैं।।15।।

*नात्यश्नतस्तु योगोऽस्ति न चैकान्तमनश्नतः।*
*न चाति स्वप्नशीलस्य जाग्रतो नैव चार्जुन।।*

हे अर्जुन! न तो अत्याहारी का और न ही अनाहारी का तथा अतिशय निद्रापरायण और न ही सदा जाग्रत रहनेवाले का योग सिद्ध होता है।।16।।

इसके पश्चात् अर्जुन का प्रश्न है कि यह मन तो चंचल है। इसे वश में करना हवा को बाँधने के समान है। (श्लोक 34) तब श्रीकृष्ण समझाते हैं—

*असंशयं महाबाहो मनो दुर्निग्रहं चलम्।*
*अभ्यासेन तु कौन्तेय वैराग्येण च गृह्यते।।* (श्लोक 35)

अर्थात् निश्चय ही मन चंचल और कठिनता से वश में होता है पर अभ्यास और वैराग्य से यह वश में हो जाता है। यहाँ अभ्यास से योगाभ्यास से तात्पर्य है जो 10 से 16 वें श्लोक तक ऊपर कहा गया है पर अन्तिम लक्ष्य मुक्तावस्था के लिए वैराग्य (सांसारिकता से) आवश्यक है। छठें अध्याय के अन्त में श्रीकृष्ण अर्जुन से कहते हैं—

*तपस्विभ्योऽधिको योगी ज्ञानिभ्योऽपि मतोऽधिकः।*
*कर्मिभ्यश्चाधिको योगी तस्माद्योगी भवार्जुन।।*

(श्लोक 46)

(योगी तपस्वी, ज्ञानी और कर्मी से श्रेष्ठ है, ऐसा मेरा मत है। अतः अुर्जन तुम योगी बनो।)

इस कथन का तात्पर्य यह नहीं है कि अर्जुन युद्धभूमि में आसन लगाकर प्राणायाम करने लगे, अपितु योगी के समान संसार की नश्वरता का ध्यान करके योगी भाव से युद्ध करे।

इस प्रकार हम देख सकते हैं कि वेद, उपनिषद् आदि की परम्परा में श्रीमद्भगवद्गीता में भी योग का उल्लेख उसकी आंशिक प्रक्रिया और उसके महत्त्व का उल्लेख किया गया है। अन्तिम अध्याय 18 के 73वें श्लोक में अर्जुन का कथन है—

नष्टो मोहः स्मृतिर्लब्धा त्वत्प्रसादान्मयाच्युत। (18/73)

हे अच्युत, मेरा मोह नष्ट हो गया और मैंने आत्मस्मृति को प्राप्त कर ली। यही मोह का नाश और निज स्वरूप में स्थित होना ही योग साधक का लक्ष्य होता है।

## पतंजलि का योगसूत्र

पतंजलि महर्षि को शेष का अवतार कहा जाता है। पाणिनि की अष्टाध्यायी पर महाभाष्य लिखनेवाले एक आचार्य पतंजलि का नाम आया है। वे शुंगवंशीय सम्राट् पुष्यमित्र के समय में थे। डॉ. प्रभुदयाल अग्निहोत्री ने इनका समय ई.पू. द्वितीय शताब्दी माना है। 'वाक्यपदीय' द्वारा महाभाष्य लिखनेवाले पतंजलि को ही सूत्रकार महर्षि पतंजलि माना गया है। साधारणत: पतंजलि के सम्बन्ध में यही विचार परम्परा द्वारा मान्य है।

**पतंजलि के योगसूत्र**–पतंजलि के योगसूत्र की महत्त्वपूर्ण व्याख्याएँ व्यास का भाष्य, विज्ञान भिक्षु का वार्तिक, वाचस्पति मिश्र की भामती टीका, भोज देव की वृत्ति और रामानन्द यति की मणिक प्रभा प्रसिद्ध हैं। 'पांतजलि योग दर्शन' के चार पाद हैं जिनमें कुल 195 सूत्र हैं—

1. समाधिपाद (51 सूत्र)
2. साधनपाद (55 सूत्र)

3. विभूतिपाद (55 सूत्र)

4. कैवल्यपाद (34 सूत्र)

**समाधिपाद**—समाधि की अवस्था तो योग की लगभग अन्तिम अवस्था होती है किन्तु प्रथम पद के रूप में पतंजलि ने इसे समाधित चित्तवाले अधिकारियों के लिए ही उपयुक्त बताया है। समाधिपाद की व्याख्या निम्नलिखित तीन सूत्रों में की गयी है—

*योगश्चित्तवृत्तिनिरोध:।।*

*तदा द्रष्टुः स्वरूपेऽवस्थानम्।।*

*वृत्तिसारूप्यमितरप्त।।*

चित्तवृत्ति के निरोध द्वारा अविद्या आदि क्लेश नष्ट होते हैं और बुद्धि के लिए सात्त्विक निर्मल भावभूमि मिलती है और वह सहजावस्था प्राप्त होती है जो वास्तविक चित्तवृत्ति निरोध है। पतंजलि ने योग समाधि को दो प्रकार का बताया है—1. सम्प्रज्ञात 2. असम्प्रज्ञात ।

**1. सम्प्रज्ञात समाधि**—चित्त की एकाग्रावस्था में सम्प्रज्ञात समाधि होती है। इसमें चित्त की सम्पूर्ण वृत्तियों का निरोध नहीं होता बल्कि ध्येय रूप में अवलम्बित विषय को आश्रय करके चित्तवृत्ति उस समय भी वर्तमान रहती है। चित्त की एकाग्रतारूप सम्प्रज्ञात समाधि के चार भेद किये गये हैं—

1. वितर्क—किसी स्थूल विषय में चित्तवृत्ति की एकाग्रता।

2. विचार—किसी सूक्ष्म विषय में चित्तवृत्ति की एकाग्रता।

3. आनन्द—अहंकार विषय में चित्तवृत्ति की एकाग्रता।

4. अस्मिता—अहंकाररहित अस्मिता विषय में एकाग्रता।

इसकी सबसे ऊँची अवस्था विवेक ख्याति है जिसमें चित्त का अपना अध्यास छूट जाता है और अपने आत्मस्वरूप का उससे पृथक् साक्षात्कार होता है। ये भी चित्त की एक उत्तम सात्त्विक वृत्ति है।

**2. असम्प्रज्ञात समाधि**—असम्प्रज्ञात समाधि में सम्प्रज्ञात समाधि जैसी कोई वृत्ति नहीं रहती। वैराग्य की वृत्ति से सारी चित्तवृत्तियाँ निरुद्ध

हो जाती हैं। इसीलिए गीता में कहा गया है कि—यद्यपि मन चंचल है उसको वश में करना हवा को बाँधने जैसा दुष्कर है पर अभ्यास और वैराग्य से उसे वश में किया जा सकता है। प्रत्यक्ष सुख और स्वर्गादि आदि काल्पनिक भावी अभिलाषा से पूर्ण निवृत्ति को वैराग्य कहते हैं। वैराग्य की उत्कट अवस्था वह है जब द्रष्टा पुरुष, प्रकृति और बुद्धि आदि समस्त तत्त्वों से अपने को पृथक् समझ लेता है और समस्त त्रिगुणात्मक विषयों के उपभोग से वितृष्ण हो जाता है। इसीलिए असम्प्रज्ञात समाधि को निरोध समाधि और निर्वीर्य समाधि भी कहते हैं। इस समाधि की पूर्णावस्था में द्रष्टा पुरुष केवल रूप में अवस्थित रहता है। यही कैवल्य प्राप्ति कही गयी है। इस अवस्था की प्राप्ति के लिए ईश्वर प्रणिधान या ईश्वर में मन लगाना भी एक साधन है। जीवों में पाँच प्रकार के क्लेश (अविद्या, अस्मिता, राग, द्वेष और अभिनिवेश) होते हैं। इससे मुक्त होकर इस प्रकार के भाव बनाना कि ईश्वर अनन्त ज्ञान का आकार दोषहीन, क्लेशशून्य, नित्यशून्य और नित्यशुद्ध है। इसी का वाचक शब्द प्रणव (ॐ) या ओंकार है। इस नाम के जप के साथ ईश्वर का चिन्तन-मनन, स्मरण करने से चित्त स्थिर होता है और आत्मसाक्षात्कार होता है। इस पाद या चरण में समाधि का विशेष वर्णन किया गया है इसीलिए इसे समाधिपाद कहा गया है।

**2. साधनपाद**—इस पाद को साधनपाद या क्रियायोग कहते हैं। क्रियायोग से तात्पर्य तपस्या, स्वाध्याय व ईश्वर प्रणिधान हैं। क्रियायोग के दो उपदेश होते हैं—1. समान भावना 2. क्लेशों को दूर करना। समाधिपाद में साधक पाँच क्लेशों—अविद्या, अस्मिता, राग, द्वेष और अभिनिवेश से मुक्त होता है। इन क्लेशों को क्रियात्मक योग द्वारा क्षीण करके साधक ध्यान रूप अग्नि में उन्हें भस्म कर देता है। सांसारिक विषयों में सुख-दुःख दोनों मिले रहते हैं। क्षणिक सुख के बाद दुःख आता रहता है। इस दुःख से निवृत्ति के लिए योगदर्शन में चार चीजों का ज्ञान होना आवश्यक बताया गया है—

1. हेय—त्याज्य दुःख क्या है?
2. हेय हेतु—त्याज्य दुःख का कारण क्या है?

3. हान—दु:ख का नितान्त अभाव क्या है?

4. हानोपाय—दु:ख के नितान्त अभाव का साधन क्या है?

"स्पष्ट ही अविद्या के कारण यह दु:ख का संयोग सम्भव होता है। इसलिए वास्तविक हेय हेतु तो अविद्या ही है और विवेक ज्ञान ही इस अविद्या को दूर करने का उपाय है, क्योंकि उसी से आत्मा और अनात्मा का पार्थक्य ठीक-ठीक उपलब्ध होता है और अविद्या उच्छिन्न होती है। अविद्या के उच्छेद से दु:ख की आत्यन्तिक निवृत्ति होती है। यही हेय-हान है यही योग का चरम लक्ष्य है यही कैवल्य है।"

हानोपाय-दु:ख के नितान्त अभाव का साधन विवेक ख्याति है। विवेकख्यातिरविप्लवा हानोपाय:।। सूत्र 26।।

विवेक ख्याति की सबसे ऊँची अवस्था 'तस्य सप्तधा प्रान्तभूमि: प्रज्ञा' है। (सूत्र 27) सात भूमियाँ क्रमश:—1. जो कुछ जानना था जान लिया, वही दु:ख रूप हेय है 2. जो कुछ दूर करना था दूर कर दिया अर्थात् द्रष्टा और दृश्य का संयोग दूर कर दिया। 3. निरोधसमाधि द्वारा हान को साक्षात् कर लिया 4. हान का उपाय अविप्लव विवेक ख्याति सम्पादन कर लिया 5. चित्त ने भोग अपवर्ग दिलाने का अधिकार पूरा कर लिया 6. चित्त के गुण अपने कारण में लीन हो रहे हैं 7. गुणों से परे होकर शुद्ध आत्मस्वरूप में अवस्थिति हो रही है। अगले सूत्र (सूत्र 27) में बताया गया है कि आठों अंगों के अनुष्ठान से अशुद्धि के क्षय होने पर ज्ञान की दीप्ति (प्रकाश) विवेक ख्यातिपर्यन्त बढ़ जाती है।

जब तक विवेक ख्याति की दशा प्राप्त नहीं होती तब तक योगी को अनुष्ठान द्वारा चित्त को विशुद्ध करना पड़ता है। (सूत्र 28) ये आठ अंग—यम, नियम, आसन, प्रत्याहार, धारणा, ध्यान और समाधि हैं। इनमें प्रथम पाँच बाहरी साधन हैं और अन्तिम तीन आन्तरिक साधन हैं। यम, अहिंसा, सत्य, अस्तेय, ब्रह्मचर्य अपरिग्रह इसके विपरीत कर्म वितर्क हैं, इन्हें दूर करके ही यम की सिद्धि होती है। इसी प्रकार पाँच नियम-शौच (पवित्रता), सन्तोष, तप, स्वाध्याय और ईश्वर प्रणिधान हैं। इनका अभ्यास करके आगे प्रथम तीन योगांगों की ओर प्रवृत्त होना पड़ता है। ये

हैं—आसन, प्राणायाम और प्रत्याहार। इनकी चर्चा हठयोग के प्रकरण में विस्तार से की गयी है। अत: इसका विस्तार यहाँ नहीं किया जा रहा है। आसनों में अनेक आसन बताये गये हैं पर महर्षि पतंजलि ने स्थिर और सुखकर आसन को ही योगाध्यान हेतु उपयुक्त बताया है जैसे सिद्धासन वज्रासन आदि। प्राणायम विधिपूर्वक पूरक, कुम्भक, रेचक की क्रिया से होता है। प्रत्याहार में बाहरी शब्दों से कान आदि इन्द्रियों को हटाना प्रत्याहार है और फिर इन्द्रियों को अन्तर्मुख करना होता है। इन्हीं पाँच बाह्य योगांगों की चर्चा के बाद यह 'साधनपाद' नामक पाद शास्त्रकार समाप्त कर देता है।

3. **विभूतिपाद**—इस पाद में ध्यान, धारणा, समाधि के अभ्यास द्वारा कई ऐसी दिव्य विभूतियाँ प्राप्त होती हैं जो साधक के व्युत्थान की सहायक सिद्धियाँ हैं पर समाधि में बाधक हैं। इस पाद में विभूतियों की प्राप्ति के साधनों की चर्चा होने से इसे 'विभूतिपाद' कहा गया है। इसमें ध्यान, धारणा, समाधि का अभ्यास करना पड़ता है जिन्हें सम्मिलित रूप से 'संयमा' कहा गया है। वे पाँच बहिरंग योगांगों की अपेक्षा सबीज समाधि के अन्तरंग साधक हैं किन्तु निर्वीर्य समाधि के लिए ये भी बहिरंग साधन हैं। उसका अन्तरंग साधन वैराग्य है, जिसकी चर्चा अगले पाद में होगी। विभूतियों में आसक्ति नहीं होनी चाहिए। सिद्धियों को प्रदर्शित करके लोक यश की इच्छा होने पर साधक प्रवाह-पतित हो जाता है। सिद्धियों की प्राप्ति से साधक को समाहित चित्त (विक्षिप्त) वालों को चित्त को एकाग्र करने में सहायक होती हैं, यही इनका उपयोग है, इतर नहीं। इस पाद में भी सम्प्रज्ञात और असम्प्रज्ञात समाधि की बात कही गयी है। पर यह द्वितीयपाद में कही गयी समाधियों से भिन्न है। इस पाद में ऐसी समाधियाँ भी अर्थात् योग के आठवें अंग बहिरंग कहे गये हैं।

क्योंकि इसमें विषयों का सम्बन्ध तो छूट जाता है, पर उनके संस्कार शेष रह जाते हैं। अत: पतंजलि महर्षि ने कहा है—

*तद्वैराग्यादपि दोष बीज क्षये कैवल्यम्। (सूत्र 50)*

अर्थात् उससे (उन श्रवण-दर्शन आदि के शेष संस्कार) वैराग्य होने पर कैवल्य प्राप्त होता है। इसकी चर्चा अगले पाद 'कैवल्यपाद' में की गयी है।

**कैवल्यपाद**–इस पाद के प्रारम्भ में पाँच सिद्धियाँ बतायी गयी हैं। (1) कुछ व्यक्ति पूर्व जन्म के संस्कारों के कारण सिद्धियाँ जन्म से लेकर ही पैदा होते हैं। जैसे शुकदेव आदि (2) रसायन आदि ओषधियों की सहायता से कुछ लोग विविध प्रकार की सिद्धियाँ प्राप्त कर लेते हैं। (3) कुछ यन्त्र बल से आकाशगमन आदि सिद्धियाँ प्राप्त कर लेते हैं। (4) तपस्या से भी सिद्धि मिलती है। (5) वास्तविक सिद्धि तो समाधि से कैवल्य प्राप्त होने में होती है। कैवल्य, 'केवल' शब्द से बना है अर्थात् जब सब-कुछ से अलग केवली भाव अर्थात् आत्मस्वरूप का ही बोध हो जाता है तब कैवल्य प्राप्ति होती है। इस समाधि में समस्त भावी कर्म जले हुए बीज की भाँति निर्वीर्य और निष्फल हो जाते हैं। केवल प्रारब्ध कर्म बचे रह जाते हैं। इस प्रारब्ध कर्म से भी साधक को छुटकारा पाना होता है। ऐसा होने पर निर्विकार पुरुष में देखने का कर्म, जानने का कर्म स्वाभाविक नहीं होता है। ऐसा होने पर योगी की आत्मा स्वत: विवेक की तरफ उन्मुख होकर कैवल्य की ओर तीव्रगति से अग्रसर होती है। वह समस्त इच्छाओं से विरत हो जाता है। यहाँ तक कि जो विभूतिपाद में विवेक ख्याति का वर्णन किया गया है, उससे भी वह विरत हो जाता है। वह धर्ममेध नामक समाधि को प्राप्त होता है। उस समय केवल निरवच्छिन्न तत्त्व साक्षात्कार रूपी धर्ममेध की धारासार वर्षा होती है और योगी समस्त क्लेशों और कर्मों से निवृत्त हो गया रहता है। उस समय सत्त्व-रज-तम तीनों गुणों से पुरुष में जो भोग और मुक्ति की भावना होती है, वह समाप्त हो जाती है और तभी पुरुष विशुद्ध स्वरूप तथा केवल भाव में अवस्थित हो जाता है। इस प्रकार पुरुष के सभी करणीय कर्म सिद्ध हो जाते हैं। वह अनादि काल से लिंग शरीर से विरत हो जाता है। और सारा सूक्ष्म शरीर तत्-तत् उपादानों में विलीन हो जाता है। यही योग का परम प्रतिपाद्य है। (ह.प्र. द्वि. ग्रन्था., सं. 6.पृ. 132)

इसे स्वामी ओमानन्द तीर्थ ने विस्तार से वर्णन करते हुए निष्कर्ष रूप में लिखा है कि चित्त को बनानेवाले गुणों की अपने कारण में लीन होने

की अवस्था से चित्त में शेष संस्कार भी निवृत्त हो जाते हैं। चित्त को बनानेवाले गुण पुरुष का भोग अपवर्ग प्रयोजन पूरा करके अपने कारण में लीन हो जाते हैं, और पुरुष शुद्ध कैवल्य परमार्थ स्वरूप में अवस्थित हो जाता है—

> *"पुरुषार्थशून्यानां गुणानां प्रतिप्रसवः कैवल्यं स्वरूपप्रतिष्ठा वा चितिशक्तेरिति।"*

अर्थात् पुरुषार्थ से शून्य हुए गुणों का अपने कारण में लीन हो जाना कैवल्य है; अथवा चिति शक्ति की स्वभाव स्थिति कैवल्य है। (पातंजलयोगप्रदीप, पृ. 152)

अध्याय-2

# युगप्रवर्तक गोरखनाथ : युग और जीवन

*नमो सर्वनाथाय, आदिनाथाय नमोनम:*
*युगप्रवर्तक: गोरक्षनाथ, भूयोभूय: नमोम्यहम्।।*

गुरु गोरखनाथ का अवतरण उस काल में हुआ जब भारतीय संस्कृति, समाज और धर्म एक संकट के दौर से गुजर रहा था। नौवीं सदी में सामान्यत: विद्वानों ने गोरखनाथ का होना स्वीकार किया है। इसके पूर्व भारत में बौद्धमत अपने सर्वसमावेशी आचरण तथा राजाश्रय के प्रभाव से सम्पूर्ण उत्तरभारत से लेकर दक्षिण-एशिया के ईरान, अफगानिस्तान; दक्षिण में श्रीलंका और पूर्वी देशों ब्रह्मा, तिब्बत, चीन, मंगोलिया, पूर्वीद्वीप समूह तक प्रसार पा चुका था। पर आगे चलकर बौद्धों के हीनयान और महायान में विभाजन और महायान के मन्त्रयान, वज्रयान, सहजयान में परिणत होकर बिखराव की स्थितियाँ भी आयीं। उस समय इस्लाम का प्रवेश भी भारत में हो चुका था। इसके साथ टकराव में प्राचीन ब्राह्मण धर्म अपनी शक्ति खो चुका था। शंकराचार्य ने वेदान्त का प्रचार कर हिन्दू एकता को सैद्धान्तिक स्तर पर बचाने का प्रयास किया तो व्यावहारिक रूप से चार आश्रमों और चौंसठ पीठों की स्थापना करके उन्हें एकता के सूत्र में जोड़ने का बड़ा काम किया। पर वैदिक कर्मकाण्ड, पशुबलि, छूआछूत, पाखण्ड आदि के जिस विरोध में बौद्धधर्म ने जड़ जमायी थी, उसी बौद्धधर्म के नागार्जुन आदि शून्यवादियों के अनुसार शंकराचार्य ने भी बौद्धों के अनुसार अपना तर्कशास्त्र निर्मित किया था। अत: उन पर प्रच्छन्न बौद्ध होने का आरोप भी कर्मकाण्डी

पण्डितों ने लगाया। पद्मपुराण के कुछ श्लोक सांख्य प्रवचन भाष्य में उद्धृत हैं, जिसमें शिव जी पार्वती से कहते हैं—

*मायावादसच्छास्त्रं प्रच्छन्नं बौद्धमेव च।*
*मयेव कथितं देवि कलौ ब्राह्मण रूपिणा।*

आगे चलकर शंकराचार्य के मत का खण्डन रामानुज, मध्व, वल्लभ, रामानन्द, चैतन्य आदि आचार्यों ने किया। उनके वेदान्त पर व्यंग्य करते हुए रामानुज के 'वेदान्त भाष्य' की श्रुति प्रकाशिका टीका में परांकुर दास लिखते हैं—

*वेदाऽनृत बुद्धकृतागिमोऽनृतः।*
*प्रमाण में तस्य च तस्य चानृतम्।*
*बोद्धाऽनृतो बुद्धिफले तथाऽनृते,*
*यूयं च बौद्धाश्च समान संसद्।।*

शंकरानुयायियों! तुम्हारे लिये वेद असत्य है, बौद्ध आगम भी असत् है। वेद और बौद्धागमों का प्रमाण भी असत् है। तुम दोनों (शंकर और बौद्ध) के लिए बौद्ध (यानी ज्ञाता-जीव) असत् है। बुद्धि और उसका फल भी असत् है। अतः तुम और बौद्ध दोनों भाई-भाई हो। इसी परस्पर विवाद के युग में बौद्धमतान्तर्गत वज्रयानी-सहज सिद्धों ने सर्वसमाज में समता, पाखण्ड-विरोध, सहज साधना का प्रचार किया जिनका आधार किसी-न-किसी रूप में पतंजलि का योगसूत्र था।

सातवीं शताब्दी के सरहपा, लुईपा, भुसुकपा आदि सिद्धों की रचनाओं में जो तत्त्वावधान, सामाजिक ऐक्य और श्रेष्ठ आचरण के साथ ही शरीर प्राण, मन की एकाग्र साधना का श्रेष्ठ रूप मिलता है, वही आगे चलकर शैव और शाक्त साधकों के विभिन्न सम्प्रदाय में भोग-विलास का विकृत रूप धारण कर लेते हैं। जैनधर्मी सन्तों में भी ये प्रवृत्तियाँ देखी जाती हैं।

गोरखनाथ के काल के कुछ आगे-पीछे की साहित्यिक कृतियों में तान्त्रिकों-कापालिकों के जो उल्लेख मिलते हैं वे इस बात को सिद्ध करते

हैं कि साधना-पन्थों में कई पन्थ वामाचार-यौनाचार से ग्रस्त होकर विलासिता के केन्द्र हो गये थे। आचार्य हजारीप्रसाद द्विवेदी ने् बताया है कि दसवी शताब्दी के आस-पास की दो रचनाएँ—प्रबोध चन्द्रोदय नाटक और पुष्पदन्त के महापुराण में ऐसे ही उल्लेख हैं। प्रबोध चन्द्रोदय में सोमसिद्धान्त नामक कापालिक मद्यपान करते हैं और स्त्रियों के साथ उन्मुक्त विहार करते हैं और सहज ही मोक्ष प्राप्त कर लेते हैं। राजशेखर कृत कर्पूरमंजरी नाटक में एक कथन है—

*मन्तो न तन्तो राअ किं पिजाणं,*
*मद्यं पिवाबो महिंला रमाओं*
*मोक्खं च जामों कुलग्गलग्गा।*

'महापुराण' में भी कापालिकों-कौलाचार्यों के मद्यपान के उल्लेख हैं। आगे चलकर पन्द्रहवीं सदी के हिन्दी के कवि गोस्वामी तुलसीदास ने योगी और सिद्धों के वेष और खाद्याखाद्य पर प्रहार करते हुए लिखा—

*असुभ बेस भूषन धरें भच्छाभच्छ जे खाहिं।*
*तेइ जोगी तेइ सिद्ध नर पूज ते कलिजुग माहिं।।*

इन वाममार्गी साधकों का तो दावा ही था—

*मद्यं मांसं मीनं च मुद्राश्च मैथुनैव च।*
*एते पंच मकारादि मोक्षदाहि युगे युगे।।*

एक और उल्लेख जैन दार्शनिकों की भोगपरक परिणति का 'पुरातन प्रबन्ध संग्रह' नामक जैन संग्रह ग्रन्थ में है। स्त्री-पुरुष के जोड़े एक नील वस्त्र में शरीर से लिपटे रहते थे। ऐसे ही एक जोड़े से राजा भोज की एक कन्या ने प्रश्न किया, जिस पर 'दर्शनी' ने वामलोचना से कहा—

*पिब खाद च वाम लोचने यदतीतं वरगाति तन्नते।*
*नहि भीरुगतं निवर्तते समुदय मात्रमिंद कलेवरम्।।*

यह नीलाम्बर सम्प्रदाय कहा गया है। राजा भोज को यह जानकारी हुई तो इस सम्प्रदाय का उच्छेद किया गया। इसी प्रकार के एक बिरिजिय (वज्रयानी) नील वस्त्रवाले सम्प्रदाय का उल्लेख महापण्डित

राहुल सांकृत्यायन ने सिंहल (लंका) के निकाय-संग्रह से ढूँढ़ निकाला। 'गंगा' पुरातत्त्व अंक में उन्होंने बताया कि राजामृतबल (८४६-८६६ ई.) लंका का राजा था। उस समय समयबज्र पर्वत निकाय में एक भिक्षु सिंहल में आया और बीसंकुर बिहार में रहने लगा। उसके प्रभाव में आकर राजा ने बिरिजिय (वज्रयानी) मत स्वीकार कर लिया। अत: बने रहे। राजा कुमारदास के समय में (वे श्रीहर्ष के समय में थे) सम्मितीय निकाय का एक भिक्खु नीला वस्त्र पहनकर एक वेश्या के घर गया। आने पर अन्य भिक्षुओं के पूछने पर उसने नील वस्त्र की बड़ी महिमा बतायी। तभी से उसके शिष्य नीला वस्त्र पहनने लगे। 'नीलपट दर्शन' में कहा गया है कि वास्तव में तीन ही रत्न हैं—वेश्या, सुरा और सम्भोग। बाकी सब काँच के टुकड़े हैं। साधना-मार्ग की तो यह दशा थी। चार्वाकों, लोकायतनों आदि के खाओ, पीओ, मौज करो की कथा बड़ी लम्बी है। गोरखनाथ के पूर्व इनका भी काफी प्रचलन हो चुका था।

विद्वानों ने प्रमाण से सिद्ध किया है कि मत्स्येन्द्रनाथ स्वयं पहले कौल मत के थे। गोरखनाथ के सम्पर्क से वे नाथ सम्प्रदाय में आये। जालन्धर-पाद, कान्हपाद या कृष्णपाद भी वज्रयान से सम्बन्धित कापालिक मत के थे। पर गुरु गोरखनाथ ने इन सभी को अपने नाथपन्थ या सिद्धमत में सम्मिलित कर लिया। वज्रयानियों की साधना में कुछ प्रतीकों और उलटवासियों को ठीक से न समझने के कारण सामान्य साधकों ने उसका सीधा अर्थग्रहण किया और साधना में विकृतियाँ आ गयीं। अनंगवज्र के एक दोहे में आया है कि साधना मार्ग में प्रवृत्त होने में ऐसा करना चाहिए क्योंकि मन क्षुब्ध होने की सम्भावना भी बनी रहती है। अत: समस्त कामनाओं का उपयोग किया जाय तभी मन क्षुब्ध नहीं होगा और सिद्धि प्राप्त होगी। ऐसे ही तर्कों से कमोय योग का साधना क्षेत्र में प्रवेश हुआ। जालन्धरपाद, कृष्णपाद आदि कामनाओं को मारने और अवधूती (सुषुम्ना) की साधना से सिद्धि के पक्षधर लगते हैं। पर उनके प्रतीकों की व्याख्या भोगवादियों ने अपने ढंग से की। योगी अवधूती जागरण से वैसे ही भागता है जैसे ब्राह्मण अछूत डोमिन से भागता है। इसी प्रतीक से कृष्णपाद डोमिन के साथ संग करने जैसी बातें कहते हैं। इसी कालखण्ड में शाक्त

तान्त्रिकों और कुछ शैव तन्त्रादि में त्रिपुर सुन्दरी की उपासना का विधान प्रचलित हो गया था। इसमें 'महासुख' के प्रतीक 'युगनद्ध भाव' अर्थात् नारी-पुरुष से आबद्ध युग्म को सीधे भोग के अर्थ में लेकर भैरवी-सिद्धि की साधना प्रचलित हुई। भैरवी के संयोग के साथ मदिरापान भी प्रचलित हो गया था। यह सारी उथल-पुथल साधना के क्षेत्र में आ गयी थी। ज्ञान का क्षेत्र विवाद का अखाड़ा बना था और कर्मकाण्ड पाखण्ड, ढोंग, अस्पृश्यता, बलि और जन-शोषण का हथियार बन गया था।

यह एक ऐसा समय था जो इतिहास का शून्य प्रहर कहा जा सकता है। राजनीति में छोटे-छोटे राजे, युद्ध और भोग-विलास में व्यस्त थे। सीमापार से तुर्कों के आक्रमण हो रहे थे। विलासप्रिय राजाओं की तन्द्रा ऐसी थी की मुहम्मद गोरी के आक्रमण के समय पृथ्वीराज चौहान संयोगिता के राजनिवास में केलि-क्रीड़ा में व्यस्त था, तो चन्दबरदाई कवि को पत्र पर लिख भेजना पड़ा—

*'तुव गोरी अनुरक्त है, तुझ गोरी अनुरक्त'*

अर्थात् तुम गोरी के प्रेम में अनुरक्त हो और तुम पर या तुम्हारे राज्य पर मुहम्मद गोरी अनुरक्त है। धर्मध्वजियों का खण्डन-मण्डन प्रधान निरर्थक वैचारिक युद्ध, शोषण-ठगी, कामुकता, धन-लोलुपता ने एक ऐसा तथ्य उपस्थित किया था, कि तुलसी के शब्दों में पाखण्ड विवाद से सद्ग्रन्थ लुप्त हो रहे थे। और इतने मत-मतान्तर थे कि उन्हें कहना पड़ा था—

*बहु मत बहु मुनि पन्थ पुरानन जहाँ तहाँ झगरों सो।*

यह स्थिति नवीं-दसवीं शताब्दी से ही प्रारम्भ हो गयी थी। बुद्ध का श्रेष्ठ विचार वज्रयानी गुह्य साधना में परिणत हुआ। पतंजलि का योगसूत्र कौल कापालिकों के पंच मकार साधन में बदला। धर्म, दर्शन अध्यात्म के क्षेत्र में वैदिक मत रूढ़ि और असमानता के पोषक बने थे और अवैदिक मत काया-पोषण और काम-प्रयोग में लीन हो गये, तो दिव्य काया से मण्डित, प्रभापूर्ण चैतन्ययुक्त महायोगी गोरखनाथ का अवतरण हुआ।

गोरखनाथ कौन थे, कब, कहाँ से किस जाति में जन्मे थे? इसे विचार करने से लाभ नहीं है। वे एक ऐसे महान् युगद्रष्टा, युगप्रवर्तक महापुरुष थे जिनकी सिद्धियों की चर्चा आसेतु हिमांचल सर्वप्रदेशों में किस्से कहानियों के रूप में इतनी प्रचलित है और इतनी आश्चर्यजनक है कि लगता है गोरखनाथ कोई हाड़-मांस के व्यक्ति नहीं एक अलौकिक शक्ति या पौराणिक पुरुष थे। कहा जाता है कि शंकराचार्य के पश्चात् उनके समान दूसरा लोकप्रसिद्ध महापुरुष कोई नहीं हुआ। मुझे तो लगता है कि बुद्ध के बाद गोरखनाथ ही लोकनायक की प्रतिष्ठा प्राप्त कर सके। शंकराचार्य अभिजात वर्ग के नेता थे। वे शिक्षित और संस्कृत समाज के पथ-प्रदर्शक और पतनशील बौद्ध परम्पराओं पर अपने स्तर से लोहा लेकर अपने अद्वैत के अस्त्र से सांस्कृतिक प्रवाह को सुरक्षित करनेवाले महापुरुष अवश्य थे। पर बुद्ध की भाँति भूमिजात और दलित, शासक और शासित, सम्पन्न और विपन्न सबके नेता नहीं थे। गोरखनाथ भी बुद्ध की भाँति सर्वसमाज के नेता और पथ-प्रदर्शक थे। नेपाल, राजस्थान, गुजरात के राजवंशों से लेकर अछूत और अन्त्यज कहे जानेवाले वर्ग की झोंपड़ियों तक गोरख का डंका बजा था। शंकराचार्य, रामानुजाचार्य, मध्वाचार्य, रामानन्दाचार्य आदि आचार्यों की भक्ति धारा गोरखनाथ के योग के प्रभाव के आगे धूमिल पड़ गयी थी।

## नाथयोग का दर्शन

नाथयोग वस्तुतः योग दर्शन का ही एक नया रूप है। षड्दर्शन में सांख्य और योग का युग्म है। सांख्य पुरुष और प्रकृति दो प्रधान तत्त्वों से सृष्टि का विकास मानता है और योग में भी शिव और शक्ति दो प्रधान तत्त्व हैं। वज्रयानियों में ये प्रज्ञा और उपाय कहे गये हैं। सांख्य दर्शन ईश्वर की चर्चा नहीं करता और योग ईश्वर को स्वीकारता है। अतः इसे सेश्वर सांख्य कहा गया है। तात्त्विक दृष्टि से इन दोनों में अन्य कोई अन्तर नहीं है। योग वस्तुतः क्रियात्मक दर्शन है। यह साधना का विषय है, अनुभव का विषय है। पतंजलि के योगभाष्य के आधार पर ही बौद्ध परम्परा के

वज्रयानी-सहजयानी सम्प्रदाय में साधना का प्रचलन हुआ और वही आधार नाथपन्थ का भी था।

वैचारिक या दार्शनिक दृष्टि से इस पन्थ में पिण्ड और ब्रह्माण्ड को एक समान कहा गया—जो पिण्डे सो ब्रह्माण्डे, अर्थात् जो पिण्ड में है, वही ब्रह्माण्ड में है। इसलिए स्व-पिण्ड को जानना और उसी की साधना तथा सिद्धि से सम्पूर्ण ब्रह्माण्ड को जाना जा सकता है और सारे ब्रह्माण्ड की सिद्धि प्राप्त की जा सकती है। दूसरी बात इस पन्थ की है कि जगत् का मूल चेतन तत्त्व शिव है, शक्ति उसकी भेदात्मक अथवा क्रियात्मक शक्ति है। शिवतत्त्व आत्मतत्त्व है। और शक्ति उससे अभिन्न है। संसार शक्ति की ही क्रियात्मक अभिव्यक्ति है। 'वामकेश्वर तन्त्र' में शिव कहते हैं, 'हे परमेश्वरि!' शक्ति से रहित होने पर शिव कुछ भी करने में असमर्थ हैं, इससे युक्त होकर ही वह कुछ करने में समर्थ होते हैं। (4-6) इसीलिए शक्ति के बिना 'शिव' को शव कहा गया है।

'शिव' निष्क्रिय, निर्विकार रहता है। सृष्टि की इच्छा होने पर वे सगुण शिव कहे जाते हैं। यह इच्छा ही 'शक्ति' है। एक ही प्रधान तत्त्व के दो रूप हुए—शिव और शक्ति। इन्हीं के योग से सृष्टि होती है। शक्ति ही पाँच अवस्थाओं से होते हुए 'कुण्डली' या 'कुण्डलिनी' के रूप में प्रादुर्भूत हुई। यही कुण्डलिनी समस्त विश्व में व्याप्त शक्ति है। और यही पिण्ड में भी समस्त शक्ति है। यह 'शक्ति' शिव की ही क्रियाशक्ति है जैसे वेदान्त में 'ब्रह्म' की रचना शक्ति माया है। ब्रह्मवादी माया को जड़ और सृष्टि जगत् को मिथ्या मानते हैं। योगमार्ग शिव और शक्ति दोनों को चेतन मानता है। चेतन का धर्म भी चेतन ही होगा। धर्मी और धर्म में अभेद होता है तो चेतन का धर्म जड़ कैसे हुआ? इस तत्त्ववाद के द्वारा पिण्ड को ब्रह्माण्ड का संक्षिप्त संस्करण बताकर और शिव-शक्ति दोनों को एक ही चेतन का द्विधा रूप बताकर इस मार्ग में शंकर के मायावाद द्वारा प्रतिपादित जगत् के मिथ्यात्व का प्रतिवाद किया गया। यह आवश्यक भी था। बुद्ध के दुःखवाद और विरक्ति मार्ग से जो सामाजिक संकट और संघारामों-विहारों में यौनाचार की वृद्धि हुई थी, उसी प्रकार की विरक्ति और समाज से पलायान मायावाद के कारण भी हुआ। संसार को झूठ

मानकर उसे उत्कृष्ट बनाने की बात विरोधाभासी थी। गोरख ने इसका प्रतिवाद किया। उनके योग मार्ग ने जगत् को विश्वसनीय बनाया। जीव या पिण्ड के महत्त्व को प्रतिपादित किया और पिण्ड की साधना व सिद्धि से ब्रह्माण्ड पर समग्र की सिद्धि का नैतिक और व्यावहारिक सिद्धान्त प्रतिपादित किया। तात्पर्य यह कि पलायनवादी मायावाद के बदले लोकोन्मुख यथार्थ जीवनबोध का अनुभव सिद्ध मार्ग गोरख ने सुझाया।

## साधना और सिद्धि

नाथ मार्ग या सिद्ध मार्ग की साधना का चरम लक्ष्य है शिव और शक्ति का सामरस्य और सहज समाधि। इसके लिए षडङ्गयोग (आसन, प्राणायाम, प्रत्याहार, धारण, ध्यान, समाधि) का विधान है। पतंजलि योग के अष्टांग में प्रारम्भिक दो यम, नियम को ये योग के अन्तर्गत नहीं मानते। यम-नियम योगाभ्यास पूर्व की आधार भूमि है। इन लोगों ने पतंजलि के 5 यम के स्थान पर 10 यम और 5 नियम के स्थान पर 10 नियम बताया है।

विविध आसनों और प्राणायाम के अभ्यास से नाड़ियों पर नियन्त्रण होता है और वृत्तियों को अन्तर्मुख करके धारणा ध्यान गुजरते हुए समाधिदशा को प्राप्त किया जाता है। योग की यह क्रिया हठयोग है। इसमें चन्द्र और सूर्य का मिलन होता है। सूर्य इड़ा और चन्द्र पिंगला इड़ा-पिंगला को तथा सूर्य प्राण वायु और चन्द्र अपान वायु को कहते हैं। प्राण अपान और इड़ा पिंगला पर प्राणायाम द्वारा नियन्त्रण करके सुषुम्ना का मार्ग उन्मुक्त होता है और उसी से कुण्डलिनी शक्ति ऊर्ध्वमुख अग्रसर होती है। वह छह चक्रों का भेदन करके ऊष्णीय कमल या सहस्त्रार कमल में पहुँचकर पूर्ण ज्योतिर्मय शिव से मिलकर एकरूप और समरस हो जाती है। यही समरसता है। यह सहज समाधि या असम्प्रज्ञात समाधि की दशा है। इस साधना की सफलता से योगी सिद्ध हो जाता है और उसे कुछ भी अकरणीय नहीं रह जाता। वह सिद्ध कहा जाता है।

# जीवन

गोरखनाथ के चमत्कारी व्यक्तित्व के सम्बन्ध में आचार्य हजारीप्रसाद द्विवेदी ने लिखा है, "शंकराचार्य के बाद इतना प्रभावशाली और इतना महिमान्वित महापुरुष भारतवर्ष में दूसरा नहीं हुआ। भारतवर्ष के कोने-कोने में उनके अनुयायी आज भी पाये जाते हैं। ...भारतवर्ष की ऐसी कोई भाषा नहीं है जिसमें गोरखनाथ सम्बन्धित कहानियाँ न पायी जाती हों। इन कहानियों में परस्पर ऐतिहासिक विरोध बहुत अधिक है परन्तु इनसे एक बात अत्यन्त स्पष्ट हो जाती है—गोरखनाथ अपने युग के सबसे बड़े नेता थे। उन्होंने जिस धातु को छुआ वही सोना हो गया।" (ग्रन्थावली पृष्ठ, 107) इस सम्बन्ध में बिग्स ने अपने पुस्तक 'गोरखनाथ और कनफटा योगीज' में लिखा है—

"मध्ययुग से लेकर उत्तरी-पश्चिमी भारत में गोरखनाथ एक महान् योगी और आश्चर्यजनक कृत्यों के कर्त्ता के रूप में प्रसिद्ध रहे हैं और असंख्य भावों की जनश्रुतियाँ और गीतों में उनका और उनके अनुयायियों का गान हुआ है। नेपाल से राजपूताना, पंजाब से बंगाल तथा सिन्ध से दक्षिण तक जनश्रुतियाँ और लोकवार्त्ताएँ गोरखनाथ के अद्‌भुत कृत्यों की ओर संकेत करती हैं। वे प्रसिद्ध सन्त और चमत्कार करनेवाले व्यक्ति हैं।...वे गोरखाराज्य के जिसका शासन इस समय नेपाल में है, आश्रयदाता और संरक्षक सन्त हैं और अन्ततः वे मत्स्येन्द्रनाथ के प्रतिस्पर्द्धी और विजेता हैं, जो नेपाल के प्राचीन बौद्ध रक्षक माने जाते हैं।" (नाथयोग, अक्षय कुमार बनर्जी, पृष्ठ 05)

उनके जन्मस्थान के बारे में उनके उपस्थिति काल की ही तरह मतैक्य नहीं है। 'योगसम्प्रदाय विष्कृति' में उन्हें गोदावरी तीर के किसी चन्द्रगिरि मे उत्पन्न होने का उल्लेख है। 'गोरखसहस्रनाम स्त्रोत' (नेपाल लाइब्रेरी) के अनुसार दक्षिण दिशा में बड़ौत नामक देश में महाबुद्धिशाली गोरक्षनाथ प्रादुर्भूत हुए। क्रुक्स और ग्रियर्सन ने एक परम्परा के अनुसार बताया है कि वे सत्ययुग में पंजाब के पेशावर में, त्रेता में गोरखपुर में, द्वापर में द्वारिका के हुरमुज में और कलियुग में काठियावाड़ की गोरखमढ़ी में

उत्पन्न हुए। इसी प्रकार नेपाली परम्परा में वे पंजाब से चलकर नेपाल गये थे। एक मत के अनुसार वे गोरखनाथ टीला (झेलम, पंजाब) से गोरखपुर आये थे। नासिक के योगियों का विश्वास है कि वे नेपाल से पंजाब आये थे और बाद में नासिक की ओर गये थे। इन सारे सन्दर्भों से अनुमान लगता है कि गोरखनाथ की महत्ता के कारण उन्हें विभिन्न क्षेत्रों के लोग अपने स्थान से जोड़ना चाहते थे।

इस प्रकार गोरखनाथ के जीवन के सम्बन्ध में बहुत ऊहापोह करने की आवश्यकता नहीं प्रतीत होती। गोरखनाथ कोई पौराणिक व्यक्ति नहीं बल्कि एक ऐतिहासिक व्यक्ति हैं। वे चाहे कितनी ही अनुश्रुतियों से अवतारी पुरुष या असम्भव लगनेवाले अद्‌भुत व्यक्ति नहीं अपितु वे हाड़-मांस के मनुष्य थे और अपनी साधना और सिद्धि से उन्होंने जो यश प्राप्त किया उससे ही उन्हें शिव का साक्षात् अवतार माना जाने लगा था।

## गोरखनाथ रचित ग्रन्थ

गोरखनाथ ने योगमार्ग को प्रत्यभिज्ञा दर्शन के सिद्धान्तों के आधार पर काया योग के साधनों को भी व्यवस्थित किया। आत्मानुभूति और शैव परम्परा के सामंजस्य से चक्रों की संख्या नियत की, उन दिनों अत्यन्त प्रचलित वज्रयानी साधना के पारिभाषिक शब्दों के सांवृत्तिक अर्थ को बलपूर्वक पारमार्थिक रूप दिया और अब्राह्मण उद्‌गम से उद्‌भूत और सम्पूर्ण ब्राह्मण-विरोधी साधनमार्ग को इस प्रकार संस्कृत किया कि उसका दृढ़विरोधी रूप तो ज्यों-का-त्यों बना रहा किन्तु उसकी अशिक्षा जन्य प्रमादपूर्ण रूढ़ियाँ परिष्कृत हो गयीं। उन्होंने लोकभाषा को भी अपने उपदेशों का माध्यम बनाया।[1]

आचार्य द्विवेदी जी ने उनकी 28 पुस्तकों की चर्चा की है, यद्यपि उन्होंने यह भी लिखा है कि इनमें से कुछ पुस्तकें गोरखनाथ की हैं किन्तु कई उनके सिद्धान्तों को संग्रह करके बाद में अन्य लोगों द्वारा लिखी गयीं। इनमें से जो पुस्तकें महत्त्वपूर्ण मानी गयी हैं उसमें पहली 1. अमनस्क, 2. अमरौघशाधनम् 3. गोरक्षपद्धति 4. सिद्ध-सिद्धान्त पद्धति 5. गोरक्षसंहिता। अन्य पुस्तकें जो गोरखनाथ कृत कहीं गयी हैं—1. अवधूतगीता

2. गोरक्षकल्प 3. गोरक्षकौमुदी 4. गोरक्षगीता 5. गोरक्षचिकित्सा 6. गोरक्षपंचय 7. गोरक्षशतक 8. गोरक्षशास्त्र 9. चुतरशीत्यासन 10. ज्ञानप्रकाशशतक 11. ज्ञानशतक 12. ज्ञानामृतयोग 13. नाड़ीज्ञानप्रदीपिका 14. महार्थमञ्जरी 15. योगचिन्तामणि 16. योगमार्तण्ड 17. योगबीज 18. योगशास्त्र 19. योगसिद्धासनपद्धति 20. विवेकमार्तण्ड 21. श्रीनाथसूत्र 22. हठयोग 23. हठसंहिता।

इस सम्बन्ध में अक्षय कुमार बनर्जी ने लिखा है—गोरक्षशतक, गोरक्षसंहिता, सिद्धान्त पद्धति, योग-सिद्धान्त पद्धति, सिद्ध-सिद्धान्त-पद्धति, हठयोग, ज्ञानामृत आदि अनेक संस्कृत ग्रन्थ गोरखनाथ जी कृत बताये जाते हैं। हठयोग प्रदीपिका, शिव संहिता और घेरण्ड संहिता योग साधन सम्बन्धी महत्त्वपूर्ण कृतियाँ हैं और वे इनके रचयिता हैं। जो इसी सम्प्रदाय के योगी बताये जाते हैं। गोरक्षगीता, गोरक्षकौमुदी, गोरक्षसहस्त्रनाम, योग-संग्रह, योग-मञ्जरी,योग मार्तण्ड तथा इसी प्रकार की अन्य अनेक कृतियाँ गोरखनाथ के शिक्षा सिद्धान्तों पर आधृत हैं।[2] शेष ग्रन्थ गोरखनाथ के सम्प्रदाय के अन्य योगियों ने लिखा होगा।

गोरखनाथ की जो हिन्दी रचनाएँ मिली हैं, जिसका सम्पादन डॉ. पीताम्बरदत्त बड़थ्वाल ने 'गोरखबानी' नाम से किया और वह हिन्दी साहित्य सम्मेलन प्रयाग से प्रकाशित हुआ। ऐसे हिन्दी ग्रन्थों में सबदी और पद को छोड़कर शेष छोटी-छोटी रचनाएँ हैं। इनमें से निम्नलिखित 15 रचनाओं को गोरखनाथ की प्रामाणिक रचनाएँ मानकर विभिन्न हस्तलिखित प्रतियों के आधार पर सम्पादित किया, ये रचनाएँ निम्नलिखित हैं—

1. सबदी 2. पद 3. सिष्या दरसन 4. प्राण संकली 5. नरवै बोध 6. आत्म-बोध-1 7. अभै मात्रा जोग 8. पन्द्रह-तिथि 9. सप्तवार 10. मछीन्द्र गोरष बोध 11. रोमावली 12. ग्यांनतिलक 13. ग्यान चौंतीसा (यह पुस्तक समय से न मिलने से संग्रह में नहीं आ पायी) 14. पंच मात्रा 15. गोरष गणेश गुष्टि। अन्य पुस्तकें अन्य योगियों द्वारा

गोरखनाथ के सिद्धान्तों के आधार पर लिखी गयी प्रतीत होती हैं, वे इस प्रकार हैं—1. गोरखदत्तगोष्ठी (ग्यानदीप बोध) 2. महादेव गोरखगुष्टि 3. सिष्ट पुरान 4. दयाबोध 5. जाती भौंरावली 6. नवग्रह 7. नवरात्र 8. अष्ट पारछ्या 9. रहरास 10. ग्यान माला (छन्द गोरख) 11. आत्मबोध 12. व्रत 13. निरंजन पुराण 14. गोरखवचन 15. इन्द्री देवता 16. मूल गर्भावली 17. खाणी वाणी 18. गोरख सत 19. अष्ट मुद्रा 20 चौबीस सिधि 21. षडक्षरी 22. पंच अग्नि 23. अष्टचक्र 24. अबलि सिलूक 25. काफिर बोध। 'गोरखबानी' जो गोरखनाथ मन्दिर से प्रकाशित है, इसमें कुल सम्पादित रचनाओं की संख्या 28 है। इस सम्पादन में जो भी पुस्तकें गोरखनाथ के नाम से उल्लिखित हैं सबको भावार्थ सहित सम्मिलित कर लिया गया है। इनमें से कई रचनाएँ केवल एक पृष्ठ की हैं। अन्तिम रचना 'गुरुगोरख वचन प्रवाणंजी' के नीचे रचनाकार के रूप में गोगिराज भर्तृहरि लिखा हुआ है। इसमें ज्ञान चौंतीसा सहित और कई रचनाएँ हैं। बड़थ्वाल ने प्रामाणिक मानी गयी रचनाओं के अतिरिक्त उपलब्ध रचनाओं को परिशिष्ट में स्थान दे दिया है ताकि आगे के शोध करनेवाले विद्वान् उनकी प्रामाणिकता पर विचार कर सकें।

## गोरखपन्थ के बारह उपपन्थ

गोरखनाथ जी का नाथ सम्प्रदाय 12 उपपन्थों में विभाजित है। इसीलिए इस सम्प्रदाय को 'बारहपन्थी योग पन्थ' या नाथ पन्थ कहते हैं। ये 12 पन्थ निम्नलिखित हैं—

1. सतनाथी 2. रामनाथी 3. धर्मनाथी 4. लक्ष्मननाथी 5. दरियानाथी 6. गंगानाथी 7. बैरागपन्थी 8. रावलपन्थी या नागपन्थी 9. जालन्धरनाथी 10. आई पन्थी या ओपन्थी 11. कापलती या कपिलपन्थी 12. धज्जा नाथी या महावीर पन्थी।

ये सभी शाखाएँ साधना प्रणाली और दार्शनिक दोनों में साम्य रखती हैं। इन सभी की गोरखनाथ के प्रति श्रद्धा है इनमें केवल छोटी-मोटी

ऊपरी भिन्नताएँ हैं। ये विभिन्न पन्थ भारतवर्ष के विभिन्न भागों में अपना प्रमुख केन्द्र रखते हैं किन्तु ये सभी देशव्यापी एक संगठन से सम्बद्ध हैं। विभिन्न पन्थों के मुखिया या उनके प्रतिनिधि केन्द्रीय मठों के महन्तों के चुनाव या अभिषेक के समय तथा अन्य महत्त्वपूर्ण सांस्कृतिक पर्वों पर एकत्र होते हैं। यदि इन पन्थों को ठीक ढंग से संगठित किया जाय तो ये ऐतिहासिक महान् सम्प्रदाय के गौरव का पुनरुत्थान कर सकते हैं और वर्तमान काल में भी धार्मिक संस्कृति के निर्माण में महत्त्वपूर्ण योग दे सकते हैं।

कहा जाता है इनमें आदिनाथ शिव द्वारा प्रवर्तित छह पन्थ—1. भुज (कच्छ) के कण्ठरनाथ 20 पेशावर और रोहतक के पागलनाथ 3. अफगानिस्तान के रावल 4. पंख या पन्थ 5. मारवाड़ के वन 6. गोपाल या राम के सन्तोषनाथ तथा दास गोपालनाथ। गोरखनाथ प्रवर्तित छह पन्थ इस प्रकार हैं—1. हेठनाथ 2. आईपन्थ के चोलीनाथ 3. चाँदनाथ या कपिलानी 4. मारवाड़ का वैरागपन्थ और रतननाथ 5. जयपुर के पावनाथ 6. धजनाथ महावीर। आगे चलकर इनके शिष्यों-प्रशिष्यों ने कई उपपन्थ चलाये और उनसे इनकी संख्या में वृद्धि हो जाती है।

## मत्स्येन्द्रनाथ और कौलमार्ग

मत्स्येन्द्रनाथ गोरखनाथ के गुरु माने जाते हैं, वे कौलमार्ग के प्रवर्तक भी माने जाते हैं। 'कौल' शब्द 'कुल' शब्द से बना है। कुल और अकुल ये दो शब्द कुल 'शक्ति' का प्रतीक है और अकुल 'शिव' का। इनके अनुसार कुल और अकुल या शक्ति और शिव में कोई भेद नहीं हैं। जब शक्ति शिव से अलग संसार प्रपंच की रचना करती है तो संसारी जीव 'कुल' के अन्तर्गत आता है और जब साधना द्वारा शक्ति से शिव का एकत्व हो जाता है तो 'कुल' अकुल में परिवर्तित हो जाता है अर्थात् जीव और शिव एक हो जाते हैं। इसके लिए कौलमार्गी 'कौलग्याननिर्णय' में हृदयस्थ पद्मचक्रों की चर्चा है। पर कुण्डली शब्द उसमें नहीं आता।

कौलग्याननिर्णय के 21वीं पटल के आधार पर डॉ. प्रबोधचन्द्र बागची ने अनुमान लगाया है कि मत्स्येन्द्रनाथ सिद्ध या सिद्धामृत मार्ग के अनुवर्ती थे और उन्होंने योगिनी कौलमार्ग का प्रवर्तन किया था। हमने पहले ही लक्ष्य किया है कि नाथपन्थी लोग अपने को सिद्धमार्ग का अनुयायी कहते हैं और परवर्ती साहित्य में सिद्ध शब्द का प्रयोग नाथपन्थी साधुओं के लिए हुआ है। यह स्पष्ट है कि द्वापर युग का सिद्धमार्ग उस श्रेणी का नहीं था जिसे बाद में मत्स्येन्द्रनाथ ने अपने कौलज्ञान के रूप में अवतारित किया। दन्तकथाओं से स्पष्ट है कि मत्स्येन्द्रनाथ अपना असली मत छोड़कर कदलीदेश की स्त्रियों की माया में फँस गये थे। ये कदली स्त्रियाँ योगिनी थीं, यह बात 'गोरक्षविजय' आदि ग्रन्थों से स्पष्ट है। 'कौलग्याननिर्णय' से भी इस बात की पुष्टि होती है कि जिस साधनमार्गपरक शास्त्र की चर्चा इस ग्रन्थ में हो रही है, वह शास्त्र कामरूप की योगिनियों के घर-घर में विद्यमान था और मत्स्येन्द्रनाथ उसी कामरूपी स्त्रियों के घर से अनायास-लब्ध शास्त्र का सार संकलन कर सके थे—

*तस्य मध्ये इमं नाथ सारभूतं समुद्धृतं।*
*कामरूपे इदं शास्त्रं योगिनीनां गृहे गृहे।।*

तन्त्रालोक की टीका के जो श्लोक हैं, उनसे भी पता चलता है कि मत्स्येन्द्रनाथ ने कामरूप में साधना की थी। कामरूप की योगिनियों के मायाजाल से गोरक्षनाथ ने मत्स्येन्द्रनाथ का उद्धार किया था, यह भी दन्त कथाओं से स्पष्ट है।[3]

डॉ. बागची का यह अनुमान कि मत्स्येन्द्रनाथ पहले सिद्धमार्ग के अनुयायी थे बाद में कदलीदेश या त्रियादेश की (कामरूप) योगिनियों के जाल में फँसकर एक अन्य साधनामार्ग के अनुयायी हो गये थे और गोरखनाथ ने उन्हें उन योगिनियों के जाल से छुड़ाया। मत्स्येन्द्रनाथ गोरखनाथ के गुरु थे यह बात समझ में आ सकती है अन्यथा यदि मत्स्येन्द्रनाथ का साधनामार्ग सिद्धमार्ग से अलग होता तो गोरखनाथ उनके शिष्य कैसे और क्यों होते?

कौलमार्ग के 'अकुलवीरतन्त्र' में कुण्डली और सामरस्य की कोई चर्चा नहीं है। 'कौलग्यान निर्णय' हृदय स्थित पद्मचक्रों की चर्चा करता है पर वहाँ भी कुण्डली और सामरस्य की चर्चा नहीं है। ये शब्द केवल 'अकुलवीरतन्त्र' में आते हैं। इस ग्रन्थ में कुण्डलीयोग में द्वैतभाव की विद्यमानता रहती है और सहजयोग में यह द्वैत लुप्त हो जाता है। इसलिए वहाँ सहजयोग को महत्त्व दिया गया है। उसके अनुसार सहजयोग में ध्यान, धारणा, प्राणायाम, चक्रध्यान आदि अनावश्यक हैं। कौलमार्ग की समस्त विधियाँ यहाँ अनावश्यक हैं। इस तन्त्र का स्वर गोरखसंहिता से पूरी तरह मिलता है।[3] (ग्रन्थावली, नाथ सम्प्रदाय, पृष्ठ 72)

ऐसा प्रतीत होता है कि जो सिद्ध मार्ग मत्स्येन्द्रनाथ के कौलमार्ग में था उसे अत्यन्त व्यवस्थित रूप हठयोग तथा अन्य सहजयोग आदि का व्यवस्थित वैज्ञानिक विश्लेषण करके गोरखनाथ ने नाथपन्थ का प्रवर्तन किया और इसीलिए कदली देशवाली किंवदन्ती सत्य हो या असत्य उससे इस बात का अनुमान पुष्ट होता है कि गोरक्षनाथ ने मत्स्येन्द्रनाथ को गुरु मानते हुए भी उनके सिद्ध मार्ग को एक व्यवस्थित और वैज्ञानिक स्वरूप प्रदान किया। इसीलिए कबीरदास ने कहा—

*गोरखनाथ न मुद्रा पहनी औ नहि माथ मुड़ाया।*
*ऐसा जोगी भया भू ऊपरि गुरु का राज छुड़ाया।।*

गोरखनाथ की गुरु-शिष्य परम्परा 'श्री ज्ञानेश्वरचरित्र' में इस प्रकार दी हुई है— आदिनाथ, मत्स्येन्द्रनाथ, जालन्धरनाथ, मानीफनाथ, मयनावती (गोपीचन्द की माता), गोरखनाथ, चौरंगीनाथ, महनीनाथ, निवृत्तिनाथ, ज्ञाननाथ।

यह परम्परा कई प्रकार से विभिन्न उल्लेखों में मिली है पर सबमें मत्स्येन्द्रनाथ को गोरखनाथ का गुरु बताया गया है।

गुरु मत्स्येन्द्रनाथ को कदलीवन से मुक्त कराने के प्रसंग में 'नाथसिद्धचरितामृत' में लिखा गया है कि मत्स्येन्द्रनाथ जी ने कदलीवन

में महारानी मंगला और कमला के राज्य में प्रवेश कर महाज्ञान को भूलकर विहार किया था। गोरखनाथ कलिंगा नाम की नर्तकी के साथ नर्तकी का वेश धारण कर राज्य-द्वार पर मर्दल ध्वनि की। उन्होंने ध्वनि की 'जाग मछिन्दर गोरख आया' उन्होंने कहा कि मुझे कृष्णपाद से (कन्हपाद) इस दशा का पता लगा। आपने अमृत रस को बाघिनी (माया) की गोद में खो दिया है। आपने आध्यात्मिक पूँजी खो दी है—

*नाचत गोरषनाथ घूंघरी चे घातैं।*
*सबे कमाई षोई गुरू बाघंनी चै राचैं।।*
*रस-कुस बहि गईला, रहि गई छोई।*
*भगत मछिंद्रनाथ पूता जोग न होई।।*
*रस-कुस बहि गइला रहि गईला सारं।*
*बदंत गोरषनाथ गुर जोग अपारं।।*
*आदिनाथ नाती मछिन्द्रनाथ पूता।*
*षटपदी भणीलैं गोरष अवधूता।।*

(गोरखबानी, पद-2)

विद्यापति ने 1410 -1414 ई. के बीच 'गोरखविजय' नाटक की रचना की। इस नाटक में गोरखनाथ जी ने मत्स्येन्द्रनाथ के प्रति कहा कि आप गुरुमुख वाणी भूल गये। त्रिया देश की नयन ज्योति के सामने ज्ञान की माणिक मोती भूल गये। हे मीननाथ! जाग जाइये, लौकिक प्रेम और आध्यात्मिक ज्ञान में परम विरोध हैं—

*विसरल गुरु मुखे वाच। ताहि परे अवर की साच।*
*विसरल मणिक मोति। तिरिअ-नयन के जोति।*
*अबहु न सम्भव मोहे। रे मिननाथ।*
*भनइ विद्यापति बोध। एहि ओहि परम विरोध।*

*(गोरक्षविजय)*

अत: उक्त किंवदन्ती में कुछ सार प्रतीत होता है। कौलमत और गोरख प्रवर्तित नाथमत में तात्त्विक रूप से एकता है—

*न शिवेन विना शक्तिर्न शक्तिरहित: शिव।*
*अन्योन्य च प्रवर्तन्ते अग्निधूमौ यथा प्रिये।।*

परन्तु गोरखनाथ ने नाथपन्थ को बहुत ही व्यवस्थित रूप अपने षडङ्गयोग से दिया।

**सन्दर्भ**

1. ग्रन्थावली, भाग-6, नाथ सम्प्रदाय, पृष्ठ 109.
2. नाथयोग, पृष्ठ, 13 (बनर्जी)
3. ग्रन्थावली भाग 6, नाथ सम्प्रदाय, पृष्ठ 71-72.

अध्याय-3

# गोरखनाथ प्रवर्तित योग : सिद्धान्त और प्रक्रिया

इस सम्प्रदाय का विश्वास है कि जो 'ब्रह्माण्ड' में है वही 'पिण्ड' में भी है—'जोइ पिण्डे सोइ ब्रह्मण्डे'। ब्रह्माण्ड का ही एक वैयक्तिक रूप पिण्ड में माना जाता है। इसलिए पिण्ड के रहस्यों का ज्ञान होने पर व्यक्ति साधना द्वारा पिण्ड को ब्रह्माण्ड से एकरूप करके पिण्ड पर विजय प्राप्त कर सकता है। मन ही सांसारिकता का भी कारण होता है और मन ही निरोध द्वारा सांसारिकता से परे ब्रह्मानुभूति प्राप्त करा सकता है। इसीलिए गोरखनाथ जी कहते हैं—

*यहु मन सकती यहु मन सीव।*
*यहु मन पाँच तत्त का जीव।।*
*यहु मन ले जे उनमन रहै।*
तौ तीनि लोक की बाता कहै।।

अर्थात् योग-साधना में सिद्धि मन को सम्पूर्ण वश में करने का चरम फल है। मन योग-क्षेत्र में महत्त्वपूर्ण भूमिका का निर्वाह करता है। यही मन परम शक्ति, जागृत कुण्डलिनी महामाया है, तो यही मन परमशिव का रूप ग्रहण कर लेता है। यही मन पंचभौतिक शरीर में निवास करनेवाला जीवात्मा है। इस मन को जो योगी उन्मन रखता है अर्थात् परमात्म चिन्तन के अभिमुख रखता है वह तीनों लोक—आकाश, पाताल और मृत्यु लोक का रहस्य समझ लेता है।

शिव शक्ति एक होते हुए भी उनमें क्रियात्मक रूप से अन्तर है। शिव तत्त्व स्थिर और अपरिवर्तनशील है और शक्ति उसकी क्रियात्मक शक्ति है। इसलिए कहा जाता है, "शिव एक, नित्य, नि:सीम अपरिवर्तनशील तत्त्व है, जो कालातीत और सीमातीत है और शक्ति असीम गतिशील एवं क्रियाशील तत्त्व  है और सदैव काल और सीमा के रूप में अपने को व्यक्त करती है। शिव, शुद्ध, भेदरहित, अज्ञेय चेतनतत्त्व है जबकि शक्ति अपने को विविध गोचर चेतनतत्त्वों अनेक बौद्धिक, भावात्मक एवं संकल्पात्मक प्रवृत्तियों के रूप में रहती हैं।" (अक्षय कुमार बनर्जी, नाथयोग पृष्ठ-14-15)

शंकर के अद्वैत में ब्रह्म के साथ जो माया की स्थिति है वही लगभग नाथयोग में शिव के साथ शक्ति की स्थिति है। शंकराचार्य माया को भ्रमात्मक और अस्तित्वहीन मानते हैं किन्तु योगी शक्ति को ऐसा नहीं मानता और उनकी आध्यात्मिक साधना में वह शिव तत्त्व के साथ शक्ति को अभेद और एकरूप करके उन्हें अपने वश में करता है। उनके अनुसार शिव और शक्ति में माना जानेवाला परस्पर अन्तर जो चेतना में दिखायी पड़ता है वह सत्य नहीं है। समय स्थान की सीमाओं से आबद्ध होने के कारण हमें उनमें अन्तर दिखायी पड़ता है। योग-साधना द्वारा जब हमें सम्यक् दृष्टि प्राप्त होती है तब शिव के स्वयं प्रकाश  स्वरूप और शक्ति की क्रियात्मक अभिव्यक्ति में अन्तर नहीं प्रतीत होता और दोनों एक-दूसरे से मिले हुए प्रतीत होते हैं। इसीलिए योगी परमतत्त्व को 'द्वैताद्वैत विवर्जित' मानते हैं अर्थात् यह परमतत्त्व शंकर के अद्वैत, रामानुज के विशिष्टाद्वैत, मध्वाचार्य के शुद्धाद्वैत आदि से भिन्न है। यह तर्कातीत है और साधना द्वारा इस तत्त्व की अनुभूति की जा सकती है। यही सैद्धान्तिक आधार है जिसके आधार पर गोरखनाथ का हठयोग सिद्धान्त आधारित है।

## अष्टाङ्गयोग या षडङ्गयोग

महर्षि पतंजलि ने अपने 'योगसूत्र' में योगों के आठ अंग की चर्चा की है—यम, नियम, आसन, प्राणायाम, प्रत्याहार, धारणा, ध्यान, समाधि।

किन्तु गोरखनाथ ने हठयोग में यम, नियम को छोड़कर छह नियमों को स्वीकार किया है। वे यम, नियम को योग-साधना के पूर्व अभ्यास का विषय बताते हुए उनके महत्त्व को स्वीकार करते हैं। पतंजलि ने पाँच यम (अहिंसा, सत्य, अस्तेय, ब्रह्मचर्य और अपरिग्रह) तथा नियम के भी पाँच भेद (शौच, सन्तोष, तप, स्वाध्याय और ईश्वर प्रणिधान) माने हैं किन्तु गोरखनाथ ने दस यम और दस नियम की व्यवस्था की है। यम के भेद इस प्रकार हैं—

*अहिंसा सत्यमस्तेयम् ब्रह्मचर्यम् क्षमा धृतिः।*
*दयार्जवं मिताहारः शौचं चैव यमो दशः।।*

**1. अहिंसा**—सभी जीवों के प्रति मन, वचन और कर्म से हिंसा से विरत रहना साथ ही सभी जीवों के प्रति दुर्भावना और वैर भाव का परित्याग।

**2. सत्य**—वाणी में ही नहीं विचार, आचार और प्रवृत्ति में भी सत्य की दृष्टि।

**3. अस्तेय**—अर्थात् किसी दूसरे की सम्पत्ति प्राप्त करने की तनिक इच्छा न होना। किसी भी प्रकार के अनुचित लाभ की दृष्टि भी न रखना।

**4. ब्रह्मचर्य**—इससे तात्पर्य स्त्री-पुरुष को अपने रज-वीर्य को अधोमुख न करके ऊर्ध्वमुख करने का प्रयास करना और यौनाचार की इच्छा से अपने को पूर्णतः विरत करना।

**5. क्षमा**—दूसरे के दोषों को क्षमा करना। किसी की निन्दा या किसी के कर्म का प्रतिकार न करने की भावना का निर्माण करना।

**6. धृति**—धृति का अर्थ है धैर्य। किसी भी परिस्थिति में मन को धैर्यपूर्वक अविचलित रखना। हर प्रकार की परिस्थितियों में सहनशीलता का अभ्यास करना।

**7. दया**—सभी व्यक्तियों और जीवों के प्रति दया भाव रखना। दूसरों की कठिनाइयों की अपनी कठिनाई समझना और दूर करने का प्रयास करना।

**8. आर्जव**—इससे तात्पर्य है सरलता। योगी को किसी प्रकार की बनावट नहीं करनी चाहिए। भोजन वस्त्र में सादगी तथा किसी प्रकार के बाह्य प्रदर्शन से मुक्त करना।

**9. मिताहार**—मिताहार से तात्पर्य यह है कि कम-से-कम जितने आहार से काम चल सके उतना लेना। कहा जाता है कि केवल जीने के लिए खाना, खाने के लिए नहीं जीना। इच्छाओं के स्वाद के लिए नहीं और मन, जिह्वा दोनों पर नियन्त्रण रखना।

**10. शौच**—शरीर के सभी अंगों को शुद्ध रखना, शुद्ध वायु में साँस लेना, शुद्ध भोजन करना, शुद्ध जल से शरीर के सभी अंगों का धोना तथा भावनाओं में भी शुद्धता लाना।

नियम—नियम भी दस माने गये हैं ये निम्नलिखित हैं—

*तप: सन्तोष आस्तिक्यं दानमीश्वर पूजनम्।*
*सिद्धान्तवाक्य श्रवणं ह्री मतिश्च जपो हुतम्।*
*नियमा: दश संप्रोक्ता योग शास्त्र विशारदै:।।*

**1. तप**—तप से तात्पर्य है संयम अर्थात् हर प्रकार के व्यसनों से और सुख-सुविधा के साधनों से अलग रहकर शरीर को हर मौसम में सहन करने की शक्ति को नित बढ़ाने का अभ्यास करना। रूखा-सूखा भोजन और कभी-कभी व्रत भी रहना।

**2. सन्तोष**—जो कुछ भी प्राप्त हो जाय उसमें सन्तुष्ट रहने का अभ्यास। यथालाभ सन्तोष सदा, काहू सो कुछ न चहौंगो।' (तुलसी)

**3. आस्तिकता**—वेदों, गुरु और साधकों-महात्माओं में विश्वास और परमशक्ति या परमचेतना में विश्वास और उसके प्रति समर्पण भाव।

**4. दान**—किसी भी वस्तु के प्रति स्वामित्व का भाव न होना ही दान का आध्यात्मिक अर्थ है। दयालुता और सभी में एक ही आत्मा का दर्शन करने पर हमारे पास जो कुछ भी है उसे प्रदान करने की भावना दान के अन्तर्गत आती है।

**5. ईश्वर पूजा**—संसार की परम चेतना के रूप में ईश्वर को मानकर श्रद्धाभक्तिपूर्वक उनका ध्यान करना या मनन करना ईश्वर पूजा है। भगवान के प्रति अपना मोह और अहंकार को समर्पित करके इनसे मुक्त हो जाना चाहिए।

**6. सिद्धान्तवाक्य श्रवण**—शास्त्रों के श्रवण और अध्ययन के साथ गुरु से आध्यात्मिक विषयों को समझने की चेष्टा करना। शरीर मन और बुद्धि की पूर्णता के लिए योग-साधना का महत्त्व और उसकी प्रमुख विशेषताओं का गुरु से ज्ञान प्राप्त करना।

**7. ह्री**—अगर संयोग से मन में कोई दूषित विचार या बुरे कर्म की भावना, असत्य और अहिंसात्मक कथन हो जाय तो उसके लिए पश्चात्ताप और लज्जा होना ही 'ह्री' है।

**8. मति**—मति का तात्पर्य बुद्धि है। बुद्धि को शाश्वत आध्यात्मिक मूल्यों को ग्रहण करने का विवेक के लिए प्रेरित करना। इसके लिए मस्तिष्क को सांसारिक आवरणों से मुक्त होना चाहिए।

**9 जप**—जप से तात्पर्य मन और जिह्वा से बार-बार और लगातार जितना सम्भव हो सके भगवान् के नाम को जपना। इसके लिए गुरु द्वारा सुझाये नाम का जप ही श्रेयस्कर होता है वैसे 'ओऽम्' को योग में जाप के लिए श्रेष्ठ माना गया है।

**10. हुत या होम**—श्रद्धापूर्वक भोजन अथवा जल या कोई अन्य वस्तु अर्पित करना होम है। होम में समर्पण की भावना का ध्यान रखना चाहिए जो कुछ भी जीवन के लिए आवश्यक है उसे ईश्वरार्पण करना- त्वदीयं वस्तु गोविन्दं तुभ्यमेव समर्पये। और फिर प्रसाद रूप में उसे ग्रहण करना।

इन दस यम और दस नियम का विधान षडङ्गयोग-साधना के पहले मन और शरीर की शुद्धता, उसकी उन्मुक्तता और योग के प्रति तत्परता के लिए आवश्यक समझी गयी है।

## षडङ्गयोग या हठयोग

हठयोग साधारणत: प्राण-निरोध-प्रधान साधना को कहते हैं। 'सिद्ध-सिद्धान्त-पद्धति' में 'ह' का अर्थ 'सूर्य' बतलाया गया है और 'ठ' का अर्थ चन्द्र। सूर्य और चन्द्र के योग को ही 'हठयोग' कहते हैं—

*हकार: कथित: सूर्यष्ठकारश्चन्द्र उच्यते।*
*सूर्याचन्द्रमसोर्योगात् हठयोगो निगद्यते।।*

इस श्लोक की कही हुई बात की व्याख्या नाना भाव से हो सकती है। ब्रह्मानन्द के मत से 'सूर्य' से तात्पर्य प्राणवायु का है और चन्द्र से अपानवायु का। इन दोनों का योग अर्थात् प्राणायाम से वायु का निरोध करना ही हठयोग है। दूसरी व्याख्या यह है कि सूर्य इड़ा नाड़ी को कहते हैं और चन्द्र पिंगला को, इसलिए इड़ा और पिंगला नाड़ियों को रोककर सुषुम्ना मार्ग से प्राणवायु के संचारित करने को भी हठयोग कहते हैं। इस हठयोग को 'हठात सिद्धि' देनेवाला कहा गया है। वस्तुत: हठयोग का मूल अर्थ यही जान पड़ता है कि कुछ इस प्रकार अभ्यास किया जाता था जिससे हठात् सिद्धि मिल जाने की आशा की जाती थी। हठयोग शब्द का शायद सबसे पुराना उल्लेख गुह्य समाज में आता है, वहाँ बोधिप्राप्ति की विधि बता लेने के बाद आचार्य ने बताया है कि यदि ऐसा करने पर भी बोधिप्राप्ति न हो तो 'हठयोग' का आश्रय लेना चाहिए।[1]

हठयोग की साधना के लिए मांसपेशियों का नियोग, 2 कोश-नियोग और 3 चित्त-नियोग की आवश्यकता बतायी जाती है। यह सब किस प्रकार करना और आगे हठयोग के अगले सोपान पर अग्रसर होने के लिए ध्यान को अत्यधिक महत्त्व दिया गया है। मन की चंचल गति पर नियन्त्रण करके उसे ध्यान में नियोजित करने के लिए एक योग्य गुरु की अनिवार्यता बतायी गयी है। बिना गुरु के ज्ञान नहीं और बिना ज्ञान के वैराग्य नहीं—

*बिनु गुरु होइ कि ज्ञान, ज्ञान कि होइ बिराग बिनु?*

नाथ पन्थ में साधना के क्रियात्मक प्रयत्न को गुरु की आवश्यकता और अधिक होती है :

*गुरु राख्या गहिला, निगुरा न रहिला। (गोरखबानी)*

और कबीर कहते हैं :

*सगुरा होइ तो झरझर पीये, निगुरा जाइ पियासा।*

इस प्रकार भक्ति, योग आदि सभी मार्गों में गुरु का महत्त्व स्वीकार किया गया है। परन्तु योग-साधना में विशेष रूप से गुरु का महत्त्व है क्योंकि यह साधना तकनीकी और क्रियात्मक है जिसमें मन मस्तिष्क के साथ ही प्राणवायु की साधना की पद्धति अनुभवी गुरु द्वारा ही उपदिष्ट हो सकती है। अत: सर्वप्रथम योग्य गुरु को चुनना परम आवश्यक माना गया है।

इसके पश्चात् कुछ निषेधों और कुछ विधियों द्वारा शरीर को स्वस्थ रखने का विधान किया गया है। क्योंकि बिना स्वस्थ शरीर के स्वस्थ मन की कल्पना नहीं की जा सकती। निषेध में (1) अति आहार (अति अहार इन्द्रिय बल बढ़े) (2) बहुभाषण (3) शीतल जल से प्रात: शरीर पक्षालन (4) रात्रि में फलाहार (5) अत्यधिक लोक सम्पर्क से दूर (6) चपलता-चंचलता से विरत। ये निषेध हठयोग प्रदीपिका में बताये गये हैं। (हठ.प्र. उपदेश-1 श्लोक 16)। पुन: इसी क्रम में श्लोक 16 में ही कहा गया है कि (1) उत्साह (2) साहस (3) धैर्य (4) तत्त्व ज्ञान (5) निश्चय और (6) जन संग का त्याग। तत्त्व ज्ञान से तात्पर्य है कि शिव (ब्रह्म) ही सत्य है, इस तत्त्व का दृढ़ता से बोध होना तत्त्व ज्ञान प्राप्ति है। इन साधनों से युक्त होने पर योगी को साधना के मार्ग पर अग्रसर होने में आसानी होती है। इसलिए पहले बताये गये 10 यम और 10 नियमों के परिपालन के साथ इन एकादश निर्देशों का अभ्यास करने पर ही आगे की षड्ग योग की साधना सम्भव होती है।

**प्राणायाम** योग की प्रथम सीढ़ी प्राणायाम है। प्राणायाम के लिए शारीरिक शुद्धि के लिए योगशास्त्र में षड्कर्म का विधान किया गया है। ये हैं—धौति, वस्ति, नेति, त्राटक, नौलि और कपालभाति।

षडङ्गयोग में योग साधना में प्रवृत्त होने के पहले प्राणवायु को साधने के लिए वायु-शुद्धि, मल-शुद्धि और नाड़ी-शुद्धि की आवश्यकता होती है। ऊपर परिगणित षड्कर्म इसी सम्पूर्ण शुद्धि के कारक होते हैं। इनकी विधि निम्नलिखित है—

**1. धौति कर्म**—धौति कर्म की एक विधि है। वस्त्र धौति चार अँगुल चौड़ा, 15 हाथ लम्बा वस्त्र गर्म जल से तरकर साधक निगलता है। वह एक-एक हाथ प्रतिदिन निगलने का अभ्यास करता है। फिर उसे निकाल देता है। इसकी दूसरी विधि इस प्रकार है—इसमें मुँह को कौवे की चोंच की भाँति बनाकर अर्थात् दोनों होंठों को सिकोड़कर धीरे-धीरे हवा को पानी की भाँति पीकर पेट में ले जाय, फिर वहाँ चारों ओर घुमाये। इसके बाद नासिका छिद्रों से हवा को धीरे-धीरे बाहर निकालें। यही वातसार धौति कहलाती है। यह क्रिया पेट के रोगों को नष्ट करती है तथा इससे भूख भी बढ़ती है।

**2. वस्ति कर्म**—टब में हल्का गर्म पानी नमक मिलाकर रखना और एक पतली चिकनी नली गुदाद्वार में प्रविष्ट कर टब में उपानबन्ध में बैठना और धीरे-धीरे पानी गुदा द्वारा पेट तक ले जाना और पुनः उसी बन्ध से गुदाद्वार को ढीला करते हुए नली से उस जल को बाहर करना इससे गुदा से लेकर पेट तक की सफाई होती है।

**3. नेति कर्म**—नेति कर्म की सूत्र विधि में एक मोटा कोमल धागा जो नासिका छिद्र में जा सके लीजिये। इसे पानी में भिगो लें और इसका एक छोर नासिका छिद्र में डालकर मुँह से बाहर निकालें। इससे नाक और गले की आन्तरिक सफाई होती है। इससे आँख, दाँत और कान स्वस्थ बनते हैं। इसकी जल विधि और कपाल विधि भी है।

**4. त्राटक कर्म**—इसमें योगी निश्चल होकर किसी लक्ष्य को निर्धारित करके टकटकी लगाये अवाक् देखता रहता है और तब तक देखता रहता है जब तक अश्रुपात न हो जाय। इससे ध्यान की एकाग्रता का अभ्यास होता है।

**5. नैक्ति**—शीघ्रता से रेचक, कुम्भक और पूरक करते हैं अथवा केवल रेचक और पूरक से शीघ्रतापूर्वक अनुलोम-विलोम करके नाक में विद्यमान कफ को साफ किया जाता है।

**6. कपालभाति**—इस क्रिया में साँस को ऊपर खींचना और फिर उसे वेग से बाहर करना। साँस को खींचते समय पेट चिपककर पीठ की तरफ चला जाता है और पुनः साँस को बाहर छोड़ते समय भीतर की सभी दूषित वायु बाहर निकल जाती है। इन क्रियाओं से मांसपेशियाँ, वायु और नाड़ियाँ शुद्ध होती हैं।

इसी प्रकार विविध मुद्राओं और बन्धों का भी उल्लेख 'घेरण्ड संहिता' आदि में मिलता है, इसमें जालन्धरबन्ध, मूलबन्ध और महाबन्ध, उड्डीयान बन्ध तथा खेचरीमुद्रा, योनिमुद्रा, वज्रोलीमुद्रा आदि का उल्लेख किया गया है। बन्ध और मुद्राओं को लेकर संख्या 26 बतायी गयी है। महामुद्रा, महाबन्ध और जालन्धरबन्ध इसमें प्रमुख हैं। नाथपन्थ में खेचरीमुद्रा का महत्त्व है। इसमें कपाल के मध्य में जो छिद्र है उसमें विपरीत हुई (जीभ को उलटकर) जिह्वा को ले जायें और भ्रुवों के मध्य में दृष्टि का प्रवेश हो जाये तो उसे खेचरीमुद्रा कहते हैं। सन्त साहित्य में इसे उल्टा साधन कहा गया है। इसके उपरान्त मूलबन्ध और जालन्धरबन्ध तथा वज्रोलीमुद्रा का प्रसंग आता है। सहजौली और अमरौली मुद्राओं को वज्रोली का भेद बताया गया है। इस मुद्रा में पुरुष अथवा स्त्री बिन्दु के झरने को रोककर धीरे-धीरे यत्न से ऊपर की ओर अकुंचन करने की विधि से इस मुद्रा की सिद्धि होती है। दग्ध किये हुए गोमयो का जो सुन्दर भस्म है उसको जल में डालें या मिश्रित करें। मैथुन के अनन्तर आनन्द से बैठे हुए और उत्साह से त्याग देनेवाले योगी और उसकी सहायिका को चाहिए कि वे इस भस्म का अपने मस्तक, नेत्र, हृदय, स्कन्ध, भुजा आदि अंगों पर लेपन करें। शिवाम्बु की प्रथम धारा में पित्त अधिक रहता है। अन्तिम धारा में सार नहीं रहता है। अतः शिवाम्बु की मध्य धारा ही उत्तम होती है। इसी का विहित रीति से सेवन करने की विधियाँ 'हठयोगप्रदीपिका' में

मिलती हैं। इसे ही अमरौली मुद्रा कहते हैं। जो पुरुष शिवाम्बु रूप अमरी को नासिका से नित्य सेवन करता है वही कापालिक मत सम्मत सिद्धि को प्राप्त करता है।

इसमें बिन्दु को भली प्रकार आकर्षण करके यदि नारी वज्रोली मुद्रा से अपने रज की रक्षा करे तो वह भी योगिनी होती है।

आचार्य हजारीप्रसाद द्विवेदी ने अपने ग्रन्थ 'नाथ सम्प्रदाय' में लिखा है कि वज्रोली जैसी क्रियाएँ गोरखनाथ के सिद्धान्तों से मेल नहीं खातीं क्योंकि गोरखनाथ पूर्ण ब्रह्मचर्य और वीर्यरक्षा को योग-साधना के लिए आवश्यक मानते हैं और किसी प्रकार से स्त्री का संग योगियों के लिए वर्जित किया है। इसलिए ऐसा प्रतीत होता है कि नाथपन्थ के ग्रन्थों में वज्रोली आदि क्रियाओं का उल्लेख और वर्णन परवर्ती लोगों द्वारा प्रक्षिप्त किया गया है।

## नाथयोग या कुण्डलिनी-योग

अक्षय कुमार बनर्जी ने हठयोग के सम्बन्ध में लिखा है—"हठयोग शरीर-रचना के सूक्ष्म निरीक्षण तथा शरीर के अन्तर्गत प्राण तथा मानसिक शक्तियों की क्रियाशीलता के नियमों पर आधारित है। योगी शिक्षकों ने शरीर एवं मन की जटिलतम रचना प्रणाली के शक्तियुक्त केन्द्र की खोज की और इस केन्द्र-बिन्दु के नियन्त्रण की आश्चर्यजनक विधि का आविष्कार किया ताकि शरीर के सभी कार्यों, प्राण एवं मन के ऊपर भी इस केन्द्र-बिन्दु से आधिकारिक प्रभाव स्थापित कर सकें। उन्होंने चेतना के विभिन्न स्तरों की भी खोज की और उन विभिन्न तलों को भी खोज निकाला, जिसमें प्राणशक्ति और मनोशक्ति व्याप्त होकर शरीर रचना का नियमन कर सकें। सम्पूर्ण शरीर, प्राण और मन की रचना का वास्तविक केन्द्र-बिन्दु उच्चतम तल में माना गया।"[2]

प्राणशक्ति पाँच प्राणों में विभाजित है—प्राण, अपान, समान, उदान और व्यान। इन्हें चक्र कहते हैं जिसकी संख्या छह, सात या आठ मानी जाती है। सामान्य जीवन-प्रक्रिया में इस प्राणशक्ति का संचार अधोमुख

होता है। किन्तु हठयोग योगी उसे नियन्त्रित करके प्रयत्नपूर्वक ऊर्ध्वगामी बनाता है और धीरे-धीरे इसे शरीर के उच्चतम भाग में पहुँचाता है जहाँ जाकर यह शक्ति अपने आत्मस्वरूप का बोध कराती है और तब एक आनन्दमय अनुभूति का अनुभव होता है। हठयोग की साधना के लिए विभिन्न आसन आदि क्रियाओं के द्वारा मांसपेशियों का नियोग, प्राणायाम द्वारा श्वास का नियोग और बाह्य विषयों से मन को हटाकर किसी एक बिन्दु पर केन्द्रित करके चित्त का नियोग वह करता है। इन तीन प्रकार के नियोगों को हठयोग की साधना का मूलाधार समझा जा सकता है।

साधना की दिशा में शरीर के विभिन्न अंगों के नियमन के लिए जटिल आसनों का अभ्यास करना होता है। साथ ही प्राणायाम की क्रियाएँ भी आवश्यक रूप से करनी पड़ती हैं जिससे प्राणतत्त्व पर पूर्ण रूप से नियन्त्रण स्थापित किया जा सके।

शरीर के भीतर तीन महत्त्वपूर्ण तत्त्व हैं—पहला-बिन्दु अर्थात् शुक्र। इसको ऊपर उठाया जाय तो अन्य दो तत्त्व 2. वायु, 3. मन स्वत: नियन्त्रित हो जाते हैं। आचार्य हजारीप्रसाद द्विवेदी हठयोग की प्रक्रिया के सम्बन्ध में 'अमरौघ शासन' (पृ. 7) के सन्दर्भ से बताते हैं कि मेरुदण्ड के मूल में सूर्य और चन्द्र के बीच योनि में स्वयंभू लिंग है जिसे पश्चिम लिंग कहते हैं। यही पुरुषों के शुक्र और स्त्रियों के रज:स्खलन का मार्ग है। यही काम, विषहर और निरंजन का स्थान हैं। वीर्य स्खलन की दो अवस्थाएँ होती हैं। इन दोनों के पारिभाषिक नाम प्रलयकाल और विषकाल है। इन दो अवस्थाओं में जो आनन्द होता है वह घातक है। एक का अधिष्ठाता काम है और दूसरी का विषहर। तीसरी अवस्था नानाभाव विनिर्मुक्त सहजानन्द की अवस्था है। इसमें बिन्दु ऊर्ध्वमुख होकर ऊपर उठता है, तब वह सहज समाधि प्राप्त होती है जिसमें मन और प्राण अचंचल हो जाते हैं। ब्रह्मचर्य और प्राणायाम के द्वारा इस बिन्दु को स्थिर और ऊर्ध्वमुख किया जा सकता है। परन्तु इसके लिए आवश्यक है कि नाड़ियों को शुद्ध किया जाय। हठयोग षट्कर्म के द्वारा वही कार्य करता है। शुद्धि की इन क्रियाओं का

साधन ग्रन्थों में विस्तृत रूप से उल्लेख है। इसमें धौति है, वस्ति है नेति है, त्राटक है, नौलि है, कपालभाति है, इन्हीं को षट्कर्म कहते हैं। नाड़ी के शुद्ध होने से बिन्दु स्थिर होता है, सुषुम्ना का मार्ग साफ हो जाता है। प्राण और मन क्रमशः अचंचल होते हैं और प्रबुद्ध कुण्डलिनी परमेश्वरी सहस्रार चक्र में स्थित शिव के साथ समरस हो जाती है और योगी चरम प्राप्तव्य पा जाता है।[3]

हठयोगी प्राणवायु को रोककर ऊपर की तरफ ले जाते हुए मेरुदण्ड में स्थित इड़ा और पिंगला नाड़ियों को उन्मुख करता है और उनको संयुक्त करके सुषुम्ना मार्ग से ऊपर उठाता है। विभिन्न आसनों और प्राणायाम के द्वारा सुषुम्ना मार्ग खुल जाता है। चन्द्र और सूर्य अर्थात् इड़ा और पिंगला के मार्ग को अवरुद्ध करके सुषुम्ना स्थित मध्यवर्तिनी ब्राह्मी नाड़ी को खुला पाकर मेरुदण्ड के नीचे स्थित कुण्डलिनी ऊर्ध्वमुख होकर ऊपर उठती है और प्राणायाम की क्रिया के द्वारा कुण्डलिनी का ऊपर उठना सरल हो जाता है।

कुण्डलिनी के उद्बुद्ध होने के बाद वह क्रमशः षट्चक्रों का भेदन करती हुई अन्तिम सातवें चक्र सहस्रार तक पहुँचती है। कुण्डलिनी महाशक्ति मेरुदण्ड के नीचे एक त्रिकोण में सर्पिणी की भाँति तीन वलय में अधोमुख पड़ी रहती है। इसे मूलाधार चक्र कहते हैं। इसी को प्राणायाम द्वारा उद्बुद्ध करके ऊपर उठाना पड़ता है। उसके ऊपर नाभि के पास स्वाधिष्ठान चक्र है जिसका आकार छह दलों के कमल का है। इसके ऊपर मणिपूरक चक्र है और उसके ऊपर हृदय के पास अनाहत चक्र है। ये क्रमशः 10 और 12 दलों के कमल के आकार के हैं। इसके ऊपर कण्ठ के पास विशुद्धाख्य चक्र है जिसका आकार सोलह दल के कमल के समान है। इसके ऊपर भ्रूमध्य में आज्ञा चक्र है जिसमें सिर्फ दो ही कमल दल हैं। इन छह चक्रों के भेदन के पश्चात् कुण्डलिनी मस्तिष्क में शून्य चक्र के पास पहुँचती है। यह सहस्र दल कमल के आकार का है। यहीं पिण्ड, ब्रह्माण्ड में मिलता है या शक्ति का शिव से मिलन होता है। वस्तुतः

सुषुम्ना मार्ग में इस प्रकार के कोई आकार नहीं होते हैं। यह साधक की अप्रकाशित बुद्धि को सुगम बनाने के लिए योग शिक्षकों ने इनका वर्णन किया है। हठयोग साधना की यही सिद्धि है।

## षडङ्ग योग के छह सोपान

षडङ्गयोग के छह चरण इस प्रकार हैं—आसन, प्राणायाम, प्रत्याहार, धारणा, ध्यान, समाधि। पतंजलि के अष्टाङ्ग योग में यम और नियम दो और चरण हैं जिसे गोरक्षयोग में साधना के पूर्व का अभ्यास कहा गया है। जिनका विस्तार से वर्णन पीछे के पृष्ठों में किया जा चुका है। यहाँ अन्य अंगों की विशेष स्थिति के सम्बन्ध में विचार किया जा रहा है।

**1. आसन**—गोरखनाथ ने योग साधना के लिए शरीर को स्वस्थ और शक्तिशाली रहने की आवश्यकता बतायी। इसके लिए ब्रह्मचर्य का पालन करने के साथ ही विभिन्न आसनों द्वारा शारीरिक व्यायाम करके शरीर के सभी प्रमुख अंगों को स्वस्थ और शक्तिशाली बनाना भी आवश्यक है। इसके लिए किसी खुले स्थान पर स्वच्छ वायुवाली जगह पर थोड़े ऊँचाई पर आसन बनाकर वहाँ पर योग के लिए आसन लगाकर बैठना चाहिए। वैसे तो आसनों की संख्या बहुत अधिक है और 84 आसन कहे जाते हैं पर योग-साधना की दृष्टि से सिद्धासन, पद्मासन सिंहासन और भद्रासन को अधिक महत्त्व दिया गया है। आसनों का अभ्यास सुयोग्य योग निर्देशक की देख-रेख में यम-नियम का पालन करते हुए करना चाहिए। आसनों के अभ्यास से ही शरीर प्राणायाम के लिए सुयोग्य बनता है।

**2. प्राणायाम**—योग-साधना में प्राणायाम का महत्त्वपूर्ण स्थान है। प्राणायाम के द्वारा प्राणशक्ति को ऊर्ध्वमुख किया जाता है। इसके लिए श्वास क्रिया पर नियन्त्रण आवश्यक होता है। प्राणायाम के अन्तर्गत श्वास क्रिया के नियन्त्रण के लिए तीन कार्यों का अभ्यास करना पड़ता है। ये तीन कार्य हैं—पहला 'पूरक' (भीतर वायु खींचना) दूसरा है 'कुम्भक' (वायु को बाहर निकलने, या भीतर जाने से रोके रहना) और तीसरा है 'रेचक' (श्वासवायु को बाहर निकालना)। इसके लिए एक विधि

निर्धारित है। उदाहरणार्थ—बायें नासिका रन्ध्र से धीरे-धीरे दो सेकण्ड तक वायु भीतर खींचना फिर दोनों नासिका रन्ध्रों को बन्द करके ध्यान को केन्द्रित करके श्वास को 7 सेकण्ड के लिए रोक देना फिर दाहिने नासिका रन्ध्र से धीरे-धीरे 4 सेकण्ड में वायु को बाहर निकालना। फिर यही क्रिया दूसरे नासिका रन्ध्र से करनी चाहिए। धीरे-धीरे अभ्यास द्वारा पूरक-कुम्भक और रेचक का समय बढ़ाया जा सकता है पर उसका अनुपात-2, 7, 4 का ही होना चाहिए। अभ्यास बढ़ने के ही साथ-साथ यह क्रिया बिना श्रम के ही होने लगती है जिससे श्वास नियन्त्रण की शक्ति बढ़ने लगती है और श्वास शुद्ध होती है। इस अभ्यास से योगी अपने शरीर के सभी प्राण तत्त्वों पर नियन्त्रण पा सकता है और शारीरिक क्रिया की प्रणाली में एक परिवर्तन ला सकता है।

**3. प्रत्याहार**—प्रत्याहार अपनी चेतना के विकास के लिए एक अग्रगामी स्थिति माना गया है। प्रत्याहार में ध्यान की एकाग्रता को बाधित करनेवाले तथा मन का इधर-उधर भागने, चंचल होने से विरत करना पड़ता है। धैर्यपूर्वक प्रयत्न करने से प्रत्याहार की क्रिया सम्भव होती है।

**4. धारणा**—प्रत्याहार के साथ ही धारणा का अभ्यास किया जाता है। इसमें एक निश्चित वस्तु पर ध्यान केन्द्रित करना होता है। यह वस्तु कोई भी हो सकती है। ज्यो-ज्यों योगी का मन ध्यान में निमग्न होता है तो उसके आन्तरिक चेतना के द्वार खुल जाते हैं। इसमें उसकी व्यक्तिगत चेतना ऊर्ध्व चेतन की स्थिति तक जाती है और वह व्यक्ति निर्वैयक्तिक हो जाता है। उसमें अपने पराये का भेद जाता रहता है।

**5. ध्यान**—इसके बाद ध्यान की स्थिति आती है। मन को उद्वेलित करनेवाली सारी प्रवृत्तियाँ जब धारणा द्वारा नियन्त्रित हो जाती हैं तब ध्यान की उत्पत्ति होती है। इसमें सभी प्रकार की पूर्व मान्यताओं और धारणाओं से मन को सचेष्ट अलग हो जाना चाहिए। जैसे-जैसे योगी गहनतर ध्यान में निमग्न होता है चेतना के द्वार जो सामान्य व्यक्ति के लिए अगम्य होते हैं, उसके लिए खुल जाते है। वास्तविक रूप से यहाँ व्यक्ति राग-द्वेष से रहित अपने पराये से विरत, अहं-इदम् से परे उस स्थिति को प्राप्त करता है जिसे गीता में स्थितप्रज्ञ की स्थिति कहा जाता है।

**6. समाधि**—ध्यान की चरम स्थिति ही समाधि की स्थिति बनती है। ध्यान की पूर्णता ही समाधि है। गोरखनाथ जी समाधि की स्थिति को शिव और शक्ति की एकता मानते हैं और यह परम आनन्द की स्थिति होती है। समाधि निश्चित रूप से चेतना की क्षोभरहित, शान्तिपूर्ण स्थिति है, जिसमें वातावरण में किसी प्रकार का आन्तरिक परिवर्तन या क्षोभ नहीं होता, जिसमें किसी प्रकार का अनुभव, ज्ञान, भावना या इच्छा नहीं होती, जिसमें चेतन जड़ पदार्थ के सम्बन्ध की कोई भावना नहीं होती। यह होने पर भी यह गति, प्रकाश और आनन्द की चरमस्थिति है। इसे इसीलिए 'शून्यता' कहा गया। ये षडङ्गयोग के छह सोपान कुण्डलिनी शक्ति के जागृत करने और चक्रभेदन की क्रिया को पूर्ण आनन्द की स्थिति में शिवशक्ति के मिलन के रूप में पहुँचाने के छह चरण हैं।

## राजयोग, मन्त्रयोग, सहजयोग, अजपाजाप, और नादानुसन्धान

योगमार्ग के जानकारों ने योग के दो मार्गों का उल्लेख किया है—पहला पिपीलिका मार्ग और दूसरा विहंगम मार्ग कहा गया है। गोरख प्रवर्तित हठयोग  पिपीलिका मार्ग के अन्तर्गत आता है। इस मार्ग में चींटी की तरह धीरे-धीरे कुण्डलिनी को ऊपर ले जाते हुए ब्रह्माण्ड में सहस्रार तक पहुँचाते हैं। इसमें छह चक्रों का क्रमश: बेधन करते हुए कुण्डलिनी शक्ति ऊपर तक पहुँचती है। दूसरा मार्ग विहंगम मार्ग है जिसमें कुण्डलिनी या प्राणशक्ति पक्षी की तरह उड़कर सीधे ब्रह्माण्ड तक पहुँच जाती है।

**राजयोग**—राजयोग यही विहंगम मार्गवाला योग है। राजयोग के सम्बन्ध में योगी आदित्यनाथ ने अपने पुस्तक 'राजयोग : स्वरूप एवं साधना' में विस्तार से प्रकाश डाला है। उन्होंने लिखा है योगशिखोपनिषद् के अनुसार रजसो रेतसो योगाद्राजयोग इति स्मृत:। रज और रेत के योग से राजयोग होता है।

राजयोग मूलत: 'मन' के निरोध की साधना है। इसका सिद्धान्त है कि मन, बुद्धि, चित्त और अहंकार से संवलित अन्त:करण ही जीव के बन्धन तथा मोक्ष का भी कारण है। शुद्ध मन से बुद्धि की सहायता से

तत्त्वज्ञान प्राप्त करके जीव और ब्रह्म के अभेद का कारण समझकर ज्ञान से अज्ञान का नाश करता हुआ जीव और ब्रह्म की अद्वैत सिद्धि कें द्वारा मुक्त हो जाता है इसीलिए कहा गया है कि—

*मन एव मनुष्याणां कारणं बंधमोक्षयोः।*
*बंधाय विषयासक्तं मुक्त्यै निर्विषयं मनः।।*

अर्थात् मन ही मनुष्यों के बन्धन और मोक्ष का कारण है जो मन विषयों में आसक्त हो वह बन्धन का और जो विषयों से पराङ्मुख हो वह मोक्ष का कारण होता है। (पृष्ठ-19)

राजयोग का सम्बन्ध मूलतः मन और मन की शक्ति से है। मन और प्राण का परस्पर अटूट सम्बन्ध है। मन के निरोध से प्राण का स्पन्दन रुकता है जिसके कारण मन की एकाग्रता बनी रहती है। मन की शक्तियाँ इधर-उधर बिखरी हुई हैं। जब उन्हें केन्द्रीभूत किया जाता है तब मन की प्रकाश किरणें सब-कुछ आलोकित कर देती हैं। राजयोग इसी मन को एकाग्र करने का साधन है। मन को एकाग्र करके मनोलय की चरम अवस्था उन्मनी बतायी गयी है। यही अन्यमनस्कता अभ्यास द्वारा प्राप्त करना राजयोग का लक्ष्य है। योगी आदित्यनाथ ने इस सम्बन्ध में लिखा है कि "राजयोग साधना के पूर्व हठयोग की सिद्धि आवश्यक प्रतीत होती है। योगसाधना में तत्त्व साक्षात्कार के लिए हठयोग और राजयोग दोनों की परम आवश्यकता है—

*हठं बिना राजयोगो राजयोगं बिना हठः।*
*न सिध्यति ततो युग्ममानिष्पत्तेः समभ्यसेत्।।*

राजयोग में अधिकार प्राप्त करने के लिए अर्थात् सहज सिद्धि प्राप्त करने लिए हठयोग सहायक है। हठयोग के अन्दर ऐसी गुह्य साधना पद्धति है जिसका नियमित रूप से अभ्यास करने पर सहज ही राजयोग की अन्तरंग साधना में पहुँचना सम्भव हो जाता है एवं अन्तःकरण अति सहज ही तत्त्व साक्षात्कार के योग्य हो जाता है।" (पृष्ठ 163-64)

**मन्त्रयोग**— उपर्युक्त साधनाओं के अतिरिक्त यदि मन्त्रों का निरन्तर उच्चारण विश्वास, भक्ति और प्रेम के साथ नियमित साधना के रूप में

करने पर सहज ही प्रत्याहार–धारणा और ध्यान के साथ ही समाधि तक की स्थिति प्राप्त की जा सकती है। यह साधना भी षडङ्गयोग साधना की भाँति एक योग्य गुरु के निर्देशन की अपेक्षा रखती है। ''साधक को अपनी शक्ति और परिस्थिति के अनुसार जितनी बार और सतत रूप से जितनी देर सम्भव हो सके मन्त्रोच्चार करना चाहिए। विश्वास, भक्ति और प्रेम के साथ मन्त्र के दिव्य महत्त्व का मनन करना चाहिए। परमात्मा के प्रति भक्ति और प्रेम का अभ्यास करने के लिए अर्थ–भावना (आध्यात्मिक अर्थ में गहन ध्यान) के साथ जप (मन्त्र रूप में मूर्त भगवान् के नाम की आवृत्ति) की क्रिया सबसे अधिक व्यावहारिक वस्तु है। जप का आदर्श रूप यह है कि भगवत् तत्त्व और भगवत् नाम का प्रत्येक श्वास के साथ स्मरण करना चाहिए।''

मन्त्र के लिए परमात्मा के विविध नामों में से किसी एक पवित्र नाम को लिया जा सकता है। इस नाम मन्त्र के जाप के साथ–साथ ध्यान लगाना चाहिए। मन्त्रों में बड़ी ही शक्ति होती है। इससे सिद्धियाँ भी प्राप्त की जा सकती हैं वैसे ही जैसे विभिन्न यौगिक साधनाओं द्वारा प्राप्त की जाती हैं।

**सहजयोग**—गोरखनाथ ने सतत प्रभु स्मरण और ध्यान के लिए एक प्रक्रिया अजपाजाप की प्रक्रिया बतायी है। प्रत्येक श्वास प्रक्रिया पर ध्यान रखकर भक्तिपूर्ण हृदय से ध्यान लगाना चाहिए। अपने श्वास को सर्वव्यापक दिव्य तत्त्व की एकता को स्मरण करने के साथ लेना और छोड़ना चाहिए। जब अभ्यास द्वारा प्रत्येक श्वास के साथ जप के मन्त्र का या प्रभु के नाम का बोध होता रहे तो उसे अजपाजाप कहते हैं। अजपा अर्थात् बिना जाप किये ही जाप का होना। जब स्वाभाविक गति से श्वास–श्वास में मन्त्र का जाप होने लगे। गोरक्षशतक में गुरु गोरखनाथ जी ने स्वयं कहा है, ''अजपा की तुलना में कोई भी अन्य विद्या कोई भी अन्य जाप और कोई भी अन्य ज्ञान नहीं रखा जा सकता। अजपा के सतत अभ्यास से आत्मा और ब्रह्म की एकता, जीव और शिव की एकता का सत्य आध्यात्मिक क्षेत्र में अनुभूत होता है।'' ( अक्षय कुमर बनर्जी, पृष्ठ 74)

जहाँ तक मैंने समझा है कि इसी अजपाजाप की स्थिति पर पहुँचने को सहजयोग कहा गया है। आगे 'सन्त साहित्य पर गोरखनाथ का प्रभाव' में गंगाशरण शास्त्री की पुस्तक कबीर साहब के सहजयोग से इस सम्बन्ध में प्रकाश डाला गया है। सहजयोग का सबसे ज्यादा प्रयोग कबीरदास ने किया है। साखियों में एक पूरा प्रकरण ही 'सहज को अंग' शीर्षक से है। कबीर ने लिखा है कि—

*आँख न मूंदूं कान रूधूँ, काया कष्ट न धारूँ।*
*खुले नैन से हँसि हँसि देखूँ, सुन्दर रूप निहारूँ।।*

और एक साखी में लिखा है—

*सहजै सहजै सब गये सुत बिक कांमणि कांम।*
*एकमेक ह्वै मिलि रह्या, दास कबीरा रांम।।*

इन बानियों से भी ऐसा प्रतीत होता है कि हठयोग, ध्यानयोग या मन्त्रयोग किसी के अभ्यास के द्वारा सिद्धता प्राप्त कर ली जाती है तभी अजपाजाप होने लगता है। और सहज ही प्रभु से मिलन की अनुभूति भी होने लगती है।

**नादानुसन्धान**—'ॐ' अर्थात् प्रणव एक ध्वनि है जिसे "आध्यात्मिक दृष्टि से सर्वश्रेष्ठ ध्वनि माना गया है। ॐ प्रथम ध्वनि है, प्रारम्भिक ध्वनि है और यह अनायास अभेदात्मक प्राकृतिक ध्वनि है, यह शक्ति की ध्वनि रूप में स्वेच्छया आत्म-अभिव्यक्ति है...यह स्वीकार किया गया है कि 'ॐ' ऐसी संज्ञा है जिसे विश्व के परमाधार ने स्वयं ग्रहण कर लिया है और किसी विशिष्ट समुदाय के द्वारा यह संज्ञा उसे नहीं दी गयी है।" (अक्षय कुमार बनर्जी पृष्ठ 75)

इस ध्वनि रूप में परमात्मा की आत्माभिव्यक्ति को अनाहत नाद कहा गया है। अनाहत का अर्थ है बिना आघात के होनेवाली ध्वनि। ॐ ऐसी ही एक ध्वनि है। परमात्मा के इस ध्वनि प्रतीक के अनुसन्धान को ही नादानुसन्धान कहते हैं। यह ध्वनि 'शब्द ब्रह्म' कही जाती है जो स्वाभाविक रूप से विद्यमान रहती है। इसके अनुसन्धान के लिए हृदय को उद्वेगरहित शुद्ध और शान्त रखकर सतत रूप से

नाद की ओर केन्द्रित करने की चेष्टा करनी चाहिए। अनाहत नाद को सुनने के लिए आँख, नाक बन्द करके प्रणव को नियमित और दीर्घ उच्चारण तथा एक स्वर से उच्चारण करते हुए उच्चारित ध्वनि के ऊपर ध्यान केन्द्रित करने का अभ्यास करना चाहिए। अक्षय कुमार बनर्जी ने लिखा है कि यह प्रक्रिया एक साथ प्रत्याहार, धारणा और ध्यान को समेट लेती है। अन्ततः ध्वनि और चेतनता एक हो जाती है, अहं-इदं का भेद मिट जाता है।

### सन्दर्भ


1. हजारीप्रसाद द्विवेदी ग्रन्थावली भाग-6, नाथ सम्प्रदाय, पृष्ठ 133.
2. अक्षयकुमार बनर्जी, नाथ योग, पृष्ठ 35.
3. हजारीप्रसाद द्विवेदी ग्रन्थावली भाग-6, नाथ सम्प्रदाय, पृष्ठ 135.

अध्याय-4

# गोरख-बानी में साधना और नैतिकता के सन्देश

'गोरख-बानी' में 'सबदी' (साखी या दोहे) और 'पद' इसके मुख्य अंग हैं। इनके अतिरिक्त कई छोटी-छोटी रचनाएँ हैं जो प्राय: संवाद के रूप में हैं जैसे 'मछीन्द्र गोरख बोध', 'गोरखदत्त गोष्टी' (ग्यान दीप बोध), 'गोरखगणेशगोष्टी', 'महादेव गोरख गोष्टी', 'नरवै बोध', आदि ऐसी ही रचनाएँ हैं। इस संवाद-शैली का प्रवर्तन गोरखनाथ की रचनाओं से ही होता है। आचार्य हजारीप्रसाद द्विवेदी ने इस सम्बन्ध में लिखा है: "यद्यपि यह ग्रन्थ (मछीन्द्र गोरष बोध) गोरखनाथ लिखित माना जाता है। तथापि इसे हम मत्स्येन्द्रनाथ के सिद्धान्त का व्याख्याता ग्रन्थ भी कह सकते हैं। गोरखनाथ ने स्वयं इस प्रकार का कोई ग्रन्थ लिखा होगा, ऐसा विश्वास न करना ही उचित है। यह बहुत बाद का ग्रन्थ होगा। लेकिन इसमें आत्मा, मन, पवन, नाद, बिन्दु, सुरति और निरति आदि के स्वरूप पर बहुत सुन्दर प्रकाश डाला गया है और इसे परवर्ती योगी-सम्प्रदाय का विश्वासख्यापक ग्रन्थ आसानी से माना जा सकता है। 'गोरषदत्तगुष्टि', गोरषगणेश गुष्टि', 'महादेव गोरष गुष्टि', 'नरवै बोध' आदि रचनाएँ इसी श्रेणी की हैं।

मैं इस विवाद में नहीं पड़ना चाहता और वर्तमान 'गोरख-बानी' की सबदी और पद भाग पर आधारित अपने विचार रखूँगा क्योंकि उनकी प्रामाणिकता अधिक है। चाहे भाषा के रूप में भले ही परिवर्तन हुआ हो पर विचार में अन्तर नहीं दीख पड़ता। संवादपरक रचनाओं के सम्बन्ध

में यह नहीं कहा जा सकता। जैसे 'गोरषदत्तगुष्टि' (ज्ञान द्वीप बोध) निश्चय ही प्रत्यक्ष वार्त्ता कैसे सम्भव हो सकती है जब दत्तात्रेय गोरखनाथ से कई सहस्र वर्ष पहले हुए थे। फिर भी इनमें कुछ रचनाएँ प्रामाणिक भी हो सकती हैं।

गोरखनाथ ने अपनी बानियों और पदों में मुख्यत: साधना और साधकों के लिए उपयोगी और आवश्यक बातें कही हैं। कई संस्कृत ग्रन्थों में उन्होंने अपने जिन साधनापरक बिन्दुओं और सिद्धान्तों का विवेचन किया है, उन्हें लोकभाषा में लिखने का उनका उद्देश्य लोक सामान्य को भी उन बातों से परिचित कराना रहा होगा। यह तो अवश्य है कि न सारे गृहस्थ योगी हो सकते हैं और न ऐसी धारणा गोरखनाथ जी की भी रही होगी। पर जो साधक या योगमार्ग पर अग्रसर हैं और वे कम पढ़े-लिखे हैं उन्हें तत्त्वबोध कराने के लिए भाषा का माध्यम उन्हें उचित प्रतीत हुआ होगा। मुझे ऐसा लगता है कि उन्होंने साधकों और योगियों के लिए जो कुछ लिखा है उसके साथ ही थोड़ा ही सही समाज के साथ भी संवाद किया है। पहले हम इसी लोक-संवाद की चर्चा करेंगे और बाद में साधना और साधकों के बारे में उनके विचारों का विश्लेषण करेंगे।

**मुसलमानों से संवाद**—गोरखनाथ के अवतरणकाल पर चर्चा के प्रसंग में यह बात कही गयी है कि उस समय मुसलमानों की विभिन्न जातियों का भारत में आक्रामक के रूप में आगमन हुआ था और दिल्ली में कई ऐसे राजवंशों के सुल्तान शासक हुए। कुछ विदेशी और कुछ स्वदेशी धर्मान्तरण द्वारा मुसलमानों का निवास भी हो गया था। उनको भी उन्होंने 'गोरख-बानी' में सावधान और सचेत किया है। वे काजी को सम्बोधित करके कहते हैं कि तलवार के बल पर धर्मान्तरण और धर्म प्रचार मुहम्मद साहब के विचारों के विपरीत है। पैगम्बर मुहम्मद प्रेम का सन्देश दे रहे थे। उनके विचारों से विषम या विपरीत तुम्हारा कार्य है—

*महंमद महंमद न करि काजी महंमद का विषम विचारं।*
*महंमद हाथि करद जे होती लोहै गढ़ी न सारं।। सबदी 9।।*

मुहम्मद साहब के उद्‌देश्य को स्पष्ट करते हुए वे कहते हैं कि उन्होंने शब्दब्रह्म की साधना की थी। वह मानते थे और शब्द से ही जीवन्मृतकता का सन्देश देते थे और अपने शब्दों (उपदेशों) से जीवन का सन्देश देते थे। हे काजी! तुम जो कर रहे हो वह तुम्हारा भ्रम है। तुम्हारे पास वह शक्ति नहीं है जो साधक और पीर मुहम्मद साहब में थी—

*सबदैं मारी सबदँ जिलाई ऐसा महंमद पीरं।*

*ताकै भरमि न भूलौ काजी सो बल नहीं शरीरं।।*

सबदी 10।।

गुरु को समझने के लिए उसके द्वारा उपदिष्ट तत्त्वज्ञान को समझना आवश्यक है। गोरखनाथ का सम्पर्क सिद्ध-साधकों से भी था ऐसा सबदी 119 में वे कहते हैं कि बाबा रतननाथ जी ने एक मन्त्र बताया है कि 'पीर या सन्त लोहा है और उसका उपदेश-निर्देश ताँबा है। अर्थात् पीर-सन्त के व्यक्ति से अधिक मूल्य उसके उपदेश (ईश्वर की प्रशंसा) का है। इसलिए इस्लाम में उसके प्रवर्तक मुहम्मद से अधिक मूल्य उस ख़ुदा का है जिसका उपदेश उन्होंने किया है—महंमद चाँदी हैं, तो उनका उपदिष्ट परमात्मा (ख़ुदा) सोना है। बाबा के इस दृष्टान्त को हम निरालम्ब देखते रहे अर्थात् निराकार या निरंजन किसी अवलम्ब या प्रतीक का विषय नहीं है—

*ॐ लोहा पीर। ताँबा तकबीर।*

*रूपा महंमद सोना षुदाई, दुहुँ बिच दुनियां गोता षाई।।*

हम तो निरालंभ बैठे देखत हैं ऐसा, एक सुषन बाबा रतन हाजी कहैं।। सबदी ।।9।।

टिप्पणी (1) तकबीर : ईश्वर या उसके कार्यों का वर्णन 2. सुषन बात 3. रतननाथ (एक सन्त या पीर)

गोरखनाथ जी ने मुहम्मद की साधना का संकेत किया है—

*नाथ कहंतां सब जग नाथ्या कहतां गोरष गोई।*

*कलमा का गर महंमद होता पहलैं मूवा सोई।। सबदी11।।*

'नाथ' कहा जाता हूँ और सारे संसार को नाथ दिया। एक सूत्र में बाँध दिया है। एक गुप्त बात को तुमसे कहता हूँ—हे काज़ी! जो ये मुहम्मद साहब हैं जो 'कलमा' के गुरु हैं अर्थात् जिन्होंने सर्वप्रथम कलमा सुना था—कलमा कई हैं। पहला कलमा है—ला इलाहिलिल्ला, मुहम्मद रसूल। यह खुदाई आवाज थी पर यह आवाज सुनने के लिए पहले उन्हें खुद मरना पड़ा अर्थात् साधना द्वारा जीमृवन्तकता प्राप्त करनी पड़ी। 'मुआ' का अभिप्राय एक अन्य सबदी में भी प्रकट है—'मरौ मरौ ओ जोगी, मरण है भीठा।'

टिप्पणी—मुहम्मद साहब की जीवनी का प्रसंग है कि उन्होंने 'तूर' पर्वत की 'हेरा' नामक गुफा में बैठकर साधना की थी और जीवन्मृतकता प्राप्त की। तब तूर पर्वत पर सुन्दर वायु तथा गन्ध युक्त वातावरण छा गया और यहीं उन्होंने 'कलमा' की आवाज सुनी जो खुदाई आवाज कही जाती है। एक शेर में प्रसंग है—

*तूर पर क्या फिर सदाए लन्तरानी आयेगी।*
*क्या जुलेखा पर नये सिर से जवानी आयेगी।।*

अपने बारे में गुरु गोरखनाथ कहते हैं—

*उतपति हिन्दू जरणां जोगी, अकलि परि मुसलमांनी।*
*ते राह चीन्हों हो काजी मुलां, ब्रह्मा, बिस्नु, महादेव मांनी।।सबदी14।।*

काजी और मुल्ला को सम्बोधित करके गोरखनाथ जी कहते हैं:

'मैं जन्म से तो हिन्दू हूँ और योग की अग्नि में शरीर को जलाकर मैं योगी हो गया।

(योगी की कोई जाति नहीं होती। 'पदुमावति' में योगी कहता है—

*'का पूछो तुम जाति हमारी। हम जोगी औ तयाभिखारी।'*

योगी होने के बाद जो तत्त्वज्ञान मुझे प्राप्त हुआ वह वही तत्त्वज्ञान है जो मुसलमानों के पीरों (सन्तों) का है। अर्थात् एक निराकार परमात्मा में योगी विश्वास करता है वह निर्गण, निराकार निरंजन है। ऐसी ही इस्लाम के पीरों-सन्तों का भी मत है। ऐसी स्थिति में हे काजी! हे मुल्ला! उस

राह को चीन्हो। इस राह को हिन्दुओं के त्रिदेव (ब्रह्मा, विष्णु, शिव) भी मानते हैं अर्थात् योगी को सभी की स्वीकृति है और तात्त्विक रूप से निर्गुण-निराकार को भी वे स्वीकारते हैं।

इस प्रसंग द्वारा हम देखते हैं कि गोरखनाथ जी केवल गुफा में बैठकर साधना करनेवाले योगी नहीं थे अपितु उन्होंने युगधर्म को स्वीकार करके योग-सिद्धि स्वयं प्राप्त की और साधकों-संन्यासियों को इस मार्ग की शिक्षा दी जो वाद-विवाद से परे निर्विवाद पथ था। मुसलमानों को उन्होंने जो सन्देश दिया था, वह हिन्दू-मुसलमान दोनों को जोड़नेवाला था। बहुत-से सूफ़ी सन्तों ने भी यह कार्य किया। आज भी इसकी समाज को आवश्यकता है। ऐसी दूरदृष्टि और समाज में समरसता निर्माण की दृष्टि गोरखनाथ की थी।

## सर्वसमाज के लिए सन्देश

गोरखनाथ जी ने भाषा में रचित अपनी रचनाओं में भी मुख्य रूप से योग, योगी और योगसाधना की ही तात्त्विक बातों के साथ ही उन्होंने गृहस्थ जीवन में रहनेवालों के लिए भी उत्तम गृहस्थ जीवन व्यतीत करने का उपदेश दिया है। उदाहरणार्थ—

*गिरही सो जो गिरहै काया। अभि अन्तरि की त्यागै माया।*
*सहजसील का धरै सरीर। सो गिरही गंगा का नीर।। सबदी 45।।*

सच्चा गृहस्थ वह है जो अपने शरीर की रक्षा करे और अन्तःकरण में मोह-माया न रखे। वह यदि सहजरूप से शीलवान् (चरित्रवान् और दूसरों के प्रति भी उदार) है तो वह गृहस्थ गंगाजल की तरह पवित्र है। हजारीप्रसाद द्विवेदी लिखते हैं कि गोरखनाथ के नाम पर चलनेवाले अनेक पदों में शील की महिमा बतायी गयी है। केवल योगी ही नहीं शीलवान् गृही भी पवित्र बताया गया है। (ग्रन्थावली, पृ. 208)

गोरखनाथ ने कई पदों में मध्यमार्ग के अवलम्बन का उपदेश दिया है। यह मध्यमार्ग योगी और गृही दोनों के लिए समान भाव से ग्रहण करने योग्य है। जैसे—

*धाये न षाइबा भूषेन मरिबा अहनिसि लेबा ब्रह्म अगनि का भेवं।*
*हठ न करिबा, पड्या न रहिबा यूँ बोल्या गोरष देवं।। सबदी 31।।*

खाने पर टूट नहीं पड़ना चाहिए और भूखा भी नहीं रहना चाहिए। रात-दिन इस ब्रह्माग्नि (भूख) का भेद लेते रहना चाहिए।। हठपूर्वक श्रम नहीं करना चाहिए और पड़ा भी नहीं रहना चाहिए, ऐसा गोरखदेव ने कहा है। यह कथन भी सब पर लागू होता है।

*हसिबा षेलिबा रहिबा रंग। कांम क्रोध न करिबा संग।।*
*हसिबा षेलिबा गाइबा गीत। दिढ करि राषि आपना चीत।। सबदी 17।।*

इसी संसार में सब-कुछ है, लोक-परलोक-स्वर्ग आदि सब इसी संसार में हैं। अच्छे का साथ यानी सत्संग से अनन्त सिद्धि और योग की सिद्धि होती है—

*इहां हि आछै इहां अलोप। इहां ही रचिलै तीनि त्रिलोक।*
*आछे संग रहै जू धार्वा। ता कारणि अनंत सिद्धा जोगेस्वर हूबा।। सबदी 3।*

योगी वेश या मठ-मठी से कुछ नहीं होता। मन ही योगी है और शरीर ही मढ़ी है, क्षमा षडङ्ग योग और ज्ञान ही अधारी है। सुरति ही खड़ाऊँ है और विचार ही दण्ड है—

*मनवां जोगी गाया मढ़ी। पंच तत्त ले कंथा गढी।।*
*षिमा षड़ासण ग्यान अधारी। सुमति पावड़ी डंड बिचारी।। सबदी 48।*

पिण्ड (शरीर) होने पर ही किसी सिद्धादि की आशा की जा सकती है। बन में ही घास-फूस उगते हैं। दूध होने पर घी की आशा की जा सकती है उसी प्रकार यदि तत्त्व बोध प्राप्त करना है तो अपने कर्म को उत्तम बनाओ—

*प्यंडै होइ तौ पद की आसा, बंनि निपजै चौतारं।।*
*दूध होई तो घृत की आसा, करणीं करतब सारं।। सबदी 63।।*

मन की पवित्रता के लिए लोकोक्ति का कथन करते हुए कहा गया है कि मन साफ है तो कठवत के पानी में ही गंगा है। यदि माया को बाँध कर बस में कर लिया जाये तो सारा संसार चेला हो जाय—

*अवधू मन चंगा तो कठौती ही गंगा।*

बांध्या मेल्हा तो जगत्र चेला।। सबदी154।।

इन्द्रिय का नियन्त्रण न करनेवाला, जीभ का भी लालची, वह व्यक्ति प्रत्यक्ष चूहा है। इन्द्रिय-निग्रही और सत्यभाषी व्यक्ति उत्तम होता है।

*यंद्री का लड़बड़ा, जिभ्या का फूहड़ा।*
*गोरष कहै ते पर्तषि चूहड़ा।।*
*काछ का जती मुख का सती।*
*सो सतपुरुष उंतमो कथी।। सबदी 153।।*

गोरखनाथ ने मांस-मदिरा के सेवन को बुरा कहा है। इससे दया-धर्म नष्ट होते हैं। मदिरा पान से प्राण शक्ति क्षीण होती है। भाँग खाना ज्ञान-ध्यान का नाश है। ऐसे व्यक्ति शीघ्र मृत्यु प्राप्त करते हैं—

*अवधू मांस भषंत दया धरम को नास।*
*मद पीवत तहां प्रांण निरास।।*
*भांगि भषंत ग्यांन ध्यान षोवंत।।*
*जम दरबारी ते प्रांणीं रोवंत।।166।।*

इस प्रकार की बहुत-सी बातें गोरखबानी में कही गयी है जो योगी और गृहस्थ दोनों के लिए है। गोरखनाथ का लक्ष्य था कि योगी आदर्श बने और सारा समाज भी सन्तोषी, त्यागी और समरस बने। इसीलिए उनका स्पष्ट कथन है कि मेरे सभी अपने हैं किसी से वाद-विवाद नहीं करना है—'कोई वादी कोई विवदी, गोरख, को बाद न करना।' और वे स्पष्ट कहते हैं—

*कासौ झूझौ अवधू राइ, विपष न दीसै कोई।*
*जासौ अब झूझै रे आत्मा राम सोई।।*

*आपण हीं मछ कछ आपण हीं जाल*
*आप हीं धीवर आपण हीं काल।। पद 41।।*

इन सन्दर्भों से यही निष्कर्ष निकलता है कि गोरखनाथ 'आत्मवत् सर्व भूतेषु' की उदात्त भावना से पूरे समाज को जाति, पन्थ, सम्प्रदाय के भेद से परे अपना समझते थे। उनका लक्ष्य था कि समाज सन्तोषी, सहज, त्यागी होने के साथ ही निर्बैर, समरस और सुखी बने। योगी के साथ आत्मतत्त्व का बोध पूरे समाज को हो, वह गृहस्थ हो तो भी उसे साधकों के अच्छे विचारों का बनना चाहिए। वे चाहते थे कि साधक योगी साधना द्वारा सात्त्विक आध्यात्मिक जीवन का आदर्श बने और सर्वसमाज-सज्जन, सन्तोषी, संयमी, स्नेहशील, अपरिग्रही, समरस एवं समभाव से युक्त हो। भारतीय जीवन के लिए गोरखनाथ की यही वास्तविक देन है।

## योगी साधकों को सन्देश

**गुरु की महत्ता**—गुरु गोरखनाथ ने योगी के लिए सबसे पहले एक योग्य गुरु के निर्देशन में साधना करने का उपदेश किया है। गुरु की महिमा अन्यत्र भी भक्तिमार्ग या ज्ञानमार्ग के साधकों के लिए भी आवश्यक बतायी गयी है। गोरखनाथ बहुत स्पष्ट रूप से गुरु की महत्ता का प्रतिपादन करते हुए कहते हैं—

*गुर कीजै गहिला निगुरा न रहिला,*
*गुर बिन ग्यांन न पायला रे भाईला।।*

(गोरखबानी, पृ. 128 पद 34)

जो गुरु के बिना साधना के मार्ग में प्रवृत्त होता है उसकी साधना पूरी नहीं हो पाती है और वह उस व्यक्ति के समान होता है जिसे प्यास तो लगी है लेकिन उसकी प्यास जाती नहीं अर्थात् वह साधना तो करना चाहता है पर उसे उसमें सफलता नहीं मिलती—

*गगन मंडल मैं ऊंधा कूबा तहां अंमृत का बासा।*
*सगुरा होइ सु भरि भरि पीवै निगुरा जाइ पियासा।। सबदी 23*

आगे इसी सन्दर्भ में वे कहते हैं कि परमात्मा की सुगन्धि और उसका मीठा स्वाद तो सर्वत्र संसार में व्याप्त है किन्तु यदि सच्ची बात कहूँ तो सच्चा गुरु ही परमात्मा के उस मधुर स्वरूप को प्रकाशित कर पाता है—

*बास सहेती सब जग बास्या, स्वाद सहेता मीठा।*
*साच कहूँ तौ सतगुर मांनैं रूप सहेता दीठा।। सबदी 25।।*

गुरु और शिष्य में यह अन्तर होता है कि गुरु के पास मूल तत्त्व का ज्ञान अधिक होता है और उसके शिष्य के पास तत्त्व का कम ज्ञान होता है। इसलिए गुरु से ही तत्त्वज्ञान प्राप्त करके शिष्य चाहे तो गुरु के पास रहे और चाहे तो कहीं अलग रहकर साधना करे—

*अधिक तत्त ते गुरु बेलिये हींण तत ते चेला।*
*मन मांनैं तो संगि रमौ नहीं तौ रमौ अकेला।।सबदी162।।*

**साधना का लक्ष्य और स्वरूप**

योग-साधना का लक्ष्य यह है कि जोगी जीते जी ही जीव-धर्म से मुक्त हो जाय और जीवन-मुक्ति की दशा प्राप्त कर ले। इसके लिए गोरखनाथ जी सांकेतिक भाषा में कहते हैं—

*मरौ वे जोगी मरौ, मरण है मीठा।*
*तिस मरणीं मरौ, जिस मरणीं गोरष मरि दीठा।।*

(सबदी 26)

अर्थात् रूप, रस, गन्ध, स्पर्श आदि इन्द्रिय रसों को पारकर परमात्मा के परम आनन्द रूपी माधुर्य को प्राप्त कर स्वयं गोरखनाथ ने इसी प्रकार साधना द्वारा जीवन्मृतकता अर्थात् जीवनमुक्ति प्राप्त की थी, उसी आदर्श का अनुकरण करो।

साधक के लिए यह आवश्यक है कि वह अपने मन के ऊपर नियन्त्रण करे, क्योंकि मन में ही शिव और शक्ति दोनों हैं। पाँच तत्त्व के बने हुए इस शरीर में मन की साधना द्वारा शिव और शक्ति का योग हो सकता है और मन पर नियन्त्रण करके जो योगी उन्मनी

अवस्था (अर्थात् मन में उत्पन्न होनेवाली समस्त वासनाओं से ऊपर उठकर) प्राप्त कर लेता है उसके लिए धरती आकाश, पाताल की सब बातें ज्ञात हो जाती है और वह इन तीनों लोकों की बात कर सकता है।

साधना किस प्रकार करनी है उसके सम्बन्ध में वे तीन सबदियों में क्रमशः कहते हैं—

*अवधू नव घाटी रोकि लै बाट। बाई बणिजै चौसठि हाट।*
*काया पलटै अबिचल बिध। छाया बिबरजित निपजै सिंध।।*
(सबदी 51)

अर्थात् हे अवधूत! शरीर के नवों द्वारों को (मुख, नेत्र आदि) को रोककर अपनी प्राणवायु को शरीर की चौंसठ सन्धियों से विमुक्त करते हुए शरीर की उल्टी साधना अर्थात् प्राणवायु को ऊर्ध्वगमन कराके जो जोगी सिद्ध हो जाता है उसकी छाया नहीं पड़ती है।

*अवधू दंम कौं गहिबा उनमनि रहिबा, ज्यूं बाजबा अनहद तूरं।*
*गगन मंडल मैं तेज चमंकै, चंद नहीं तहां सूरं।। (सबदी 52)*

अर्थात् हे अवधू संयम ग्रहण करके और मन को उन्मनी अवस्था में करके जो अग्रसर होता है वही अनहद नादरूपी तुर्य को सुन पाता है। उसके ब्रह्माण्ड (गगनमण्डल) में तेज चमकता है। वहाँ चन्द्र और सूर्य अर्थात् इड़ा और पिंगला एकमेक हो जाती हैं अर्थात् उनका भेद समाप्त हो जाता है।

*सास उसास बाइ कौं भषिबा, रोकि लेहु नव द्वारं।*
*छठै छमासि काया पलटिबा, तब उनमँनीं जोश अपारं।।*
(सबदी 53)

अर्थात् प्राणायाम के द्वारा श्वास को ऊपर खींचते हुए जो योगी शरीर के नवों द्वारों को रोक लेता है और छह-छह महीने पर शरीर का कायाकल्प करता है वही उन्मनी अवस्था को प्राप्त कर पाता है और यह योग की परम स्थिति है।

सबदी की ही भाँति साधना के संकेतों को पदों में भी संकेतित किया गया है लिखते हैं—

*सरवा रे सरवा त्रिभुवन ते गरवा। पांणी तैं पतला पहुप तैं हलवा।।*
*काया थैं मन जांन न देह। राति दिवस अभि अन्तरि लेह।*
*मन मुद्रा कै रूप न रेष। जगत रूप मन हीं मन देषि।।*
*उलटैगा पवनां तब काया कौं गहैगा। काच गहे कंचन ह्वै रहेगा।*
*यहु तन साच साच का घरवा। रुध्र पलट अमीरस भरवा।।*

*(पद, 50)*

अर्थात् जो परम तत्त्व है वो तीनों भुवनों से भारी, जल से भी पतला, फूल से भी हल्का है। शरीर से मन का भेद नहीं जाना जा सकता उसके लिए रात-दिन अभ्यन्तर की साधना करनी पड़ती है। मन के अन्दर उस परम तत्त्व की कोई रूपरेखा नहीं होती है किन्तु योगी को मन के भीतर-ही-भीतर सारा जगत् दिखायी पड़ता है। प्राणवायु को ऊर्ध्वमुख करने पर ही शरीर वश में हो पाता है और यह शीशे जैसा नश्वर शरीर सोने जैसा मूल्यवान् बन जाता है। यह शरीर तब सत्य का घर बन जाता है और प्राणवायु को अवरुद्ध करके उस साधक को अमृत रस पान की सिद्धि मिल जाती है अर्थात् उन्मनी अवस्था प्राप्त करने पर अमरतत्त्व की अवस्था प्राप्त हो जाती है।

प्रांणसंकली नामक रचना में साधना का विस्तृत उल्लेख करते हुए कहते हैं—

*गंगा जमुना तृवेणी संधी। अजपा जपौ गावत्री बन्धी।*
*पदया नीर उरध अस्थांनां। हिरदा पंकज मैं रहे समांनां।।*
*नाद बिंद गांठि प्रवांनां। कवण घटि जोति कवण अस्थांनां।*
*कहां निरंजन बासा करहीं। कहां काली नागनी मीड़क धरहीं।।*
*सप्त गांठि सरीर की नारी। अरध उरध मैं लइलै ताली।*
*बिच बिच लागी नौ नौ कली। अष्ट कंवल बत्तीस पाषुंडी।।*

*इला प्यंगुला सुषमनां नाड़ी। छुटै भ्रंम मिलै बनवारी।*
*पंच तत्त विष अंमृत बसई। गुरुबचने अमृत भया अंचई।।*

इस पद में योग साधना के सारे प्रतीकों को ले लिया गया है। उनके व्याख्या करने की कोई आवश्यकता नहीं है। 'काली नागन मीड़क धरहीं' से तात्पर्य है कि जब सर्पिणी के आकार की कुण्डलिनी जागृत होती है तो मेंढक (मीड़क) रूपी चंचल वृत्तियाँ समाप्त हो जाती हैं। 'नगर कोटि की बहुविधि गली' अर्थात् शरीर रूपी किले के सारे आन्तरिक प्रकोष्ठों को पार करके एक सुन्दर राजसुन्दरी का दर्शन होता है। यहाँ राजसुन्दरी से तात्पर्य यह है कि जब कुण्डलिनी छह चक्रों का भेदन करके ब्रह्मरन्ध्र तक पहुँचती है तो परम आनन्द की वह स्थिति प्राप्त होती है जो भौतिक जीवन में सुन्दरी राजकुमारी को देखने से प्राप्त होती है। इस प्रकार के अनेक पद सबदी के अतिरिक्त अन्य रचनाओं में पर्याप्त संख्या में हैं लेकिन यहाँ पर कुछ पदों को उद्धृत करते हुए मात्र यह दिखाने का प्रयास किया गया है कि किस प्रकार सबदी और पदों के अतिरिक्त अन्य रचनाओं में गोरखनाथ ने अपनी साधना को संकेतों द्वारा बताने का प्रयत्न किया है।

## योगी की रहनी और करनी

योगी को सहज मार्ग का अनुसरण करना चाहिए। सहज मार्ग का तात्पर्य है मध्यम मार्ग। किसी चीज की अति नहीं। भोजन, शयन और गमन आदि सब मध्यम गति से करना योगी के लिए श्रेयस्कर है। वे कहते हैं—

*अवधू सहजै लैणा सहजै दैणा सहजै प्रीती ल्यौ लाई।*
*सहजै सहजै चलैगा रै अवधू तौ बासण करँगा समाई।।*

*(सबदी–२५६)*

योगी को न बैठे रहना चाहिए और न अन्धाधुन्ध यात्रा करनी चाहिए, न अधिक सोना चाहिए (प्रगाढ़ निद्रा में सोनेवाला योगी जीते जी मरे हुए के समान हो जाता है) और अधिक बोलनेवाला पिंजड़े में बन्द तोते की तरह रटी-रटायी बातें बोलता है—

*बैठा अवधू लोह की षूंटी, चलता अवधू पवन की मूंठी।*

*सोवता अवधू जीवता मूवा, बोलता अवधू प्यंजरै सूवा।।*

(सबदी 72)

इसी क्रम में आगे योगी के लिए गोरखनाथ का सन्देश है कि उसे संसार में इस प्रकार रहना चाहिए कि सांसारिकता में वह लिप्त न हो, वह संसार में सब-कुछ देखे, सब-कुछ सुने पर मुख से कुछ न बोले। जोगी को ऐसी ही रहनी से रहना चाहिए—

*गोरष कहै सुणहुरे अवधू जग मैं ऐसैं रहणां।*

*आंषैं देषिबा कांनैं सुणिबा मुष थैं कछू न कहणां।।*

*(सबदी-73)*

गोरखनाथ जी षडङ्ग योग के पुनरुद्धारक माने जाते हैं। वे आसन, प्राणायाम, ध्यान आदि को बाह्य विधान मानते हैं अर्थात् यह बाहरी धन्धा है जो मूल तत्त्व की प्राप्ति के लिए किया जाता है। योगी का वास्तविक लक्ष्य तो आत्मतत्त्व में विचरण करना है। उस दशा की प्राप्ति होने पर सारा जगत् उसी परमात्मा का प्रतिबिम्ब जैसा दिखायी देता है जैसे जल में चन्द्रमा का प्रतिबिम्ब दिखायी देता है। वे मनुष्य में आत्मज्ञान होना और जीवमात्र के प्रति दया और करुणा की भावना होना योगी का लक्षण मानते हैं। केवल शरीर को क्षीण करने से स्वभाव नहीं बदलता। जैसे मछली का स्वभाव स्वच्छ जल में निवास करना है और सुअर का गन्दगी में। अतः योगी को स्वच्छ, सात्त्विक और दयामय जीवन व्यतीत करना चाहिए—

*ऊजल मीन सदा रहै जल मैं सुकर सदा मलीना।*

*आतम ग्यांन दया बिणि कुछ नाहीं कहा भयौ तन षीणा।।*

*(सबदी 240)*

ऐसा शुद्ध शरीर रखने के लिए भाँग धतूर आदि मादक पदार्थों का सेवन करना योगी के लिए वर्णित करते हुए कहते हैं कि ऐसा करने से शरीर ही अपने वश में न रहकर स्वच्छन्द हो जाता है। यह सावधानी ऐसे

योगियों के लिए बतायी गयी है जो आजकल योगी वेश धारण करके यही सब काम करते हैं—

*धोतरा न पीवो रे अवधू भांगि न षावौ रे भाई।*

*गोरष कहै सुणो रे अवधू या काया होयगी पराई।। (सबदी 241)*

योगी को जिन-जिन लोगों से दूर रहना चाहिए, उसका उल्लेख करते हैं—

*पंडित भंडित अर कतवारी। पलटी सभा बिकलता नारी।*

*अपढ बिपर जोणी घरबारी। नाथ कहै रै पूता इनका संग निबारी।।*

(सबदी *261*)

बकवासी पण्डित, शराबी और शराब का धन्धा करनेवाला, कामातुर स्त्री, अपढ़ ब्राह्मण और ऐसा जोगी जो घरबारी अर्थात् विवाहित गृहस्थ हो इनके साथ का निवारण करना चाहिए। गोरखनाथ स्पष्ट रूप से कहते हैं कि कथनी के बजाय करनी का महत्त्व है—

*कथणी कथै सों सिष बोलिये, वेद पढ़ै सो नाती।*

*रहषी रहै तो गुरू हमारा, हम रहता का साथी।। (सबदी 270)*

इसी बात को आगे कहते हैं कि 'रहता' अर्थात् जो आचरण करता है वही हमारा सच्चा गुरु है और इसी आचरणवाले के हम शिष्य हैं। आचरणवाले गुरु का अनुसरण कर लेने के पश्चात् शिष्य चाहे तो गुरु के साथ रहे चाहे वह अकेला रहे—

*रहता हमारै गुरू बोलिये, हम रहता का चेला।*

*मन मानै तौ संगि फिरै, नहितर फिरै अकेला।। (सबदी 271)*

गोरखनाथ जी अपनी रचनाओं में बार-बार योगी के लिए ब्रह्मचर्य की शिक्षा देते हैं और इसके लिए कहते हैं कि योगी के लिए स्त्री के साथ रहना वर्जित है चाहे भले ही वह सनक-सनन्दन जैसा विरक्त हो। जैसे काली हाँड़ी लेकर चलनेवाले व्यक्ति को काला दाग लग ही जाता है उसी प्रकार स्त्री के साथ रहने पर योगी को कलंक लगना स्वाभाविक है—

*कदै न सोभै सुन्दरी सनकादिक के साथि।*

*जब तब कलंक लगाइसी काली हांडी हाथि।। (सबदी 250)*

इस प्रकार योगी यदि रहता है और ऐसा जीवन व्यवहार और मन की पवित्रता धारण करके आत्मतत्त्व में लीन होता है तभी वह कह सकता है कि हमारा शब्द तेज धारवाली तलवार के समान है अर्थात् प्रभावकारी है तथा हमारी रहनी भी सच्ची है। ऐसी रहनी और करनी कागज पर लिखी हुई नहीं बल्कि जीवन में व्यवहार रूप में उतारी हुई है—

*सबद हमारा षरतर षांडा, रहणि हमारी साची।*

*लेषै लिषी न कागद माडी, सो पत्री हम बाची।। (सबदी 264)*

अध्याय-5

# लोकभाषा का संवर्द्धन

प्राकृत और अपभ्रंश के पश्चात् जब आम जन की तत्कालीन प्रचलित बोली-बानी में रचनाएँ लिखी गयीं तो उन्हें 'भाषा' की रचना कहा गया। 'भाषा' शब्द लोकभाषा के लिए ही प्रयुक्त हुआ था। साहित्य के इतिहासकारों द्वारा इन्हें भाषा-काव्य कहा गया। तुलसीदास ने 'रामचरित-मानस' की अवधी के लिए कहा 'भाषानिबन्ध मतिमञ्जुलमातनोति'। ब्रजभाषा के केशवदास ने कहा : 'भाषा बोल न जानई जाके कुल के दास। सो भाषा रचनाकरी जड़मति केशवदास।' भाषा-काव्य से ही हिन्दी साहित्य का प्रारम्भ होता है। अपभ्रंश 'पुरानी हिन्दी' भले कही गयी पर वह अपभ्रंश ही है।

भाषा-काव्य के प्रथम कवि गोरखनाथ हैं। उन्होंने संस्कृत में 'सिद्ध-सिद्धान्त-पद्धति' आदि कई ग्रन्थ लिखे, पर भाषा में 'गोरख-बानी' और कई लघु रचनाएँ भी लिखीं। ऐसा क्यों किया? इस प्रश्न का उत्तर है कि सिद्धान्त-निरूपक ग्रन्थ साधकों के लिए और बानियाँ, पद आदि लोक से संवाद के लिए लिख गये। लोक-संवाद की भाषा लोकभाषा ही हो सकती है। संस्कृत के विद्वान् होते हुए तुलसी ने अवधी में 'मानस' और ब्रजभाषा में अन्य रचनाएँ लिखीं। गोरख, कबीर, तुलसी आदि कवि ही नहीं अपितु समाज का मार्गदर्शन करनेवाले मनीषी थे। इसीलिए इनकी भाषा लोकभाषा थी।

रामचन्द्र शुक्ल ने लिखा है कि गोरखबाणी की रचना वि.सं. 1400 की है। गोरखनाथ की उपस्थिति दसवीं-ग्यारहवीं शताब्दी है तो उनकी

रचना 1400 की कैसे होगी। शुक्ल जी ने यह उनकी भाषा के आधार पर तय किया है पर सत्य ही उन्होंने यह भी कहा है कि ये रचनाएँ, उनके शिष्यों द्वारा लिखी गयीं पर साखी और बानी में शायद कुछ रचनाएँ गोरख की हों। आचार्य शुक्ल ने अपने इतिहास में इस विषय में लिखा है कि, "देशभाषा में लिखी नाथपन्थ की पुस्तकें गद्य और पद्य दोनों में हैं और ये सं. 1400 के आस-पास की रचनाएँ हैं।... गोरखनाथ के समय जो भाषा पढ़ने-लिखने में व्यवहृत होती थी उसमें प्राकृत और अपभ्रंश का थोड़ा-बहुत मेल अवश्य रहता था...सिद्धों की भाषा देशभाषा मिश्रित अपभ्रंश है अर्थात् पुरानी हिन्दी की काव्यभाषा है। उन्होंने उस समय उसी सर्वमान्य काव्यभाषा में लिखा है जो उस समय गुजरात, राजपूताने से लेकर ब्रजमण्डल से बिहार तक लिखने-पढ़ने की शिष्ट भाषा थी। पुरानी हिन्दी की व्यापक काव्यभाषा का ढाँचा शौरसेनी प्रसूत अपभ्रंश अर्थात् ब्रज और खड़ीबोली का था।" एक पद का उदाहरण लीजिये—

*स्वामी तुम्हें गुरु गुसांई। अम्हें जु सिष-सबद एक बूझिबा।*

*आरंभि चेला कैसें रहै। सतगुर होइ सो बझया कहै।*

'गोरख-बानी' की रचनाओं का संग्रह शिष्यों के द्वारा हुआ होगा तो उसके मूल भाषा रूप का सरलीकरण होता गया और वर्तमान संग्रह की कुछ साखियाँ और पद प्राचीन है पर अन्य की भाषा 1400 वि. के आस-पास की है। पाठ-सम्पादन का यह सिद्धान्त है कि पाण्डुलिपि में प्राप्त भाषा यदि कवि की मूल भाषा नहीं है तो भी उसका कुछ अवशेष तो उसमें है ही (If not original atleast is remains of its original) अत: जो मूल प्रश्न विचारणीय है—'लोकभाषा के संवर्द्धन में इनकी भूमिका' उसमें तो गोरखनाथ, सहित नाथपन्थ के कवियों की पहल का योगदान निर्विवाद रूप में सिद्ध है। 'गोरखबाणी' के साथ हजारीप्रसाद द्विवेदी द्वारा ऐसा ही 'जोगसुरी बानी' (ना.प्र.स.) में भुसुकुपा, लुइपा आदि की रचनाएँ उस बात का साक्ष्य प्रस्तुत करती हैं।

गोरखनाथ की रचनाओं में प्रयुक्त तद्भव शब्दावली का प्रयोग 16वीं शताब्दी तक के लोकभाषा कवियों द्वारा होती है। उनकी एक साखी है—

*हिन्दू ध्यावै देहुरा मुसलमान मसीत।*
*जोगी ध्यावै परमपद, जहां देहुरा न मसीत।*

'मसीत' मस्जिद का तद्भव रूप है। तुलसी ने लिखा :

'माँगि के खाइबो मसीत में सोइबो। लेवै के एक न देने के दोऊ।' तुलसी से 200 वर्षों के पश्चात् भूषण ने 'मसीत' का प्रयोग किया:

*काशी हूँ की कला गई मथुरा मसीत गई।*
*सिवाजी न होते तो सुनत होती सबकी है।।*

16वीं शती के नूर मोहम्मद ने अनुराग बाँसुरी में 'देवहरा' शब्द का प्रयोग किया है—'बहुत देवहरा'। गोरखनाथ की तीन साखियों की तुलना मैं कबीर की रचनाओं से कर रहा हूँ जिससे यह भान हो जायगा कि गोरखनाथ की रचनाओं की भाषा का कैसा व्यापक प्रभाव सन्तों पर पड़ा है और उनकी भाषा से लोकभाषा की शब्दावली के संवर्द्धन में कैसे योगदान हुआ है:—

(1) गोरखनाथ :

*हिन्दू आखै राम को मुसलमान खुदाई।*
*जोगी ध्यावै अलख को जहाँ राम अछै न खुदाई।*

कबीर :

*हिन्दू मूए राम कहि मुसलमान खुदाइ।*
*कहैं कबीर सो जीवता, दुई में कदे न जाइ।।*

(2) गोरख :

*निर्झर झरे रस की वर्षा बद्दल बेध्या जोइ।*
*चंद बिहूँणा चाँदिणों तहाँ देखा गोरखराइ।।*

*कबीर :*

*कबीर मन लागा उनमन सो गगन पहुँचा जाई।*
*देखा चँद विहँणा चाँदिणाँ, तहँ अलख निरंजन राई।*

(3) गोरख:

*गोरख : गगन मंडल मैं ऊंधा कूबा तहां अंमृत कर बासा।*
*सगुरा होइ सु भरि-भरि पीवै निगुरा जाइ पियासा।*
*कबीर : गगन मंडल से निर्झर झरै आस पासा।*
*सगुरा होइ ले झर झर पीवै निगुरा जाइ पियासा।*

गोरख और कबीर की शब्दावली की एकरूपता सन्त-परम्परा में दूर-दूर तक जाती है। सन्त कवि सुन्दरदास, मलूकदास, हरिदास निरंजनी, दुखरनदास आदि ने स्पष्ट रूप से गोरखनाथ के प्रति श्रद्धा व्यक्त की है और इनकी रचनाओं की लोकभाषा के विकास में गोरख आदि नाथपन्थी जोगियों का पर्याप्त प्रभाव है। कबीर की ही भाँति दादू की बहुत सी उक्तियाँ गोरखनाथ से मिलती हैं। दादूपन्थी सन्तों की बानियों के संग्रह में गोरखनाथ, भरथरी, चर्पटीनाथ और गोपीचन्द की बानियाँ संगृहीत हैं। इसी प्रकार 'साधुपन्थी' साधुओं की रचनाओं के साथ गोरखनाथ और गोपीचन्द के गीत संगृहीत हैं। इतना ही नहीं वैष्णव कवियों में भी गोरखनाथ की भाषा का प्रभाव है, नामदेव, ज्ञानदेव, रामदास आदि पर इसका व्यापक प्रभाव तो है ही तुलसीदास ने भी अलख आदि शब्दों का प्रयोग किया है:

*हम लख, हमहिं हमगू लख हम हमार की बीच।*
*तुलसी अलखहिं का लखै रामनाम लखु नीच।।*
*अथवा 'अलख लखा नहिं जाइ' आदि प्रयोग मिलते हैं।*

भाषिक शब्दावली के प्रयोग में एक और बात का ध्यान रखना होगा कि गोरखनाथ के समय में मुसलमानों का प्रवेश देश में हो चुका था और उत्तरी भारत में लोकभाषा में फारसी के बहुत-से शब्द आ गये थे। अत: गोरखनाथ ने भी इन शब्दों का प्रयोग बड़े सार्थक ढंग से किया है।

*(1) उतपति हिन्दू जरणां जोगी अकल पीर मुसलमांनीं।*
*ते राह चीन्हों हो काजी मुलां, ब्रह्मा बिस्नु महादेव मांनी।।*

अक्ल और पीर शब्दों का सहज प्रयोग है। यहाँ गोरख का कथन है कि मैं जन्म से हिन्दू, योग-साधना में जलकर जोगी और मुसलमानी पीरों की बुद्धि अर्थात् उनका एकेश्वरवाद मेरे साथ है।

कबीर भी काजी-मुल्ला से उसी प्रकार संवाद करते हुए उन्हें ठीक राह पहचानने का सन्देश देते हैं—

*काजी कवन कितेब बखानी।*
*पढ़त पढ़त केतिक जुग बीते अजहूँ राह न जानी।*
*कबिरा पकड़ी राह राम की काजी रहे झख मारी।*

'कलमा' की चर्चा करते हुए गोरख कहते हैं :

*नाथ कहंतां सब जग नाथ्या गोरष कहतां गोई।*
*कलमा का गर महंमद होता पहले मूवा सोई।।*

गोरखनाथ की भाषा पर पंजाबी, बंगाली, भोजपुरी आदि का पर्याप्त प्रभाव है। यह उनके व्यापक भ्रमण का परिणाम है। भोजपुरी का प्रभाव उनके कहिबा, सुनिबा जैसे शब्दों पर है। जैसे—

*हबकि न बोलिबा, ढबकि न चलिबा, धीरै धरिबा पावं।*
*गरब न करिबा सहजै रहिबा, भणत गोरष रावं।*

भोजपुरी में 'खइबा कि ना', 'चलबा न' आदि सामान्य प्रयोग हैं।

बंगाली भाषा पर काम करनेवाले ब्रजनन्दन सिंह ने लिखा है :

'लुकाइबा, लुटिबा जैसोर जिले के खास प्रयोग हैं।' उन्होंने अपनी पुस्तक 'बँगला भाषा की भूमिका' में गोरख की कई सबदियों को उद्धृत करके उन पर बँगला प्रभाव बताया है।

पंजाबी का तो प्रभाव सहज ही है क्योंकि पंजाब उनका कार्यक्षेत्र भी रहा है। 'आइया' 'गइया' जैसे रूप 'पंजाबी प्रभाव से आये हैं। राजस्थानी बोली से 'ण' का प्रयोग 'न' के स्थान पर तथा पिण्ड का प्यंद; बिन्दु का व्यंद आदि रूप आये हैं।' कारक चिह्नों में भी खड़ीबोली के ने, को, से आदि, ब्रज के कूँ, सूँ, राजस्थानी के 'थें' आदि रूप भी मिलते हैं।

इस प्रकार गोरखनाथ और नाथ सम्प्रद्राय के अन्य कवि योगियों ने खड़ीबोली का एक ऐसा धरातल तैयार किया था जो सन्त कवियों की लम्बी परम्परा में 14वीं शताब्दी से लेकर उन्नीसवीं शताब्दी तक चलता रहा। यह पंचमेल खिचड़ी या सधुक्कड़ी भाषा नहीं एक ऐसी लोकभाषा थी जो सम्पूर्ण उत्तर भारत की प्रतिनिधि भाषा जैसी बन गयी।

लोकभाषा का जो रूप नाथ योगियों की बानी में आया है, वह लोकभाषा के संवर्द्धन में अनायास ही महत् भूमिका का निर्माण करता है। गोरखनाथ और नाथपन्थ पर जिन अधिकारी विद्वानों ने विचार किया है, उनका मत भी कुछ इसी प्रकार है। आचार्य हजारीप्रसाद द्विवेदी ने अपनी पुस्तक 'मध्यकालीन धर्मसाधना' पृ. 68 में लिखा है कि 'योगियों के लोकभाषा में लिखने की परिपाटी दीर्घ काल से चली आती हुई परम्परा का अन्तिम रूप है। यह परम्परा लोकभाषा में थी और लोकहित उसका प्रधान लक्ष्य था। उन्होंने 'नाथ सम्प्रदाय पृष्ठ 182 में डॉ. पीताम्बरदत्त बड़थ्वाल के हवाले से लिखा है कि गोरखनाथ की बानियाँ साहित्यिक सांस्कृतिक विकास की लड़ी में एक महत्त्वपूर्ण कड़ी के रूप में है। डॉ. रांगेय राघव ने उनकी भाषा के सम्बन्ध में लिखा है—"अपभ्रंशकाल और हिन्दी युग के मध्यकाल की कविता को सन्धियुगीन नाथ सम्प्रदाय की कविता स्वीकार किया गया है। गोरखनाथ इस युग के सच्चे प्रतीक हैं। गोरखनाथ के समय में अपभ्रंश का रूप अलग-अलग स्थानों पर भिन्न-भिन्न नहीं था। उस समय तद्भव के स्थान पर तत्सम प्रयोग गोरखनाथ का पहला प्रयत्न था जिससे परवर्ती युग में लोगों को तिनके का सहारा मिल गया और भाषा अपने-आप दूसरा रूप पकड़ने लगी थी। वर्तमान नाथपन्थी ग्रन्थ इस बात की ओर इंगित करते हैं कि उनका वास्तविक स्वरूप कुछ और था, वह अपभ्रंश और हिन्दी के बीच की भाषा और यह सन्ध्या भाषा का परिवर्तित रूप था। (गोरखनाथ और उनका युग, पृ. 203-204)

डॉ. किशोरीलाल गुप्त ने लिखा है, "गोरखनाथ के साहित्यिक कार्य का महत्त्व इसलिए बहुत अधिक है कि वे सम्भवतः महान् धार्मिक सुधारकों में प्रथम थे जिन्होंने अपने प्रयास से धार्मिक रूढ़ियों को ध्वस्त

करने के उद्देश्य से जनता की सामान्य भाषा में लिखित कविताओं के द्वारा अपने उपदेशों को प्रचारित करने का मार्ग खोला।''(हिन्दी साहित्य का रेखांकन, पृ. 30)

इस सम्बन्ध में प्रस्तुत लेखक ने अपनी पुस्तक 'हिन्दी भाषा, साहित्य और नागरी लिपि' में लिखा है—''हिन्दी के भाषा-काव्य का प्रारम्भ नाथपन्थ के प्रमुख योगी गोरखनाथ की बानियों और साखियों से माना जा सकता है। इसमें नौ नाथ हैं, इनमें गोरखनाथ सबसे प्रसिद्ध हुए और इनकी रचनाएँ मुख्य रूप से साहित्य के अध्ययन का विषय बनीं।''

उपर्युक्त उदाहरणों और सन्दर्भों से यह सिद्ध है कि गोरखनाथ हिन्दी में लोकभाषा के प्रथम कवि हैं और यह भी कि उनकी लोक-दृष्टि उनके उपदेशों में ही नहीं अपितु उनकी भाषा-विषयक दृष्टि में भी थी। भाषा के इस प्रयोग ने भी यह प्रकट किया कि गोरखनाथ एक भविष्यद्रष्टा और युगप्रवर्तक महायोगी और समाज सुधारक थे।

अध्याय–6

# भक्तिधारा पर गोरख-योग का प्रभाव

अपभ्रंश की परम्परा में चौरासी सिद्ध और नौ नाथों का उल्लेख हुआ है। सिद्धकवियों ने योग की परम्परा का जो प्रारम्भ किया वह आगे चलकर नाथ योगियों में थोड़े अन्तर के साथ विकसित हुई और उसी नाथयोग की परम्परा और संसार के प्रति उनके दृष्टिकोण का प्रतिफलन हिन्दी के निर्गुण सन्त काव्यधारा में देखने को मिलता है। यह अलग बात है कि नाथयोगियों का पूरा–पूरा प्रभाव कबीर आदि सन्तों पर नहीं हुआ। किन्तु उनकी साधना, शब्दावली, शैली आदि प्रचुर मात्रा में सन्तों में दिखायी पड़ती है। योग के साथ भाव–भक्ति और सहजयोग का विकास उनकी रचनाओं में मिलता है पर नाथपन्थ का इनके ऊपर व्यापक प्रभाव पड़ा इसे कोई अस्वीकार नहीं कर सकता। पीताम्बरदत्त बड़थ्वाल ने इस विषय पर सबसे पहले प्रकाश डाला और उनके अनुसार ही पण्डित अयोध्यासिंह उपाध्याय ने अपनी पुस्तक 'हिन्दी साहित्य का विकास' पुस्तक में लिखा, 'सिद्धों के बाद नाथ सम्प्रदाय का साहित्य एक मध्यवर्तीय कड़ी है जिनके साथ कबीरदास स्वाभाविक रूप से जुड़ जाते हैं। आचार्य हजारीप्रसाद द्विवेदी ने भी नाथयोग और सन्तमत का सम्बन्ध स्वीकार किया है। आचार्य हजारीप्रसाद द्विवेदी के साथ डॉ. नगेन्द्र नाथ उपाध्याय ने भी इसे स्वीकार किया है।

रामचन्द्र तिवारी इन मतों से कुछ असहमति व्यक्त करते हुए लिखते हैं, "नाथपन्थ की परम्परा ही पन्द्रहवीं शताब्दी में सन्तमत के रूप में परिवर्तित हो गयी है। नाथमत की किन्हीं कारणों से, जनता में लोकप्रियता

हुई और दक्षिण से वैष्णवभक्ति का उदार धार्मिक प्रवाह राघवानन्द और रामानन्द-जैसे समन्वयशील महात्माओं के माध्यम से उत्तरभारत में आया। नाथमत और वैष्णव-भक्ति के सम्पर्क से योग और भक्ति-समन्वित एक नवीन मत विकसित हुआ जिसे मुख्यत: निम्नवर्गीय जनता का समर्थन प्राप्त था। इस योग-भक्ति-समन्वित मत को सामान्यत: 'सन्तमत' कहा गया। इसलिए सन्तमत को नाथमत से प्रभावित कहने से अच्छा है कि उसे नाथमत का भक्ति-संश्लिष्ट लोकसम्मत स्वरूप कहा जाय। तीसरी बात ध्यान देने की यह है कि सन्तमत पन्द्रहवीं शताब्दी से लेकर उन्नीसवीं शताब्दी तक अनेक प्रभावों और परिवर्तनों को स्वीकार करके विकसित हुआ है। अत: नाथमत का प्रभाव सभी सन्त-सम्प्रदायों पर एक-जैसा नहीं पड़ा है। परवर्ती सन्तों में कई रामभक्तों की रचना रसिक परम्परा से प्रभावित हैं। कुछ सूफी-साधना की ओर झुके हैं और कुछ कृष्ण-भक्ति-धारा के निकट हैं।''[1]

नाथमत पर वैष्णव ग्रन्थों के योग की परम्परा से जोड़ना तो मुझे द्राविड़ प्राणायाम लगता है। क्योंकि कबीर से लेकर अन्य सन्तों ने भी नाथपन्थ के सबसे प्रभावशाली योगी गोरखनाथ का बड़े ही आदर के साथ उल्लेख किया है। कबीर ने लिखा,

*गोरखनाथ न मुद्रा पहिरी मस्तक नहीं मुड़ाया।*
*ऐसा भगत भया भू ऊपरि गुरु पैं राज छुड़ाया।।*

सुन्दरदास ने तो स्पष्ट कहा है, कि गोरखनाथ आदि योगियों का ही कबीर ने अपने काव्य में अभ्यास किया,

*'गोरखनाथ भरतरी रतिया सोई कबीर अभ्यासा रे।'*
*गुरु दादू, परसाद कछू इक पायो सुन्दर दासा रे।।*

इसी प्रकार मलूकदास, हरिदास निरंजनी, दुखरनदास-जैसे सन्तों ने स्पष्ट रूप से गोरखनाथ के प्रति श्रद्धा व्यक्त की है, यह उल्लेख डॉ. रामचन्द्र तिवारी ने ही अपनी उक्त पुस्तक में किया है।[2] स्पष्ट है कि गोरख के प्रति यह सम्मान-भाव सन्तों के द्वारा निष्प्रयोजन नहीं प्रकट किया गया है। दूसरा तात्पर्य यही है कि ये गोरख की ही परम्परा में हैं,

भले ही समय के साथ इनकी साधना में कुछ अन्तर आया था कुछ भाव-भक्ति का योग हो गया।

## साधना-पद्धति

सामान्य रूप से सन्त काव्य के प्रधान कवि कबीरदास को नाथ योगी गोरखनाथ की अग्रगामी कड़ी के रूप में स्वीकार किया जाता है। इसमें सन्देह नहीं कि कबीरदास के ऊपर योगमार्ग के हठयोग का पर्याप्त प्रभाव है किन्तु इसके साथ ही कबीर ने भाव-भक्ति और सहज साधना की बात भी की है। डॉ. माताप्रसाद गुप्त ने स्वसम्पादित 'कबीर ग्रन्थावली' की भूमिका में गोरखनाथ और कबीरदास की तुलना करते हुए लिखा है—"गोरखनाथ पूर्णतः योगी हैं, जो अष्टाङ्गयोग के स्थान पर कुण्डलिनी के उत्थान द्वारा चक्रभेदन की साधना से आत्मदर्शन के उपदेशक हैं। वे ब्रह्मचारी हैं। त्रिदेवों को माया से निर्मित बताते हैं, अवतारी लीलाओं में किंचित् भी विश्वास नहीं रखते हैं और न भाव-भक्ति को किसी रूप में स्वीकार करते हैं। कबीर एक साथ योगी, भक्त और प्रेमी हैं। योगी होने से वे गोरख का अनुसरण करते हैं और इसीलिए अपनी वाणी में गोरख को बार-बार स्मरण करते हैं, किन्तु वे उस हद तक योगी नहीं हैं जिस हद तक गोरख हैं।"[3] डॉ. पीताम्बरदत्त बड़थ्वाल और अयोध्यासिंह उपाध्याय दोनों ही मानते हैं कि नाथ योगियों की बानियाँ हमारे साहित्यिक और सांस्कृतिक विकास की लड़ी में एक महत्त्वपूर्ण कड़ी हैं। हजारीप्रसाद द्विवेदी ने भी नाथयोग और सन्तमत का सम्बन्ध स्थापित करते हुए लिखा है कि, "भक्तिवाद के पूर्व यह सबसे प्रबल मतवाद था। इसीलिए भक्तिवाद में इनके शब्द और मुहावरे ही नहीं इनकी पद्धति भी बहुत-कुछ आ गयी है।" द्विवेदी जी का स्पष्ट मत है कि कबीर आदि निर्गुणमतवादी सन्तों की वाणियों की बाहरी रूपरेखा पर विचार किया जाय तो यह मालूम होगा कि यह पूर्णतः भारतीय है और बौद्ध धर्म के अन्तिम सिद्धों और नाथपन्थी योगियों के पदादि से उनका सीधा सम्बन्ध है। वे ही पद, वे ही राग-रागिनियाँ, वे ही दोहे; वे ही चौपाइयाँ कबीर आदि ने

व्यवहार की हैं जो उक्त मत को माननेवाले उनके पूर्ववर्ती सन्तों ने की थी। क्या भाव, क्या भाषा, क्या अलंकार, क्या छन्द, क्या पारिभाषिक शब्द सर्वत्र वे ही कबीरदास के मार्गदर्शक हैं।[4]

डॉ. नगेन्द्रनाथ उपाध्याय ने नाथ और सन्त साहित्य, नाथपन्थ और निर्गुण सन्त काव्य लिखा जिसमें उन्होंने भी निर्गुण सन्तमत को नाथपन्थ से प्रभावित माना है।

कबीरदास जी ने अपनी साखी में स्थान-स्थान पर योग की साधना का संकेत किया है—

(1) अन्तरि कवल प्रकासिया, ब्रह्म बास तहाँ होइ।
मन भँवरा तहाँ लुबधिया जाणैगा जन कोई।।

(परचा को अंग, 7)

(2) कबीर मैमंता मन मारि रे, नान्हाँ करि करि पीसि।
तब सुख पावै सुन्दरी, ब्रह्म झलकै सीसि।।

(मन को अंग, 20)

कबीरदास ने अपने साखी भाग में एक भाग 'जीवन मृतक को अंग' के रूप में लिखा है। नाथयोगी चक्रभेदन के बाद अनहद नाद सुनने और समरस स्थिति हो जाने पर जिस जीवन्मुक्त दशा का वर्णन करता है उसी को कबीर ने जीवन्मृतकता और सूफ़ियों ने मरजीया दशा कहा है। योग साधना का विस्तृत संकेत कबीरदास जी ने अपने पदों में किया है। राग गौड़ी के पद संख्या सात में कहते हैं—

*प्रगट प्रकास ग्यान गुरगमि थैं, ब्रह्म अगनि प्रजारी (परजारी)।*
*ससि हरि सूर दूर दूरंतर, लागी जोग जुग तारी।*
*उलटे पवन चक्र षट बेधा, मेर डंड सरपूरा।*
*गगन गरजि मन सुंनि समांनां, बाजे अनहद तूरा।*
*सुमति सरीर कबीर बिचारी, त्रिकुटी संगम स्वामीं।*
*पद आनन्द काल थैं छूटै, सुख मैं सुरति समाँनी।।*

यहाँ 'सुरति' के सुख में समा जाने की जो बात कही गयी है उसे

भी कबीर बार-बार 'सुरति' (स्मृति) के निरति (नैरात्म्य) में समा जाने की बात कहते हैं—'सुरति समानी निरति में निरति रही निरधार' इस सन्दर्भ में कबीर उस आनन्द दशा का वर्णन करते हैं जो योग-साधना का परम लक्ष्य है। उपर्युक्त पद में सुरति के सुख में समाने की बात कही गयी है। जब सारी स्मृतियाँ (सुरति) समाप्त हो जाती हैं और आत्मबोध भी नहीं रहता (नैरात्म्य) तब सुख या आनन्द दशा की प्राप्ति होती है। इसी भाव को व्यक्त करते हुए राग गौड़ी के पद संख्या 32 में वे कहते हैं—

*सन्तौ धागा टूटा गगन बिनसि गया, सबद जु कहाँ समाई।*
*ए संसा मोहि निस दिन ब्यापै, कोई न कहै समझाई।*
*नहीं ब्रह्मंड पुँनि नाँही, पंचतत भी नाहीं।*
*इला प्यंगुला सुखमन नाँही, ए गुण कहाँ समाहीं।*
*नहीं ग्रिह द्वार कछू नहीं, तहिंयाँ रचनहार पुनि नाँहीं।*
*जीवनहार अतीत सदा संगि, ये गुण तहाँ समाहीं।*

कबीर प्रेमभक्ति की चर्चा के साथ ही योग-साधना के रूपक भी बाँधते हैं। इससे स्पष्ट होता है कि कबीर साधना के साथ उस निर्गुण-निराकार की भक्ति की चर्चा करते हैं। इसका कारण यह प्रतीत होता है कि साधना द्वारा सिद्धियाँ प्राप्त करने पर साधक में अहंकार भी आ सकता है और वह पुन: प्रकृतदशा में आ जाता है। अत: साधना के साथ भक्ति का भी विधान किया गया ताकि अहंकार न आवे और साधक की सिद्ध दशा स्थिर रहे। आगे के पद पर विचार करने पर मुझे यही प्रतीत होता है—

*हिंडोलनाँ, तहाँ झूलैं आतमराम।*
*प्रेम भगति हिंडोलना, सब सन्तन कौ विश्राम।*
*चंद सूर दोइ खंभवा, बंक नालि की डोरि।*
*झूलें पंच पियारियाँ, तहाँ झूलै जीय मोर।*
*जिनि येहि अमृत उचारि कि, सो ठाकुर हम दास।*

*सहज सुनि कौ नेहरौ, गगन मँडल सिरि मौर।*

*अरध उरध की गंगा जमुना, मूल कवल कौ घाट।*

*षट चक्र की गागरी, त्रिवेणीं संगम बाट।।*

*नाद ब्यंद की नावरी, राम नाम कनिहार।*

(पद राग गौड़ी–18)

इन थोड़े–से प्रसंगों को यह दिखाने के लिए प्रस्तुत किया गया है कि कबीरदास ने वास्तव में योगसाधना का अभ्यास किया था केवल उसकी शब्दावली का प्रयोग ही नहीं किया था। यह गोरखनाथ द्वारा प्रतिपादित हठयोग की प्रक्रिया ही है जिसे पिपीलिकायोग भी कहते हैं। इसके आगे की स्थिति ध्यानयोग या विहंगमयोग की स्थिति है। इस साधना के अभ्यासी और जानकार लोगों का कहना है हठयोग द्वारा सिद्धि प्राप्त करने के पश्चात् ही केवल ध्यान लगाकर बिना चक्रभेदन के कुण्डलिनी को सहस्रार तक पहुँचाया जा सकता है। ऐसी दशा प्राप्त होने के पश्चात् सहज भाव से योगी रहता है और सहज ही ढंग से वह विषय–वासनाओं का त्याग कर देता है और विरक्ति की दशा को प्राप्त करता है। यही सम्भवतः कबीर का सहजयोग है ।

कबीर ने सहज साधना की बात अपने साखी इक्कीस में 'सहज को अंग' शीर्षक चार साखियों में सहज के बारे में कहा है—

*सहज सहज सबकौ कहै, सहज न चीन्है कोइ।*
*जिन्ह सहजै विषिया तजी, सहज कहीजै सोइ।।1।।*

*सहज सहज सबको कहै, सहज न चीन्हें कोइ।*
*पांचू राखै परसती, सहज कहीजै सोइ।।2।।*

*सहजैं सहजैं सब गये, सुत बित कणि कांम।*
*एकमेक ह्वै मिलि रह्या, दासि कबीरा रामं।।3।।*

*सहज सहज सबकौ कहै, सहज न चीन्है कोइ।*
*जिह सहजैं विषिया तजी, सहज कही जै सोइ।।4।।*

इन चारो साखियों में कहीं भी ऐसा उल्लेख नहीं मिलता है कि हठयोग से विरत सहजयोग कोई अलग वस्तु है। प्रतीत होता है कि साधक को ध्यान, धारणा, समाधि द्वारा जब परम आनन्द की प्राप्ति हो जाती है तब विषय-वासनाएँ सहज रूप से छूट जाती हैं और संसार से विरक्ति की दशा प्राप्त हो जाती है। कबीर मठ कबीरचौरा वाराणसी से सम्बद्ध विद्वान् गंगाशरण शास्त्री इस सम्बन्ध में अपनी पुस्तक 'सन्त कबीर का सहज योग' में योग की हठयोगवाली पद्धति का वर्णन करने के बाद दूसरी पद्धति के रूप में राजयोग या सहजयोग की बात करते हैं जिसमें सुरतियोग, चिन्तनयोग, नामयोग, विचरणयोग, नादयोग, जपयोग, ध्यानयोग आदि को शामिल किया जाता है। इसका वर्णन कुछ सन्तों, लेखकों द्वारा यत्र-तत्र हुआ है। सनकादिक से लेकर गुरुवर रामानन्द तक मानसयोग, भक्तियोग, चिन्तनयोग, नादयोग, ध्यानयोग की परम्परा रही है जिसको हम सहजयोग में ही लेते हैं। (उपर्युक्त, पृष्ठ संख्या 9)

गंगाशरण दास ने इस क्रम में आगे विहंगम मार्ग और मीनमार्ग की चर्चा करते हैं। वे कहते हैं विहंगमयोग कबीर पन्थ में अत्यधिक महत्त्वपूर्ण माना गया है जिसका दूसरा नाम सहजयोग भी है। यह विहंगमयोग सर्वोत्कृष्ट होने के कारण इसका साधन सभी के लिए सुलभ है इसमें वृत्ति अपने-आप विषयों से उपराम हो जाती है। सम, दम आदि अपने-आप सिद्ध होने लगते हैं (पृष्ठ 38)। इसी क्रम में वे एक मीनमार्ग की भी चर्चा करते हैं वह भी विहंगममार्ग से मिलता-जुलता है। शास्त्री जी इस सम्बन्ध में निष्कर्ष के रूप में कहते हैं उपर्युक्त दोनों ही मार्गों को कबीर साहब अतिश्रेष्ठ बतलाते हैं। कपिमार्ग, पिपीलमार्ग को हठयोगियों का क्रियाकलाप मात्र कहकर टाल देते हैं। वे उस पर विशेष विचार नहीं करते। यद्यपि स्थल-स्थल पर षट्चक्र आदि बेधन की बात करते हैं तो यह नहीं कि षट्चक्र बेधन हठयोग की क्रियाओं से ही सम्भव है। षट्चक्रों का बेधन सहजयोग, विहंगममार्ग एवं मीनमार्ग के द्वारा भी किया

जा सकता है। जप के द्वारा भी षट्चक्रों का बेधन सम्भव है। षट्चक्रों के बेधन एवं किसी भी क्रिया में सुरति की ही प्रधानता होती है। इसलिए सारा खेल सुरति का ही समझना चाहिए। सुरति से ही सारा कार्य सम्भव है। (पृष्ठ संख्या 39)

गंगाशरण शास्त्री के इस विचार को पूर्णतः स्वीकार नहीं किया जा सकता क्योंकि कबीरदास ने योगसाधना के रूपक को इस ढंग से व्यक्त किया है कि बिना उस क्रिया को जाने कोई इस रूप में वर्णन नहीं कर सकता। साथ ही उनके सहजयोग या ध्यानयोग को भी अस्वीकार नहीं किया जा सकता है। मुझे लगता है कि यह सहजयोग, हठयोग या पिपीलिकायोग के बाद सिद्ध होनेवाली स्थिति है। अन्य सन्तों ने भी गोरखनाथ को बड़े आदरपूर्वक स्मरण किया है और यह अकारण नहीं हो सकता। हाँ, इसके बाद ध्यानयोग या भाव-भक्ति की बात कबीर ने अन्य स्रोतों और प्रभावों से ग्रहण की है। वह जिस योग और योगी का तिरस्कार करते हैं वह अपरिपक्व और ढोंगी योगियों के प्रति कही हुई बात हो सकती है जो उस समय तक काफी संख्या में हो गये थे और उनके कई पन्थ बन गये थे जिनके सम्बन्ध में तुलसीदास जी ने भी असुभ बेष धारण करने और भच्छाभच्छ खाने की बात कही है।

कबीर के पदों में कुछ पद ऐसे हैं जो 'गोरख-बानी' के पदों से मिलते-जुलते हैं। राग रामकली के पद संख्या ग्यारह में गोरखनाथ का नाम लेते हुए कबीरदास जी लिखते हैं—

*राम गुन बेलड़ी रे, अवधू, गोरषनाथि जाँणीं।*
*नति सरूप न छाया जाके, बिरध करैं बिन पाँणीं।*
*बेलड़िया द्वे अणीं पहूँती, गगन पहूँती सैली।*
*सहज बेलि जब फूलण लागी, डाली कूपल मेल्ही।*
*मन कुंजर जाइ बाड़ा बिलब्या, सतगुर बाही बेली।*
*पंच सखी मिसि पवन पयप्प्या, बाड़ी पाणी मेल्ही।।*

*काटत बेली कूपले मेल्हीं, सींचताड़ी कुमिलाँणी।*

*कहै कबीर ते बिरला जोगी, सहज निरन्तर जाँणी।।*

इस पद का गोरख-बानी के पद संख्या 17 से मिलाकर देखिये—

*तत बेली लो तत बेली लो, अवधू गोरषनाथ जांणीं।*

*डाल न मूल पहुप नहीं छाया, बिरधि करै बिन पांणीं।*

*काया कुंजर तेरी बाड़ी अवधू, सतगुर बेलि रुपांणीं।*

*पुरिष पांणती करै धणियांणौं, नीकैं बालि घरि आणीं।*

*मूल एद्वा जेद्वा ससिहर अवधू, पांन एद्वा जेद्वा भांणं।*

*फल एद्वा जेद्वा पूनिम चंदा, जीउ जांण सुजांणं।*

*बेलड़ियां द्वौं लागी अवधू, गगन पहूँती झाला।*

*जिम जिम बेली दाझबा लागीं, तब मेल्है कूंपल डाला।*

*काटत बेली कूँपल मेल्ही सींचतड़ा कुमलाये।*

*मछिंद्र पसादैं जती गोरष बोल्या नित नवेलड़ी थाये।।*

इसी प्रकार राग रामकली में भी पद संख्या 44 को दो पंक्तियाँ गोरख-बानी की पद संख्या 38 की दो पंक्तियों से मिलती हैं

कबीर—पाती ब्रह्मा पुहपे बिष्णु फूल फल महादेव।

तीनि देवौं एक मूरति, करै किसकी सेव।

गोरख—पत्रे ब्रह्मा कली बिसना फल मधे रुद्रम् देवा।

तीनि देव का छेद किया, तुम्हें करहुं कौन की सेवा।।

## अन्य सन्तों पर प्रभाव

कबीर के बाद सन्तों में रैदास का नाम प्रमुख रूप से आता है परन्तु रैदास पर योग का कोई प्रभाव नहीं है। इसी प्रकार पीपा, धन्ना आदि रामानन्द की प्रेमभक्ति के प्रभाव में निर्गुण राम की प्रेमभक्ति में विश्वास करते हैं। किन्तु दादू, सुन्दरदास, रज्जब आदि किसी-न-किसी रूप में योग की बात करते हैं। इस सम्बन्ध में डॉ. नन्दकिशोर पाण्डेय ने लिखा है—"सन्तों के ऊपर नाथों का प्रभाव स्पष्ट रूप से दृष्टिगोचर होता है।

उनकी साधना-पद्धति में योग की महत्त्वपूर्ण भूमिका है। दादू स्वयं एक सिद्ध योगी थे। दादू के शिष्यों ने भी अपनी रचनाओं में योग का वर्णन किया है। दादू के शिष्य सुन्दरदास ने तो योग के विषय में विस्तारपूर्वक लिखा है। विभिन्न प्रकार के आसनों का भी वर्णन किया है। दादूपन्थ के उपसम्प्रदायों में भी योगी हुए हैं। दादू ने लययोग की बात की है। आत्म चिन्तन या आत्मसाक्षात्कार के लिए मन के लय की आवश्यकता होती है। दादू के यहाँ 'सुरति' का भी प्रयोग मिलता है। सन्तों ने 'सुरति' शब्दयोग की भी चर्चा की है। दादू कहते हैं कि आत्मा का परमात्मा में लय करो जिससे कि जीव निर्गुण ब्रह्म में इस प्रकार मिल जाय जिस प्रकार जल जल में मिला जाता है।

रज्जब शून्यमण्डल में परमात्मा से मिलने को कहते हैं यह यौगिक क्रियाओं द्वारा ही सम्भव है। वे कहते हैं कि साधक मन को वश में करे फिर वह सूर्य के मण्डल में जाय फिर उसे ब्रह्म के दर्शन होंगे—

*मन तुरंग चेतन चढ़ै, पवन पन्थ सो जाय।*
*रज्जब बैठे शून्य में, माँहीं मिले खुदाय।।*

हठयोग की साधना में कुण्डलिनी छह चक्रों का भेदन कर सहस्रार में पहुँचती हैं। वहाँ सहस्रदल कमल है इसीलिए इसे सहस्रार चक्र कहते हैं। इसी सहस्रार चक्र को गमनमण्डल या शून्य मण्डल भी कहते हैं। योगी वहाँ पर शिव का निवास मानते हैं, इसलिए कैलास और कैलास पर्वत भी कहते हैं। गोरखनाथ ने कहा कि प्राणायाम से प्राण को पकड़ना चाहिए। प्राणायाम से ही उन्मनावस्था की प्राप्ति होगी। गमनमण्डल में अनहद नाद बजने लगेगा। फिर चन्द्रमा और सूर्य के प्रकाश से शून्य मण्डल चमक उठेगा—

*अवधू दँम कौं गहिबा उनमनि रहिबा, ज्यूं बाजाबा अनहद तूरं।*
*गगन मंडल मैं तेज चमंकै, चाँद नहीं तहाँ सूरं।।*

रज्जब के गुरुभाई सुन्दरदास शून्य की साधना को सर्वश्रेष्ठ साधना मानते हैं। सुन्दरदास कहते हैं कि जो ब्रह्म स्वयं शून्याकार है, उस शून्य के ध्यान से श्रेष्ठ ध्यान और कोई नहीं है। शून्य का ध्यान करने से ब्रह्म

की प्राप्ति होगी। योगी अखण्ड समाधि में सो सकता है। यही अखण्ड समाधि योगनिद्रा है—

*इहिं शून्य ध्यान सम और नांही। उत्कृष्ट ध्यान सब ध्यान मांहि।*
*है शून्याकार जू ब्रह्म आपु। दशहू दिशि पूरन अति अमापु।*
*यों कस्य ध्यान सायोज्य होइ। तब लगै समाधि अखण्ड सोई।*
*पुनि उहै योग निद्रा कहाइ। सुनि शिष्य देउँ तोकौं बताइ।।*

(सन्त रज्जब, नन्दकिशोर पाण्डेय, पृष्ठ संख्या-125)

चरनदास का जन्म संवत् 1760 वि. में हुआ था। ये राजस्थान प्रान्त के अलवर के निकट के थे। उन्होंने सगुण और निर्गुण दोनों ही प्रकार के पद लिखे हैं। उन्होंने अनहद नाद के सम्बन्ध में एक पद में लिखा है—

*जब से अनहद घोर सुनी।*
*घूमत नैन सिथिल भइ काया, अमल जु सुरत सनी।*
*रोम रोम आनन्द उपज करि, आलस सहज भनी।।*
*करम भरम के बंधन छूटे, दुबिधा बिपति हनी।*
*आपा बिसरि जवत कूं बिसरो, कित रहिं पाँच जनी।*
*ऐसा ध्यान भाग सूँ पैये, चढ़ि रहै सिखर अनी।।*

(हिन्दी सन्त काव्य, संग्रह, पृष्ठ 255)

इसके लिए उन्होंने गुरु का मार्गदर्शन आवश्यक बताया है। इनके गुरु कोई शुकदेव थे। इसके लिए एकान्त गुफा में बैठकर ध्यान करने से इड़ा पिंगला (चन्द्र-सूर्य) नाड़ियों को सम करके भक्तिरूपी मदिरा पान करने की बात वे कहते हैं—

*अवधू ऐसे मदिरा पीजै,*
*बैठि गुफा में यह जग बिसरै चन्द सूर सम कीजै।*
*जहाँ कुलाल चढ़ाई भाठी ब्रह्म ज्वार पर जारी।*
*भरि भरि प्याला देत कुलाली बाढ़ै भक्ति खुमारी।*

(उपर्युक्त संग्रह, पृष्ठ, 265)

इस साधना से जो झिलमिली ज्योति और उज्ज्वलता मिली है इस सम्बन्ध में वे कहते हैं—

*चहुँ दिस झिलमिल झलक निहारी।*
*आगे पीछे दहिने बायें तल ऊपर उजियारी।।*
*दृष्टि पलक त्रिकुटी ह्वै देखै आसन पद्म लगावै।।*
*संजम साधै दृढ़ आराधै जब ऐसी सिधि पावै।।*
*चाँद घने सूरज चमकी ज्यों सूभर भरिया भारी।*
*यह तौ ध्यान प्रतच्छ बतायौ सरधा होय तो कीजै।*
*कहि सुकदेव चरन ही दासा सो हम सूँ सुनि लीजै।।*

(उपर्युक्त संग्रह, पृष्ठ 265)

दरिया साहब ने (बिहारवाले) हठयोग और विहंगयोग (विहंगम अथवा ध्यानयोग) दोनों की चर्चा की है। पर विहंगमयोग को अधिक महत्त्व दिया है। धर्मेन्द्र ब्रह्मचारी ने लिखा है "दरिया साहब पिपीलिकायोग का सर्वथा निराकरण नहीं करते हैं अपितु वे दोनों विधियों के सामंजस्य के पक्ष में हैं। इसमें से एक षट्चक्रविधि है और दूसरी अष्टदलकमल। इसीलिए वे योग के 14 तत्त्वों का अभ्यास करने का उपदेश देते हैं (चौदह तत्त्व का तात्पर्य है छह चक्र, तथा प्रत्येक आँख में चार-चार रंग—सफेद, काला, भूरा और फिर बिन्दु के रूप में बीच में सफेद, यही चार-चार मिलकर आठ होते हैं जो छह चक्रों के जोड़ने से चौदह हो जाते हैं[5])। दरिया साहब ने यौगिक क्रियाओं का संक्षेप में वर्णन करते हुए एक पद में लिखा है—

*सन्त की चालि तुम समुझि बाँकी बड़ी, सुरति कमान कसि तीर मारा।*
*पाँच के मेटि पचीस के दलि मलों, छाव के छेदि पीउ शब्द सारा।।*
*उलटि ले पवन तुम गौन करु गगन में, साधि ले त्रिकुटि दिबि द्रिष्टि बारा।*
*ताहाँ होत झनकार सत शब्द उजियार, ताहाँ छूटिगौ त्रिमिर उदित सारा।।*

(उपर्युक्त, पद उद्धृत, पृष्ठ संख्या 105)

इसके साथ ही ये विहंगमयोग या ध्यानयोग के महत्त्व का प्रतिपादन करते हैं। इस सम्बन्ध में धर्मेन्द्र ब्रह्मचारी लिखते हैं—'सच्चा योगी भी

पक्षी की भाँति है—बिहंगम चढ़ि गयउ अकासा, बैठि गमन चढ़ि देखु तमासा।

वह शून्य गगन में विचरण करते हुए अमृत पान करता है और अमृत पान करते हुए शून्य गगन में विचरता रहता है। इस विचरण और परमानन्दास्वादन की निरन्तर अवस्था में उसे शरीर के 'पिण्ड भाग' से कोई मतलब नहीं रह जाता।

(दरिया साहब : एक अनुशीलन, पृष्ठ 103)

संवत् 1760 के बाद सन्तकाव्य की परम्परा 19वीं शताब्दी तक निरन्तर चलती रही। इस क्रम में गाजीपुर के भुड़कुड़ा नामक स्थान के सन्तों ने निर्गुण ब्रह्म और योगसाधना की चर्चा बराबर की है। इस शाखा के पहले सन्त बूला साहब दिल्ली की बाबरी साहिबा के शिष्य-परम्परा में थे। बाबरी साहिबा का एक पद है—

*अजपा जाप सकल घट बरतै जो जाने सो पेखा।*
*गुरु गम जोति अगम घर बासा सो पाया सोइ देखा।*
*मैं बन्दी हौं परम तत्त्व की जग जानत की भोरी।*
*कहत बाबरी सूनो हो बीरु सुरति कमल पर डोरी।।*

इन लोगों ने सुरति-निरति और अजपा जाप की विशेष चर्चा की है। गुलाल साहब ने एक पद में लिखा है—

*आज झरि बरसत बूंद सुहावन।*
*पिया कै रीति प्रीति छबि निर्खत, पुलकि पुलकि मनभावन।*
*सुषमन सेज सुरति सँवारहिं, झिलमिल झलक देखावन।*
*गर्जन गगन अनन्त शब्द ध्वनि, पिया पपीहा सावन।*
*उमगो सागर सलिल नीर भरो, चहुदिश लगत सोहावन।*
*काम क्रोध मद लोभ छुटलौ तब, अपने साहेब भावन।*
*कहैं गुलाल जंजाल गयो तब, वर्षत भादों पावन।।*

उनके पश्चात् भुड़कड़ा की गद्‌दी पर उनके शिष्य भीखा साहब उनके स्थान पर इस मठ के गुरु के रूप में प्रतिष्ठापित हुए। भीखा साहब के सम्बन्ध में अनेक किंवदन्तियाँ प्रचलित हैं जिनमें उनके एक सिद्ध

साधक के रूप की प्रतिष्ठा की गयी है। इसकी पुष्टि उनके पदों से ही होती हैं। इस सम्बन्ध में बताया जाता है बाबरीपन्थ के अन्य सन्तों के विपरीत भीखा साहब में एक स्पष्टता और अनुभूत साधना का प्रतिपादन मिलता है। इन्होंने प्राय: साधना के उसी मार्ग का प्रतिपादन किया है जो हमें कबीर में मिलता है। कबीर के साहित्य में प्रयुक्त पारिभाषिक शब्दों का तो इनमें खूब प्रयोग मिलता है। साथ ही साधना के सम्बन्ध में भी जो मार्ग कबीर ने प्रतिपादन किया, वही भीखा साहब की बानियों के अनुशीलन करने पर हमें मिलता है। इनकी बानियों का अध्ययन करने पर हमें इनके द्वारा प्रतिपादित तीन मार्ग मिलते हैं—(1) हठयोग का साधना मार्ग, (2) सहज मार्ग, (3) भाव-भक्ति का मार्ग।

(पूर्वी उत्तर प्रदेश के सन्त कवि, डॉ. कन्हैया सिंह, पृष्ठ 57)

भीखा साहब हठयोग को सहज साधना तक ही स्थिति प्राप्त करने का साधन मानते हैं। हठयोग की विकट साधना का प्रतिपादन करते हुए भी वे सहज समाधि को ही श्रेष्ठ मानते हैं—

*पँचये पाँचो मुद्रा साधे, ससि और सूर अकासे बाँधे।*
*प्राणायाम पवन परगासा, पाँच सुन्न पर भयो पचासा।।*
*उदित भये परगासित ज्ञाना, आठ दहाई अस्सी आना।*
*नौवे नाम निरंजन जोती, सहज समाधि जासु की होती।।*

(भीखा साहब की बानी, पृष्ठ 77)

**हठयोग की साधना और सहज साधना** : भीखा साहब ने अपनी बानियों में स्थान-स्थान पर हठयोग के पारिभाषिक शब्दों का प्रयोग किया है—

*इंगल पिंगल ह्वै सुभ भेटानी, सुखमन भयो उंजियार।*
*बाजत अनहद घंटा तँह धुनि, अविगत शब्द अपार।।*

(भीखा साहब की बानी, पृष्ठ 42)

इसके साथ ही वह सहज समाधि की बात करते हैं जो राजयोग के निकट है—

*अनुभव प्रेम उज्ज्वल परमारथ, रूप अलग दरसावै।*
*कह भीखा वह जागतै जोगी, सहज समाधि लगावै।।*

उन्होंने इसके साथ ही भाव-भक्ति की बात कही है। वह निर्गुण ब्रह्म की मधुर भाव की भक्ति है और सहजयोग की स्थिति सिद्ध हो जाने के पश्चात् बिना शब्दोच्चार के श्वास-श्वास में स्वाभाविक रूप से जप होने लगें तो उसे अजपाजाप कहते हैं। इस स्थिति में योगी ध्यानमग्न होकर मधुर भाव से भगवान् की भक्ति में लीन हो जाता है। यह क्रम मेरी दृष्टि में क्रमशः हठयोग से सहजयोग और सहजयोग से भाव-भक्ति तक पहुँचने का है क्योंकि हठयोग की साधना से सिद्धि प्राप्त होने के बाद अहंकार आने से वह साधक योगभ्रष्ट हो जाता है। इसीलिए साधक को अपनी सिद्धता स्थिर रखने के लिए सहज साधना और भाव-भक्ति आवश्यक बतायी गयी है। इसके कारण साधक पर अहंकार नहीं आता है और वह सदैव निर्गुण ब्रह्म की शरणागति का अनुभव करता है।

भीखा साहब की ही भाँति इस परम्परा के सन्तों में गोविन्द साहब और पल्टू साहब आदि ने भी इस परम्परा के आगे बढ़ाया। साईं दाता सम्प्रदाय के कवियों ने भी योगमार्ग की शब्दावली का प्रचुर प्रयोग किया है। वे लिखते हैं—

*अजपा चरखा घूमन लागे अनहद शब्द झरो।*
*सत सुक्रित कर खूँटा गाड़ो सोहं कलस धरो।*
*इंगला, पिंगला सुषमन नाड़ी निसुदिन रगरि मरौ।*
*अष्ट कमल उर अन्तर विकसै, दीपक ज्ञान बरो।।*

*(पृथ्वी शाह)*

उन्होंने साधना की चरमावस्था का भौतिक संयोग सुख से सादृश्य उपस्थित करते हुए आलंकारिक रूप से इस साधना का वर्णन किया है—

*शब्द सोहाग तत्त्व की अंगिया, सतरंग चोलियां पहिनावै हो।*
*सुमति सिंगार रूप छवि सोहै, अनुभव ताल बजावै हो।।*

*होत महासुर नाम नाद धुनि निसुदिन धूम मचावै हो।*
*पिरथी शाह मिलै जेहि अजपा, सखियाँ मन की मौज उड़ावै हो।।*

(पृथ्वी शाह के पद)

इस प्रकार कबीर से लेकर 19वीं शताब्दी तक सन्तों के काव्य का विश्लेषण करने के पश्चात् हम इस निष्कर्ष पर पहुँचते हैं कि नाथपन्थ द्वारा प्रवर्तित योगमार्ग की साधना और शब्दावली का प्रयोग समूचे सन्तकाव्य में हमें मिलता है। यह गोरखनाथ के योगप्रवाह के अतिप्रबल वेग को स्वीकार करते हुए किसी-न-किसी रूप में सन्तों द्वारा योग-साधना की स्वीकृति है। सहजयोग भी उसका परवर्ती सोपान है। गोरखनाथ ने भी अपनी बानी में सहज शब्द का प्रयोग किया है। योग के इस प्रभाव को स्वीकार करते हुए इस बात को अस्वीकार नहीं किया जा सकता कि इनके ऊपर रामानन्द की भक्ति का भी प्रभाव पड़ा और परवर्ती सन्तों ने तो स्पष्ट सगुण भक्ति के पदों की रचना की।

## सगुण भक्तिकाव्य

हिन्दी के सगुण भक्त कवियों पर गोरखनाथ और उनके योग का आतंक छाया था, ऐसा दिखायी पड़ता है। रामभक्ति धारा के सगुण राम के उपासक गोस्वामी तुलसीदास सिद्धान्ततः योग से अपना कोई विरोध प्रकट नहीं करते हैं, पर उसकी कठिनाई का वर्णन करते हुए वे सगुण भक्तिमार्ग को सहज और सरल मानते हैं। विशेष रूप से कलियुग के लिए वे कहते हैं—'कलजुग केवल नाम अधारा' और राम-नाम को सरल मार्ग या राजपथ बताते हैं। वे कहते हैं—

*बहुमत बहुमुनि पन्थ पुरानन,*
*जहाँ-तहाँ झगरो सो।*
*मोंहि तो राम नाम नीको,*
*लगत राज डगरो सो।।*

रामचरितमानस के उत्तरकाण्ड में ज्ञानभक्ति निरूपण प्रकरण में योग-साधना को एक रूपक के रूप में प्रस्तुत करते हैं—

*सात्त्विक श्रद्धा धेनु सुहाई। जौं हरि कृपाँ हृदयँ बस आई।।*
*जप तप ब्रत जम नियम अपारा। जे श्रुति कह सुभ धर्म अचारा।।*
*तेइ तृन हरित चरै जब गाई। भाव बच्छ सिसु पाइ पेन्हाई।।*
*नोइ निबृत्ति पात्र बिस्वासा। निर्मल मन अहीर निज दासा।।*
*परम धर्ममय पय दुहि भाईं अवटै अनल अकाम बनाई।।*
*तोष ग्यान तब छमाँ जुड़ावै। धृति सम जावनु देय जमावै।।*
*मुदिताँ मथै बिचार मथानी। दम अधार रजु सत्य सुबानी।।*
*तब मथि काढ़ि लेइ नवनीता। बिमल बिराग सुभग सुपुनीता।।*

दोहा—

*जोग अगिनि करि प्रगट तब, कर्म सुभासुभ लाइ।*
*बुद्धि सिरावै ग्यान घृत ममता मल जरि जाइ।*
*तब बिग्यानरुपिनी बुद्धि बिसद घृत पाइ।*
*चित्त दिआ भरि धरै दृढ़ समता दिअटि बनाइ।*
*तीनि अवस्था तीनि गुन, तेहि कपास तें काढ़ि।*
*तूल तुरीय सँवारि पुनि बाती करै सुगाढ़ि।*

सोरठा—

*एहि बिधि लेसै दीप तेज रासि बिग्यानमय।*
*जातहिं जासु समीप जरहिं मदादिक सलभ सब।।*
*सोहमस्मि इति बृत्ति अखंडा। दीप सिखा सोइ परम प्रचंडा।।*
*आतम अनुभव सुख सुप्रकासा। तब भव मूल भेद भ्रम नासा।।*

(मानस सात/117)

जो तुलसीदास क्रियात्मक योग का निरूपण इतने विस्तार से करते हैं वह योग के विरोधी नहीं थे अपितु वे कहते थे कि यह योग ''कहने में कठिन, समझने में कठिन और साधने में और कठिन है।' इस कठिनाई के कारण उन्होंने मत व्यक्त किया कि संसारी जीवन में फँसे हुए व्यक्ति

के लिए जो 'हम-हमार' के बीच फँसा है वह योगी के अलख को क्या देख पायेगा—

*हम लख, हमहि हमार लख, हम हमार के बीच।*
*तुलसी अलखहिं का लखै राम नाम लखु नीच।*

कवितावली की छन्द संख्या 84 में तुलसीदास ने लिखा—

*गोरख जगायो जोग, भगति भगायो लोग।*
*निगम-नियोग से तो कलि ही छरो सो।।*

यह प्रसंग कलिकाल वर्णन का है जिसमें कवि कहता है कि कलिकाल ने वर्णाश्रम को समाप्त कर दिया। कर्म और उपासना में कुवासना आ गयी तो ज्ञान भी हर लिया गया है। ऐसे में गोरखनाथ ने योग को जागृत किया जो वेद विहित है पर कलिकाल से योग भी छला गया है और योग के प्रभाव से लोगों ने भक्ति से भी पल्ला झाड़ लिया है। यह 'जगाया' शब्द बहुत महत्त्व का है। जगाया अर्थात् पतंजलि के योगसूत्र को पुनः जागृत किया। पर इस वेद-विहित योग को कलिकाल में लोगों ने छल-कपट का माध्यम बना लिया है। इस अर्थ की सिद्धि रामचरितमानस के कलिकाल वर्णन प्रसंग से भी होती है—

*असुभ बेष भूषन धरे, भच्छाभच्छ जे खाँहि।*
*तेइ जोगी तेइ सिद्ध नर, पूज्य ते कलिजुग माँहिं।।*

इस प्रकार वे केवल ढोंग करनेवाले योगियों से लोगों को सावधान करते हैं। वे योग का विरोध नहीं करते। ऐसा लगता है कि शंकराचार्य, रामानुज, मध्वाचार्य, रामानन्द आदि की सगुण भक्तिधारा गोरख योग के प्रभाव में धूमिल पड़ रही थी। इसीलिए तुलसी ने योग की कठिनाई का वर्णन किया है।

तुलसी के पूर्ववर्ती सूरदास और उस परम्परा के अन्य कृष्णभक्त कवियों ने योग से ही भक्ति को सबसे अधिक खतरा अनुभव किया। उन्होंने भी योग की कठिनता का वर्णन किया। तात्त्विक रूप से उसका विरोध नहीं किया। सूरसागर के विनय के पदों में उन्होंने कहा है—

*मेरो मन अनत कहा सचु पावै।*

*मन-बानी को अगम अगोचर सो जानै जो पावै।*

*सब विधि अगम विचारै ताते सूर सगुन लीला पद गावै।*

सूरदास ने और इस परम्परा के अन्य कवियों ने 'भ्रमरगीत' लिखा जिसमें उद्धव गोपियों को कृष्ण की प्रेमाभक्ति से विरत करके योग का उपदेश देते हैं किन्तु गोपियाँ उनसे संवाद करती हैं और कहती है—

*हम अहीर अबला सठ मधुकर, हमहि जोग कहँ भावै।*

अर्थात् हम ग्रामीण स्त्रियाँ हमारे लिये योग उपयुक्त नहीं है। इस प्रकार वे योग की महत्ता को अस्वीकार नहीं करती हैं अपितु उसकी दुरूहता और अपनी असर्थता के कारण उसको अस्वीकार करती हैं। वे इस प्रसंग में उद्धव पर व्यंग्य भी करती हैं कि श्री कृष्ण यह जानते हैं— "उद्धव! जोग जोग हम नाहीं।' लगता है आपको मूर्ख बनाने के लिए कृष्ण ने यहाँ भेजा है—'श्यामसुन्दर जब तुमहि पठाए तब नेकहुँ मुसकाने?' अर्थात् उन्होंने तुम्हें भेजते समय जरूर थोड़ा मुस्काया होगा। इस प्रकार पूरा 'भ्रमरगीत' जोग और प्रेमाभक्ति के संवाद के रूप में चलता रहता है और गोपियाँ अपने परिवेश, नारी-सुलभ कमजोरी आदि के हवाले से योग को अस्वीकार करती हैं और अन्त में उद्धव को हार माननी पड़ती है और वे लौट जाते हैं। नन्ददास आदि कुछ कवियों ने यह दिखाया है कि गोपियाँ केवल अपनी दुर्बलता के कारण ही नहीं योग को अस्वीकार करती हैं बल्कि वे तात्त्विक रूप से योग को अमान्य करती हैं—

*जो उनके गुन नहीं, अवगुन भये कहाँ ते*

*बीज बिना तरु उगै कहहु तुम मोहि कहा ते,*

*सखा सुनु स्याम के।*

इस प्रकार वे उन्हें समझाती हैं कि तुम निर्गुण की साधना की बात करते हो तो अगर ब्रह्म निर्गुण है तो उससे सगुण सृष्टि की रचना कैसे

हुई। इसलिए यह मानना पड़ेगा ये गुण (सत्त्व, रज, तम) सृष्टि के निर्माता में भी थे। इस प्रकार यह लगता है कि गोरखनाथ के योग का ऐसा आतंक मध्यकाल में था कि सभी धारा के (सगुण) कवियों को उसका प्रतिवाद करना पड़ा।

### सन्दर्भ

1. कबीर और भारतीय सन्त साहित्य, पृष्ठ 70.
2. (अ) हमारा सद्गुरु बिरले जाने

   कि तो जाने दास कबीरा, कि हिसाकुरा पूता

   कि तो नामदेव, और नानक की गोरख अवधूता।। मलूकदास

   (ब) नाथ निरंजक देखि अति संगी सुखदाई।

   गोरख गोपीचन्द सहज निधि नवनिधि पाई।। हरिदास निरंजनी

   (स) जस कबीर तस गोरख जस नानक जस व्यास।

   तस पलिनल हरन को प्रकटे मलूकदास।। दुखरनदास (पदुमावती)
3. कबीर ग्रन्थावली, पृष्ठ 67.
4. हिन्दी साहित्य की भूमिका, पृष्ठ 63-31.
5. दरिया साहब : एक अनुशीलन, पृष्ठ 104.

अध्याय-7

# भारतीय साहित्य और योग

भारतवर्ष के उत्तर से लेकर दक्षिण तक और पूरब से लेकर पश्चिम तक सारे प्रदेशों में नाथपन्थ के केन्द्र इस बात को सिद्ध करते हैं कि गोरखनाथ के प्रभावी व्यक्तित्व और उनकी साधना की स्वीकृति और उसका प्रभाव समूचे भारत में शताब्दियों तक व्याप्त रहा। वैष्णव भक्ति का प्रचार-प्रसार और सगुणोपासना के प्रवाह के साथ-साथ योगसाधना का यह प्रवाह भी निरन्तर चलता रहा। सम्पूर्ण भारतीय भाषाओं में यह प्रभाव देखा जा सकता है। वैसे तो योग हमारे प्राचीन षड्दर्शनों में एक प्रमुख दर्शन है और पतंजलि योगसूत्र से लेकर आज तक योग की साधना और उसकी श्रेष्ठता का प्रतिपादन हुआ है। पर काल-प्रवाह में यह साधना सुप्त-सी हो गयी थी और गोरखनाथ ने इसे पुनः जागृत किया, यह प्रमाणों से सिद्ध है। भारत की सभी भाषाओं में उनके योगप्रवाह की चर्चा भाषावार ढंग से नीचे दिया जा रहा है—

## मराठी

महाराष्ट्र के सन्तों में विशेष रूप से इस योग की स्वीकृति मिलती है और वे सन्त अपने को नाथपन्थ की गुरु-परम्परा से जोड़ते हैं। सन्त ज्ञानेश्वर की गुरु-परम्परा में क्रमशः यह उल्लेख मिलता है—आदिनाथ मत्स्येन्द्रनाथ, गोरखनाथ, गहिनीनाथ, निवृत्तिनाथ, सन्त ज्ञानेश्वर। ज्ञानेश्वर का समय सन् 1271 से 1293 तक माना जाता है। इनके पूर्व एक सन्त श्री मुकुन्दराज (सन् 1128-1200 ई.) ने अपनी गुरु-परम्परा में प्रथम आदिनाथ को माना है, इनके गुरु श्री रघुनाथ थे और उनके गुरु हरिनाथ।

मुकुन्दराज ने 'विवेक सिन्धु' नामक ग्रन्थ की रचना की, इसमें राजयोग का समर्थन किया गया है। राजयोग भी हठयोग का ही एक दूसरा रूप है। एक अन्य रचना 'परमामृत' है। इस सम्बन्ध में प्रो. बी.जी. देशपाण्डे ने लिखा है, "यह बात स्पष्ट है कि मुकुन्दराज जी के उक्त दोनों ग्रन्थों में नाथपन्थ के ग्रन्थ का प्रभाव दृष्टिगोचर होता है। श्री मुकुन्दराज जी के काल में महाराष्ट्र में नाथ सम्प्रदाय पर्याप्त प्रतिष्ठा पा चुका था, अतः उनका नाथ सम्प्रदायी होना बिलकुल सम्भव है।[1] मुकुन्दराज ने इस निर्गुण निस्संग परमतत्त्व के ध्यान के साथ सगुण-स्वरूप का भी वर्णन किया है। तत्त्वदृष्टि से योग और लोकदृष्टि से सगुण रूप को महत्त्व दिया गया है।

महाराष्ट्र के बारकरी सम्प्रदाय के प्रसिद्ध सन्तद्वय ज्ञानेश्वर और नामदेव ने योग को अपने ग्रन्थों में प्रतिष्ठा दी। ज्ञानेश्वर की गीता की मराठी टीका में योग का वर्णन किया है। ज्ञातव्य है कि श्रीमद्भगवद्गीता के छठें अध्याय में योग का ही प्रतिपादन किया गया है और योग को तपस्या या कर्मयोग आदि से श्रेष्ठ कहा गया है। ज्ञानेश्वर इस टीका में आसन (वज्रासन आदि) कुण्डलिनी-जागरण, षट्चक्र भेदन, नादानुसन्धान, खेचरीमुद्रा की साधना एवं ब्रह्मानन्द की उपलब्धि आदि नाथयोगसम्मत योगसाधना प्रक्रिया की सूक्ष्मातिसूक्ष्म बातों का उल्लेख किया है—"सन्त ज्ञानेश्वर नाथमत की हठयोग-साधना से अच्छी तरह प्रभावित थे। दूसरे वे उस साधना को भारतीय साधना-धारा के मुख्य प्रवाह के साथ समन्वित कर देना चाहते थे। श्रीमद्भगवद्गीता कथित तत्त्वग्रन्थ है। नाथपन्थ मूलतः शैव दर्शन से प्रेरित है। शैव-तत्त्व चिन्तन को औपनिषदिक अद्वैत चिन्तन से मिलाकर सन्त ज्ञानेश्वर ने एक नवीन परम्परा का सूत्रपात किया। उन्हें नाथयोग की साधना के साथ कृष्णभक्ति को समन्वित करने में कोई कठिनाई नहीं हुई।"[2]

इस सम्प्रदाय के दूसरे सन्त नामदेव हुए। महाराष्ट्र के सन्तों में उनका सबसे ऊँचा स्थान माना जाता है। उन्होंने मन और पवन को दृढ़ करके चन्द्र सूर्य को समरस करने और सुषुम्ना मार्ग से ब्रह्मरन्ध्र तक पहुँचने, अनहद नाद और सहजावस्था में स्थित होने का वर्णन किया है—

*देवा बेनु बाजै गगन गाजै। सबद अनाहद बोलै।*
*अन्दर की गति जानै नाहीं। मूरिष भरमत डोलै।*
*चन्द सूर दोउ समकरि राखूँ। मन पवन दिढ डांडी।*
*सहजै सुषमन तारा-मंडल। इह विधि तिस्नां षांडी।।*
*गगन मंडल में रहनि हमारी। सहजि सुनि गृह मेला।*
*अन्तरि धुनि मैं मन बिलमाऊँ। कोई जोगी या गम लहैला।।*

(नामदेव की हिन्दी पदावली-पूना विश्व.वि.पद 65)

इसके साथ ही उन्होंने ऐसे योगियों की भर्त्सना की है जो पाखण्ड और वेष-भूषा से केवल समाज को ठगते हैं।

इस परम्परा के सन्त एकनाथ जो तुलसीदास के समकालीन थे और सगुण भक्ति के समर्थक भी थे उन्होंने सगुण और निर्गुण में समन्वय स्थापित किया है। उन्होंने दोनों को समसाम्य कहा है। उन्होंने अपने 'अनुभवानन्द' ग्रन्थ में ब्रह्म के स्वरूप की जो अद्वैती व्याख्या की है वह नाथयोगियों की विचार-परम्परा के अनुकूल ही है। नामदेव की भाँति इन्होंने भी बनावटी योगियों की भर्त्सना की है। इनके पश्चात् त्र्यम्बकराज नामक कवि ने योगमत-सम्बन्धी 'बालावबोध' की रचना की। आगे चलकर स्वामी रामानन्द से लेकर सिद्धेश्वर, शिवदिनकेशरी में भी योगसाधना के तत्त्व लक्षित होते हैं। केशरी का एक पद है—

*शिवदिन के प्रभु केसरि साहब, अगम निगम का राजा।*
*अनुहत डंका दिन-दिन बाजत, बाजत तन का बाजा।।*

आनन्द प्रसाद दीक्षित ने स्वसम्पादित 'मराठी सन्तों की वाणी' में वहिणाबाई (1529 से 1700 ई.), देवनाथ महाराज (1754-1821) तथा निपटनिरंजन (1700 के बाद) में दर्शाया है कि तीनों सन्तों में नाथयोग के तत्त्व मिलते हैं। इनका एक पद है जिसे औरंगजेब को चुनौती देनेवाला पद कहा गया है—

*सुनना चाहता है तो सुन अनहद नाद।*
*देखना जो चाहे तो दिव्य ज्योति दिख पड़े।।*

*साँस लेना चाहे तो सोऽहं की साँस लेवे,*
*सोचना जो चाहता हो ब्रह्म सोच में अड़े।*
*चलना जो चाहता तो विहंगम मार्ग चले,*
*जपना जो चाहता तो अजपाजाप जप ले।*
*कहै निपटनिरंजन सुनो आलमगीर,*
*ऐसी साध साधे नहीं सो ही जात हिजड़े।।*

इस प्रकार 18वीं शताब्दी तक योग का प्रवाह भक्ति के साथ महाराष्ट्र में चलता रहा।

**पंजाबी**

पंजाबी में सिक्खपन्थ का प्रधान ग्रन्थ गुरुग्रन्थ साहब में नाथयोगी गोरखनाथ तथा कबीरदास आदि सन्तों की भी बानियाँ संगृहीत हुई हैं। इससे पता चलता है कि सिक्खपन्थ में भी योगसाधना के साधक कवियों का समावेश इसलिए हुआ कि यह पन्थ भी तात्त्विक रूप से उसी विचारधारा को स्वीकार करता है। गुरुनानक देव की 'गोरखहठड़ी' में नाथयोगियों से ज्ञान चर्चा का उल्लेख हुआ है जो सिद्ध गोष्ठी के रूप में प्रसिद्ध है। इन लोगों ने नाथयोग के सिद्धान्तों को तात्त्विक रूप से स्वीकार किया और नाथों के अलखनिरंजन के ही समान इनका 'सतसिरी अकाल' का उद्घोष भी है। नानक ने गोरखनाथ के शिष्य लोहारीपा और चर्पट का उल्लेख किया है। उन्होंने अजपाजाप, अनहदनाद, षट्कर्म, निरंजन, नाद-बिन्दु, सहज शून्य आदि नाथयोग में प्रचलित पारिभाषिक शब्दों का प्रयोग भी किया है। गुरुगोविन्द सिंह ने भी योग करने की बात कही है—

*रे मन! इंहि विधि जोगु कमाउ।*
*सिंगी साँच अकपट कंठला, धिआन विभूति चढ़ाउ।।*

स्पष्ट रूप से सिक्ख गुरुओं के ऊपर गोरखनाथ प्रवर्तित योगसाधना का प्रभाव परिलक्षित होता है।

## राजस्थानी

राजस्थानी भाषा में भी इस प्रकार की पर्याप्त सामग्री मिलती है जिसमें नाथयोग साधना का प्रभाव मिलता है। वहाँ का पूरा सन्त साहित्य नाथयोग से प्रभावित है। विशेष रूप से जसनामी, निरंजनी और अलखिया सम्प्रदाय का साहित्य इस श्रेणी में आता है। कहा जाता है कि जोधपुर के राजा मानसिंह के समय में प्रचुर मात्रा में नाथ साहित्य लिखा गया। वे नाथों के भक्त भी कहे जाते हैं। चित्तौड़ के राणा वंश में तो गुरु गोरखनाथ के महत्त्व को स्वीकार किया गया और उनके आशीर्वाद का महत्त्व भी स्वीकार किया गया। इसी वंश के महन्त दिग्विजयनाथ गारेक्षपीठ गोरखपुर की दो पीढ़ी पहले के प्रभावशाली महन्त थे। कहा जाता है कि इनका जन्म गोरक्षनाथ के आशीर्वाद से हुआ। इसीलिए इन्हें गोरखपीठ को समर्पित कर दिया गया। राजस्थानी साहित्य पर पर्याप्त कार्य करनेवाले अगरचन्द नाहटा ने अपनी पुस्तक 'राजस्थानी साहित्य की गौरवपूर्ण परम्परा', पृष्ठ 118) में लिखा है—"राजस्थान में नाथ सम्प्रदाय का भी काफी प्रभाव शताब्दियों से रहा है। गोरखनाथ की ख्याति तो वैसे सारे भारतवर्ष में है पर राजस्थान के सन्त सम्प्रदायों और लोकमानस पर उनका काफी प्रभाव रहा है। नाथ-सम्प्रदाय की कई शाखाएँ राजस्थान के अलग-अलग स्थानों में प्रभावशाली रही हैं। सन्तवाणी संग्रह के गुटकों में नाथपन्थी कवियों की वाणियों का संग्रह भी रहता है। ऐसी बहुत-सी प्रतियाँ राजस्थान के संग्रहालयों में हैं।"[3] उपर्युक्त कथन से यह सिद्ध है कि राजस्थान के सन्त साहित्य पर नाथपन्थ का प्रचुर प्रभाव विद्यमान है। जो रचनाएँ पाण्डुलिपियों के रूप में नाहटा जी ने बतायी हैं उनका प्रकाशन यदि हो सका तो नाथपन्थ के प्रभाव की परम्परा का ज्ञान अध्ययनकर्त्ताओं को मिल सकेगा।

## गुजराती

गुजरात में नाथपन्थी योगियों की बहुत-सी गद्दियाँ हैं। विशेष रूप से कच्छ और गिरनार क्षेत्र में इनकी अधिकता है। गुजरात का गिरनार

पर्वत तो सिद्धों, योगियों और तान्त्रिकों के जमघट के लिए प्रसिद्ध रहा है। मत्स्येन्द्रनाथ के प्रसिद्ध शिष्यों में एक दादा घोरमनाथ हुए। हजारीप्रसाद द्विवेदी ने 'नाथ सम्प्रदाय' में एक ढोरंगनाथ का उल्लेख किया है। सम्भव है यही घोरमनाथ हों। सिन्ध में एक रावलपीर नाम के सन्त हुए जो नाथपन्थ की ही परम्परा के थे। गुजरात में भी नाथयोगियों को पीर कहा जाता है। इस परम्परा में ही शरणनाथ, गरीबनाथ और कंथड़नाथ का नाम आता है। ये योगी साधक तो थे किन्तु इनकी कोई वाणियाँ या पद नहीं मिलते हैं। इनके क्षेत्र में प्राप्त पद संग्रहों में गोरखनाथ के पद अवश्य मिलते हैं जो इस बात को प्रमाणित करते हैं कि ये योगी नाथपन्थ की योगसाधना की परिधि में ही आते हैं।

गुजरात में सन्तों के कई सम्प्रदाय मिलते हैं जिसमें कबीरपन्थ से सम्बन्धित कई सम्प्रदाय हैं। इनके अतिरिक्त दादूपन्थ, प्रणामीपन्थ, रामसनेही सम्प्रदाय आदि कई सन्त सम्प्रदाय गुजरात में प्रचलित रहे हैं। इनकी रचनाओं में नाथयोग की शब्दावली और साधना-सम्बन्धी तत्त्वों का समावेश मिलता है। कबीरपन्थी परम्परा में सन्त समर्थदास (संवत् 1600 वि.) अवधूत कहे जाते थे और अलख से प्रीति करने की बात करते हैं। गुजरात के सन्त कवियों में एक प्रसिद्ध सन्त अखा विशेष महत्त्वपूर्ण साधक और कवि थे। डॉ. कुँवर चन्द्रप्रकाश सिंह ने 'अखा साहब और उनकी परम्परा' पर एक शोध परियोजना बड़ोदरा विश्वविद्यालय में प्रारम्भ किया था और वे अखा और उनके शिष्य लालदास को नाथयोग से सम्बन्धित मानते हैं। अखा साहब नूर से निकाह की बात करते हैं। 'नूर' से तात्पर्य है 'ज्योतिस्वरूप परमतत्त्व'। इनकी रचनाओं में 'कैवल्यगीता' में सम्भवत: पतंजलि योग के चतुर्थ पाद 'कैवल्यपाद' का विवेचन किया गया प्रतीत होता है। उनकी दूसरी पुस्तक ब्रह्मलीला है जिसमें ब्रह्म के स्वरूप को निरंजन और निराकार कहा गया है। अखा साहब निश्चय ही योग के साधक थे किन्तु उसकी प्रक्रियाओं पर ये प्रकाश नहीं डालते हैं। उनके शिष्य लालदास हुए जिनके ऊपर

स्पष्ट रूप से योगसाधना का प्रभाव है। वे लिखते हैं—"अष्ट कमल पर महारस बरसे, चरखा जाणै स्वाद।"

प्रणामी सम्प्रदाय के प्रवर्तक प्राणनाथ की वाणियों पर योग-साधना का स्पष्ट प्रभाव दीख पड़ता है। इनके अनुसार त्रिगुण से परे अलक्ष्य तत्त्व है जिसे सन्तजन अलख कहते हैं। उनका कहना है—'त्रिगुण स्वरूप खोजत भये बिसमय, पर अलख न जाय लखाय।' उन्होंने नाथयोग के पारिभाषिक शब्दों—सोहं, षट्चक्र, त्रिकुटी, अनहद, अजपा, आसन, उनमनि का प्रयोग करके यह प्रकट कर दिया है कि नाथयोग की साधना से उनका गहरा परिचय है। सन्त प्राणनाथ के समकालीन मुकुन्द गुगली नामक कवि ने अपने भक्तमाल में 'गोरक्षचरित' लिखकर गोरक्षनाथ के प्रति अपनी श्रद्धा व्यक्त की है।[4]

17वीं शताब्दी के आनन्दघन पर नाथयोग का प्रभाव मिलता है—

*सहज स्वभाव चूरी मैं पेनी, थीरता कंकन भारी।*
*ध्यान उरबसी उर में राखी, पियगुन भाल अधारी।।*
*सूरत सिंदूर मांग रंग रातौ, निरते वेणी सभारी।*
*उपली ज्योति उदोत घट, त्रिभुवन, आरसी केवल कारी।*
*उजली धूनी अजपाकी अनहद, जीत नगारे बारी।*
*जहीं सदा आनन्द मय बरखत, बीन मोर एकन तारी।।*

इन्होंने नाथयोग के पारिभाषिक शब्दों का पर्याप्त प्रयोग किया है। कबीरपन्थी परम्परा के रवि साहब की रचना 'रवि भाण प्रश्नोत्तरी' में योगसाधना का स्पष्ट प्रभाव दिख पड़ता है। उन्होंने पिण्ड में ही परमतत्त्व, अनहद नाद तथा शिवशक्ति के एकत्व पर बल दिया है—

*तन माहीं निज तत्त्व है, देखे कोई पूरा।*
*ताथै तताथै होइ रह्या, बाजै अनहद तूरा।*
*मूल मन्त्र आराधिये, शिव-शक्ति का मेला।।*

स्पष्ट है कि इन्होंने नाथयोग का प्रभाव ग्रहण किया है। रामानन्द की परम्परा के सन्त प्रीतमदास योगपरक भक्ति के पक्षधर थे। वह प्रेमतत्त्व

के साथ ही योग-साधना को महत्त्व देते हैं। इसी परम्परा में ब्रह्मज्ञानी निरान्त जो 19वीं शताब्दी के प्रारम्भ में ही हुए उन्होंने योग-साधना सम्बन्धी भावों और विचारों को प्रकट किया है—

*खण्ड-खण्ड में अखण्ड ब्रह्म है, अनभे होत अवाजा रे।*
*बाहेर भीतर एक निरन्तर, घोर गगन में गाजा रे।।*
*जहाँ से रे उपना वो ही समाना, शून्य रूप निरवारी रे।*
*निरान्त नाम अखर पद पूरन, वामे सुरत समानी रे।।*

इनका एक दूसरा पद है—

*इंगला पिंगल सुछमना संगे।*
*चार सखी मिलि खेलत रंगे।।*
*झलमल ज्योति सो स्थल झमकारा।*
*अनहद नाद बाजत रनकारा।।*

19वीं शताब्दी में भी ऐसे गुजराती सन्तों की परम्परा है जिनमें योगमार्ग के प्रभाव की स्पष्ट छाप दिखायी देती है। इसमें सबसे महत्त्वपूर्ण बात यह है कि यहाँ के सन्तों की वाणियों में वैष्णव-सगुण भक्ति धारा के साथ ही योग की धारा भी निरन्तर प्रवाहित होती रही है।

**तमिल**

तमिल की काव्य-परम्परा में तिरुमूलर तमिल के आदि सिद्ध कवि माने जाते हैं। इनका समय ईस्वी सन् से पूर्व बताया जाता है। इनकी लम्बी शिष्य-परम्परा में अन्तिम नाम 'कोरवकर' मिलता है। वहाँ यह मान्यता है कि कोरवकर ही गोरखनाथ हैं। इस परम्परा के ग्रन्थ तिरुमन्दिरम में अष्टांगयोग, नाद बिन्दु, ओंकार का रहस्य, इड़ा, पिंगला, सुषुम्ना नाड़ियों का महत्त्व, षट्चक्र विवरण, त्रिगुण-निर्गुण निराकरण, ज्योतितत्त्व, मौन समाधि, वैराग्य, भक्ति ज्ञान से स्वत्व की प्राप्ति का उल्लेख मिलता है। कोरवकर को गोरखनाथ मानने की बात सत्य हो या असत्य पर इससे इतना तो सिद्ध ही होता है कि गोरखनाथ का प्रभाव सुदूर दक्षिण तमिलनाडु तक पड़ा था।

## कन्नड़

कर्नाटक में नाथयोग का प्रभाव विशेष रूप से माना जाता है। वहाँ की परम्परा के अनुसार गोरखनाथ कर्नाटक के ही उत्तरी भाग के पट्टकल्लु नामक स्थान पर पैदा हुए थे। मंगलूर के निकट कदरी नामक स्थान पर गोरखपन्थियों का एक मठ भी है। गोरखनाथ ने यहाँ आकर बौद्ध विहार को गोरखपन्थी मठ बना दिया। वहाँ मिले हुए एक ताम्रतत्र के लेख में यह बात कही गयी है। कन्नड़ के वीरशैव सम्प्रदाय के ऊपर नाथपन्थ का प्रभाव माना जाता है। इस मत के बसवेश्वर के विचार गोरखनाथ के विचारों के अनुरूप ही हैं। वसवेश्वर के गुरु अल्लमप्रभु का नाम नाथ सिद्धों की सूची में भी आता है। हठयोग प्रदीपिका (एक/आठ) में लिखा है—

अल्लाम:

*प्रभुदेवश्च घोड़ा चौली च टिंटिणि:।*
*भानुकी नारदेवश्च खण्ड: कापालिकस्तथा।।*

वीरशैव और नाथपन्थ में बड़ी समानता है। इस सम्बन्ध में डॉ. हिरण्यमय ने कहा है—"वीरशैव तथा नाथ सम्प्रदाय के दार्शनिक तत्त्वों के विवेचन से यह स्पष्ट विदित हो जाता है कि इन दोनों सम्प्रदायों के साधना मार्ग में बहुत साम्य है। सबसे महत्त्वपूर्ण बात यह है कि दोनों सम्प्रदायों के आराध्य देवता निर्गुण निराकार 'परशिव' हैं। जीव और शिव के मिलने को ही 'समरस' कहा जाता है, जो दोनों सम्प्रदायों का चरम लक्ष्य है। यदि वीरशैव भक्ति-साधना पर बल देते हैं तो नाथयोगी काया-साधना को महत्त्व देते हैं।" (कन्नड़ साहित्य सौरभ, पृष्ठ 151)[९]

## मलयालम

मलयालम के मध्ययुगीन भक्त कवियों पर नाथयोग का प्रभाव माना जाता है। इस काल के कवि तुन्चत्तु एषुत्तच्छन (जन्म 1526 ई.) की कई रचनाओं में नाथयोग के तत्त्व प्रचुर मात्रा में मिलते हैं। उनकी रचना 'महाभारत' के शान्ति पर्व में कवि ने योग की विशद व्याख्या की है।

कुण्डलिनी जागरण, चक्रभेदन, शिवशक्ति की समरसता का विवेचन इसका प्रमाण है। भागवत में भी हठयोग का प्रभाव दिखायी देता है। 'चिन्तारत्न' में योग की अत्यधिक चर्चा की गयी है। प्रो. रामन्नायर ने लिखा है—"केरल में भी नाथ सम्प्रदाय के योगियों की चर्चा थी और योगी सम्प्रदाय प्रचलित थे। तमिलनाडु और केरल के सिद्ध हठयोगविद्या के सहारे अपने को जीवन्मुक्त बना लेते थे। और अपनी साहित्यिक रचनाओं में भी इस शास्त्र की चर्चा करते थे। गुरु की महिमा दक्षिण में अब भी प्रकीर्तित है। प्राचीन भारतीय सिद्धान्तों में योगशास्त्र ने अपनी व्यापक जड़ें जमा ली थीं। इसी कारण मध्यकालीन मलयालम-साहित्य में भी अन्य सभी सिद्धान्तों का समन्वय करते हुए योग-सिद्धान्तों को सर्वोत्तम स्थान प्रदान किया गया है।"[5]

### उड़िया

उड़िया साहित्य में नाथ सम्प्रदाय से सम्बन्धित रचनाओं का अन्य भारतीय भाषाओं से कुछ अधिक प्रभाव दिखायी पड़ता है। उड़िया में इस विचारधारा की प्राचीनतम रचना गोरखनाथ रचित 'शिशुवेद' मानी जाती है। यह रचना उपलब्ध नहीं है। सरलादास के महाभारत में 'शिशुमना या शिशुम्ना वेद के नाम से उसका परिचय दिया गया है। यह शिशु मना वेद वस्तुतः 'सुषुम्ना' वेद है इसमें कुण्डलिनी जागरण, चक्रभेदन, शक्ति के शिव से मिलन का वर्णन है। उन्हीं की दूसरी रचना 'रुद्रसुधानिधि' है। यह भी हठयोग विवेचक ग्रन्थ है। उड़िया में गोरखनाथ के 'अष्टांगयोग', 'सप्तांगयोग' तथा 'सप्तांग' ये तीन रचनाएँ भी पायी जाती हैं। ये सभी हठयोग से सम्बन्धित हैं। चन्द्रशेखर की 'गोरखसंहिता' मिलती है जिसमें मत्स्येन्द्रनाथ और गोरखनाथ की कथा का वर्णन है।

### बँगला

उड़िया की ही भाँति बँगला भाषा में भी नाथ साहित्य सिद्धों की व्यापक परम्परा के रूप में मिलता है। सिद्धों का सर्वाधिक प्रभाव बिहार,

बंगाल, उड़ीसा में ही रहा। 13वीं शताब्दी में नाथमत का प्रचार यहाँ तेजी से हुआ। गोरखनाथ की वाणी जो हिन्दी में है उसकी भाषा बँगला भाषा के निकट है। बँगला के लोकभाषा रूप में 16वीं शताब्दी में नाथमत की विचारधारा पर्याप्त रूप में मिलती है। कुण्डलिनी शक्ति के जागरण और सहस्त्रार कमल स्थित शिव से मिलने की भावना का प्रचार अत्यधिक मिलता है।

## नेपाली

नेपाल में नाथमत की स्वीकृति साहित्य के साथ ही राजपक्ष से भी मिली। उसकी स्थापना और उसके विकास को गोरखनाथ के आशीर्वाद से माना जाता है। यहाँ के राजवंश के सभी राजाओं ने किसी-न-किसी रूप में गोरखनाथ का आशीर्वाद प्राप्त किया। नेपाल के 'जोसमनी सम्प्रदाय' का साहित्य नाथमत से प्रभावित है। इसमें गोरखनाथ का गुरु जैसा सम्मान प्राप्त है। इस सम्प्रदाय के कवि शशधर मानव शरीर में छह चक्रों और सातवें कमलदल का विस्तृत विवरण एक तालिका में देते हैं। इससे इस सम्प्रदाय की एक रचना 'अजयगीता' में हठयोग की पूरी प्रक्रिया का संकेत मिलता है—

*पिंगला दक्षिणे मार्गे वाममार्गे तु इड़या।*
*वहंति सूर्य सोमात्मा सोषिते सिंचिते सदा।।*

*सर्वांग व्यापिते नाड़ि रसेन्द्रिचित्तचारणि।*
*सनाड़िरोधिते साधु ज्ञात्वा तेना जयो जय।।*
*हकारेण बहिर्यांति सकारेण विसेत्पुनः।*
*सुषम्णा प्राणगायत्री योगिनां तत्त्वदायिनी।।*

नेपाल की पूरी संस्कृति ही नाथयोग से प्रभावित है। वहाँ की गोरखाजाति का नामकरण भी गोरख़नाथ के नाम पर है। नाथपन्थ के आदि नाथ महाशिव का मन्दिर 'प़शुपतिनाथ' भी नेपाल के काठमाण्डू में

विद्यमान है जो वहाँ के राजवंश से लेकर तथा सर्वसमाज द्वारा पूजित है।

इस प्रकार हम देख सकते हैं कि कश्मीर से लेकर कन्याकुमारी तक तथा बंगाल से लेकर गुजरात तक की लगभग सभी भाषाओं में नाथ साहित्य का प्रभाव मिलता है। इससे यह सिद्ध होता है कि पूरे मध्यकाल में नाथपन्थ का प्रभाव भारतवर्ष के कोने-कोने में पड़ा था।

### सन्दर्भ

1. कबीर और भारतीय सन्त साहित्य (डॉ. रामचन्द्र तिवारी) पृष्ठ 93 पर उद्धृत
2. कबीर और भारतीय सन्त साहित्य (डॉ. रामचन्द्र तिवारी) पृष्ठ 94.
3. कबीर और भारतीय सन्त साहित्य, पृष्ठ 100.
4. कबीर और भारतीय सन्त साहित्य, पृष्ठ 86.
5. कबीर और भारतीय सन्त साहित्य, पृष्ठ 87 पर उद्धृत

अध्याय-8

# सूफी काव्य में गोरख-योग

सूफी प्रेमाख्यानों के नायक जब योगी बनकर निकलते हैं तो वे जो वेष धारण करते हैं वह गोरखनाथ के नाथपन्थ के योगियों का ही वेष है। जायसी ने रत्नसेन को जोगी बनकर निकलते समय जिस वेष को धारण करने का वर्णन किया है वह 'पदुमावति' के छन्द 126 में इस प्रकार है—

*तजा राज राजा भा जोगी। औ किंगरी कर गहें बियोगी।*
*तन बिसँभर मन बाउर लटा। अरुझा पेम परी सिर जटा।*
*चंद बदन औ चंदन देहा। भसम चढ़ाइ कीन्ह तन खेहा।*
*मेखल सिंगी चक्र धँधारी। जोगौटा रुद्राख अधारी।*
*कंथा पहिरि डंड कर गहा। सिद्ध होइ कहँ गोरख कहा।*
*मुद्रा स्त्रवन कंठ जपमाला। कर उदपान काँध बघछाला।*
*पाँवरि पाय लीन्ह सिर छाता। खप्पर लीन्ह भेस कै राता।*
*चला भुगुति माँगै कहँ साजि कया तप जोग।*
*सिद्ध होउँ पदुमावति पाएँ हिरदै जेहि क बियोग।।*

राजा ने राज्य छोड़ दिया और वह वैरागी हो गया तथा हाथ में किंगरी (सारंगी) लेकर वियोगी बन गया। वह तन से बेसुध और मन से बावले की तरह डगमग पाँवों से चलने लगा। वह प्रेम में ऐसा उलझ गया कि उसके सिर पर बालों की जटा हो गयी। चन्द्रमा के समान मुख और चन्दन के समान उसकी देह थी, उस पर राख लगा-लगाकर उसने उस

शरीर को मिट्टी कर दिया। उसने योगियों का वेश धारण कर लिया। उसने मेखला (मूँज की करधनी) शृंगी (सींग का बाजा) और धन्धारी चक्र (गोरखधेधा) धारण कर लिया। उसने योग पट्ट (पीला वस्त्र), रुद्राक्ष की माला और अधारी (योगियों की विशेष प्रकार की छड़ी) धारण करके कथरी पहन लिया और हाथ में डण्डा लिया और सिद्ध बनने की कामना से गोरख-गोरख कहने लगा। उसने अपने कानों में कुण्डल धारण किये हुए और गले में जप माला, हाथ में कमण्डल व खप्पर, कन्धे पर बाघम्बर और पैरों में खड़ाऊँ और लाल वेश धारण किया।

वह शरीर की योग साधना में तपकर प्रेम की भिक्षा माँगने निकला और उसने कहा कि मेरे हृदय में पदुमावति का वियोग है उस पदुमावति को पाकर ही सिद्ध हो सकता हूँ।

## जीवन्मुक्तता योगी का लक्ष्य

जीवन्मुक्ति का तत्त्वज्ञान जो उपनिषदों और गीता आदि में प्रतिपादित हुआ तथा जिसे अनेक साधकों ने अपने जीवन में सिद्ध किया; उसका वर्णन षड्दर्शनों तथा योगियों-सन्तों की रचनाओं में भी मिलता है। सांख्य दर्शन के अनुसार पुरुष और प्रकृति का सम्बन्ध भासमान एवं आरोपित है। जब विवेक-बुद्धि से पुरुष अपने स्वरूप को पहचान लेता है तो उसे सांसारिक भाव प्रभावित नहीं कर पाते हैं और वह कैवल्य (मोक्ष) प्राप्त कर लेता है। गोरखनाथ ने गोरखवाणी की—मरौ वे जोगी मरौ, मरण है मीठा। तिस मरणी मरौ, जिस मरणी गोरषि मरि दीठा। हे योगी! मरो, जीवन्मुक्त अवस्था में स्थित होकर अमृत पद प्राप्त कर लो इसको स्वयं गोरखनाथ ने कर दिखाया। योग-दर्शन, चार पादों का वर्णन करता है—समाधिपाद, साधनपाद, विभूतिपाद और कैवल्यपाद। यह चौथा कैवल्यपाद योगी की जीवन्मुक्तावस्था ही है। इस अवस्था में पहुँचकर योगी कर्म-संस्कार और कर्मफल के प्रभाव से मुक्त होकर समत्वभाव सम्पन्न और अविचलित रहता है। अद्वैत वेदान्त में जीव जब अद्वैतावस्था में पहुँचकर 'अहं ब्रह्मास्मि' कहने की स्थिति में हो जाता है तथा ज्ञान की पराकाष्ठा

पर पहुँचकर ज्ञाता और ज्ञेय के प्रतिभासित अन्तर को भूल जाता है तो वह जीवन्मुक्त हो जाता है।

इस अवस्था का विशद वर्णन बौद्धधर्म और उसकी शाखाओं-उपशाखाओं में 'निर्वाण' के रूप में हुआ है। 'निर्वाण' का अर्थ है मनुष्य की वासना और घृणा की निम्नप्रकृति का विनाश। बौद्धों की यह निर्वाण भावना बौद्धदर्शन के ग्रन्थों में अत्यन्त विस्तार के साथ विवेचित हुई है। आगे चलकर यही भावना अन्य कई रूपों में प्रकट हुई। इसी का विकसित हुआ रूप 'महासुखावस्था' और 'बोधिसत्व' आदि के रूप में देखने को मिलता है। जीवन्मुक्त जीव सिद्ध हो जाता है और निर्वाणप्राप्ति की अभिलाषा से वह 'बोधिचित्त' होता है। उस समय से ही उसके लिए संसार में कुछ भी ऐसा नहीं रहता जो वह न कर सके।

सूफ़ियों के ऊपर फ़ारस में ही बौद्धधर्म की संन्यासवृत्ति का प्रभाव पड़ चुका था। इनके 'फ़ना' और बौद्धों के 'निर्वाण' में अत्यधिक समानता है।[1] बौद्धधर्म में निर्वाण या जीवन्मुक्ति की जिस दशा का वर्णन मिलता है वह एक ओर तो भारत के बाहर ईरान के मुसलमान सूफ़ी कवियों को प्रभावित करता है और दूसरी ओर भारत के अन्दर ही वज्रयानी सिद्ध, नाथपन्थी योगी और हिन्दी के सन्त कवि इससे प्रभावित होते हैं। सिद्धों द्वारा वर्णित सहजावस्था वस्तुत: जीवन्मुक्तावस्था ही है। यह अवस्था विषय-त्याग और तत्त्व-दर्शन के द्वारा प्राप्त होती है तथा अत्यन्त दुर्लभ है।

नाथपन्थ में भी सांसारिक बन्धन से मुक्त होने के लिए जीवन्मुक्तावस्था का ही वर्णन किया गया है। नाथों के अनुसार जब योगी 'नाथ' स्वरूप में अवस्थित होता है तो उसे जीवन्मुक्त कहते हैं। 'नाथ' स्वरूप में अवस्थित होकर जीवन्मुक्ति प्राप्त करने के लिए देह-त्याग आवश्यक नहीं है, चित्त की साम्यावस्था मात्र से ही योगी जीवन्मुक्त हो जाता है :

*चित्ताचिते समीभूते जीवन्मुक्तिरिहोच्यते।*
*यत्र स्वभाव सद्‌भावौ भाषितुं नैव शक्यते।।*

(अमरौधप्रबोध)

गोरखनाथ ने कहा है कि जिस साधक के जीवित रहते ही उसके प्राण विलीन हो जाते हैं उसका शरीरपात नहीं होता और चित्त दोषों से मुक्त हो जाता है :

*यस्य प्राण विलीयते साधके सति जीवति।*
*पिण्डो न पतितस्तस्य चितं दोषैः प्रमुच्यते।।*

(योगबीज)

हिन्दी के सन्त कवियों ने भी परम्परा से प्राप्त इस जीवन्मुक्ति के तत्त्व का वर्णन किया है। कबीर ने इस तत्त्व का बार-बार उल्लेख किया है। उनके अनुसार जो व्यक्ति अपने अहंभाव को त्यागकर जीवन्मृत हो जाता है वही ब्रह्म को पाता है और अजर-अमर होता है :

*कबीर जीवन थैं मरिबो भलो, जौ मरि जाणैं कोई।*
*मरनै पहले जो करै, तो कलि अंजरावर होई।।*

इस प्रकार जब मन की गति सांसारिक विषयों से फिर जाती है अथवा उलट जाती है तो साधक को सांसारिक प्रलोभन और भोगादि से विरक्ति हो जाती है। इस अवस्था में यह समझना चाहिए कि वह जीवित रहते हुए भी मर चुका है :

*अब मन उलटि सनातन हूवा।*
*तब हम जाना जीवत मूवा।।*

अथवा

*कबीर खरी कसौटी राम की, खोटा टिकै न कोय।*
*राम कसौटी सो टिकै, जो 'जीवतमृतक' होय।*

इसी भाव को अन्य सन्तों ने भी प्रकट किया है। जीते जी देह-गुण छूट जाता है और जीव सम्पूर्ण कर्मबन्धनों से मुक्त हो जाता है तो उसे जीवन्मुक्त कहते हैं :

*दादू जीवत छूटै देहगुण, जीवत मुकता होइ।*
*जीवत काटै करम सब, मुकति कहावै सोइ।।*

दादूदयाल ने जीवन्मृतकता पर बहुत-सी साखियाँ लिखी हैं। उनके अनुसार इसका लक्षण इस प्रकार है :

*दादू मृतक तबही जाँणिए, जब गुण यंद्री नाँहि।*
*जब मन आपा मिटि गया, तब ब्रह्म समाँना माँहि।।*

उनके अनुसार यही जीवन्मृतकता ही मनुष्य के लिए साध्य है :

*दादू जीवत ही मरि जाईए, मरि माहैं मिलि जाई।*
*साई का संग छाड़ि करि, कौण सहै दुष आई।।*

सन्त चरणदास ने जीवन्मुक्तावस्था को अद्वैतावस्था बतलाया है :

*जब हो एक दूसरा नासै।*
*बंध मुक्ति की रहै न साँसें।।*

यह गति कर्मरहित स्थिरगति है। यह दशा तभी प्राप्त होती है जब जीव जीवित रहते हुए मृत्यु को साध लेता है :

*मृतक अवस्था जीवत आवै।*
*करम रहित अस्थिर गति पावै।।*

हिन्दी सूफ़ी काव्य में इस अवस्था का वर्णन प्रभूत मात्रा में मिलता है। इसके तत्त्व सूफ़ी मत में 'फ़ना' की भावना में विद्यमान थे। 'फ़ना' की स्थिति में जीव का अहं मर जाता है और वह भौतिक जीवन से मृतवत् होकर ब्रह्मलीन सा 'बका' की स्थिति में जीता है।[2] साथ ही हिन्दी के सूफ़ी कवियों ने बौद्धों की निर्वाण भावना, वज्रयानी सिद्धों एवं नाथपन्थी योगियों से इस दिशा में प्रभाव ग्रहण किया है। इनमें हठयोग आदि की साधना के द्वारा सिद्ध योगियों की भाँति तथा प्रेमयोग द्वारा सूफ़ियों की भाँति मरजीया दशा प्राप्त करने के उल्लेख मिलते हैं। डॉ. वासुदेवशरण अग्रवाल के अनुसार, "विशुद्ध ज्ञान की प्राप्ति के लिए पहले मानव की मृत्यु हो जानी आवश्यक है। उसका तात्पर्य यह है कि उसमें जो पशुभाव है उसका सर्वथा लोप हो जाना चाहिए। शरीर और मन से वह इतना शुद्ध हो जाय कि पाशविक प्रवृत्तियों के दोष दूर से भी उसका स्पर्श न कर सकें। यही सहजयान की परिभाषा में सच्चा मरण है जिसे जायसी ने

बार-बार मरजीया भाव कहा है।" डॉ. माताप्रसाद गुप्त ने जायसी द्वारा वर्णित हठयोग प्रधान एवं प्रेमयोग प्रधान दोनों ही मरण-साधनाओं का विवेचन किया है।

सूफ़ियों और समकालीन सन्तों में समान रूप से इस मरण-साधना के सन्दर्भ का विद्यमान होना तथा पूर्ववर्ती भारतीय दर्शन और साहित्य में इसके मूलतत्त्व का उपस्थित होना इस बात को प्रमाणित करता है कि इस दिशा में जायसी आदि सूफ़ी कवि तथा कबीर आदि सन्त कवि मूलत: एक ही स्रोत से प्रभावित हुए हैं। सन्तों ने इस मुक्तावस्था को 'जीवन्मृतकता' कहा है, इसके अनुरूप ही सूफ़ियों ने उसे 'मरजीया दशा' कहा है। उनके द्वारा वर्णित इस अवस्था के लक्षण भी परस्पर बहुत साम्य रखते हैं। हठयोग द्वारा इस अवस्था की प्राप्ति का जो वर्णन हिन्दी सूफ़ी कवियों ने किया है, वह निर्विवाद रूप से उन पर सिद्ध-योगियों की रचनाओं एवं साधनाओं का प्रभाव है।

जायसी की रचनाओं के अध्ययन से पता चलता है कि भगवान् बुद्ध की भाँति उन्हें जरा और मरण के कारण संसार में असारता का भान होता है। उनके अनुसार नश्वर जीवन की सार्थकता प्रेम करने में है। उस परम शक्ति का प्रेम प्राप्त करना बड़ा कठिन है। इसके लिए जीवन की सभी एषणाओं को समाप्त करना और सभी कामनाओं पर विजय प्राप्त करना आवश्यक होता है। भारतीय ऋषियों और सन्तों की जीवन्मुक्तावस्था तथा सूफ़ी सन्तों की 'फ़ना' की अवस्था की भाँति हिन्दी के सूफ़ी कवियों ने जीवन में ही मृत्यु को साधने का सन्देश दिया है। इसके बिना प्रेम के मार्ग पर अग्रसर होना कठिन है। 'पदुमावति' में जब रत्नसेन पद्मावती के प्रेम में विह्वल होकर सिंहल के मार्ग में समुद्र-तट पर पहुँचता है और समुद्र के राजा गजपति से उसकी भेंट होती है तब गजपति समुद्र-मार्ग की बीहड़ता का उससे वर्णन करता है। उत्तर में रत्नसेन अपनी जीवन्मुक्तता या मरजीया दशा का संकेत करते हुए कहता है :

*गजपति यह मन सकती सीऊ। पै जेहि पेम कहाँ तेहि जीऊ।*
*जौ पहिले सिर दै पगु धरई। मुए केर मीचुहि का करई।*[3]

साथ ही वह इस दशा का विस्तार करते हुए कहता है कि जिसने अपार प्रेम समुद्र का अवगाहन किया वह हंस की भाँति उसे तिर जाता है। इस समुद्र में मैं मृत होकर बहूँगा और मेरा प्रेम पानी की कला का होगा। मुझ मृतक को प्रेम जहाँ चाहे बहा ले जाय या प्रेममार्ग में मुझे कोई जलजन्तु खा जाय, मुझे इसकी परवाह नहीं। इस समय तो आकाश मानो मेरा शीश है, मेरा धड़ ही धरती है, मेरे हृदय का प्रेम ही मानो समुद्र है और मेरे नेत्र कौड़िया पक्षी के समान हैं जो उस प्रेम-समुद्र की मोती की बूँदें ले-लेकर ऊपर उड़ते हैं और उसे ऊपर से (आँसू रूप में) गिरा देते हैं।[4]

इस प्रसंग में कवि ने मरजीया के लक्षणों की ओर भी संकेत किया है। मरजीया न मृत्यु से डरता है, न उसे काया और माया का बन्धन बाँध पाता है और न उसे सम्पत्ति का लोभ सताता है :

*औ न खाहिं ओहि सिंघ सदूरा। काठहु चाहि अधिक सो झूरा।*
*काया माया संग न आथी। जेहिं जिय सौंपा सोई साथी।*
*जो कछु दरब अहा संग दान दीन्ह संसार।*
*का जानौ केहिं के सत, दैय उतारै पार।।*[5]

अन्त में रत्नसेन ने इस नश्वर जीवनवाले संसार में सफलता प्राप्त करने में सफल साधु पुरुष के लिए जीते जी मरना आवश्यक बताया है :

*एहि जीवन के आस का जस सपना तिल आधु।*
*मुहमद जियतहिं जे मरहिं तेइ पुरुष कहु साधु।*[6]

सूफ़ी प्रेमाख्यानकार कवियों ने 'मरजीया' शब्द का निरन्तर प्रयोग किया है। इस शब्द के प्रयोग और इसे एक विशिष्ट रूढ़ि के साथ प्रस्तुत एवं प्रचलित करने का श्रेय मलिक मुहम्मद जायसी को है, पर मरण-साधना की इस दशा का वर्णन उनके पूर्ववर्ती सूफियों में भी बराबर मिलता है। दाऊद के 'चन्दायन' में इसका उल्लेख प्राप्त होता है। लोरिक चाँद के धवलगृह पर चोरी से चढ़ जाता है तब चाँद उससे कहती है :

*मींचु टारि तूँ आतेसि कइसेंइ मेटि न जाइ।*
*पाउ धरहिं तोहिं बिस्तर जाइहिं जीउ गँवाइ।।*[7]

बिस्तर पर पैर रखने पर तू प्राण गँवाकर ही जायेगा, इस बात को सुनकर प्रेमी लोरिक अपनी जिस दशा का वर्णन करता है, वह उसकी मरणदशा ही है :

*जउ लहि जीउ घट महँहि होई। तउ लगि सागि न आवइ कोई।*
*परथमि मानुस जीउ गँवावइ। तउ पाछें चढ़ि सरगेहिं आवइ।*
*मरि कई चाँद सरगि हउँ आवा। जउ जिउ होइ डराइ डरावा।*
*हउं तउ मरिउं जउहिं तूँ देखी। तोहि देखि धनि मुइउं बिसेखी।*
*मुएँ जो मारइ सो कस आहा। चाँद मुए कर मारब काहा।*
*देखि रूप जिउ दीन्हाँ तउ आएउँ तोहि पासि।*
*रहै नैन जेहिं देखउँ रहइ जियहु लइ साँस।।*[8]

इसी प्रकार कुतुबन ने मृगावती में भी इस दशा का चित्रण किया है। कंचनपुर में पहुँचकर जब योगी राजकुँवर मृगावती के परमरूप को देखता है और मूर्च्छित हो जाता है तब मृगावती की सखियाँ उसे पतंग के समान दीपक पर बार-बार जलनेवाला मूर्ख कहती हैं।[9] उस समय राजकुँवर उनसे मरण-साधना की विशेषता तथा उससे प्राप्त अद्भुत शक्ति का वर्णन करता है :

*दाधा होइ सो जानइ पीरा। दिया जानइ जेहि दगध सरीरा।*
*जरि जरि मरइ से मरि मरि जिऔ। सो पै पेम सुरा रस पिऔ।*
*बिरुला यह रस पावइ कोई। जो यह पाव अमर होई सोई।*
*समुंद तरंति चढ़ंति गिरि झंप हुतासन लिंति।*
*पेम सुरा जिन अंचई सो किअ न करंति।।*

राजकुँवर द्वारा धृष्टतापूर्वक प्रेम की चर्चा सुनकर रानी मृगावती जब उसे प्राणदण्ड का भय दिखाती है तब वह अपनी मरण दशा का संकेत करते हुए कहता है :

*जौ जिउँ होइ तौ करौं मरोहू। मोहि अपने जिउकर नहिं छोहूँ।*
*मैं आपन जिय तहियईं काढ़ा। पेम प्रीति रस जेहि दिन बाढ़ा।*
*पेम लाइ मैं जिउ परिछेवा। भँवर मरइ पै छाड़ न केवा।*

*राजा मुएहि न मारई काऊ। मुएँ के मारे किछु नहि साऊ।*
*तेहि दिन मुएउँ पेम जौ खेला। साँप के मुँह अंगुरी जो मेला।*
*जौ जिउ होई तौ मरइ डराऊँ। साँस जीभि लै खिनक रहाऊँ।*

मलिक मुहम्मद जायसी ने जीवन्मृतकता का सबसे अधिक चित्रण किया है और इसे एक व्यवस्थित रूप प्रदान किया है। प्रेमयोगी मरजीया बनकर ही प्रेममार्ग में सफल होता है। वह ऐहिक जीवन की दृष्टि से मरकर तात्त्विक दृष्टि से अमर हो जाता है, तभी वह भँवर के समान कवँल के रस का पान करने में समर्थ होता है :

*ताकहँ गुरु करै असि माया। नव अवतार देइ नै काया।*
*होइ अमर अस मरि कै जिया। भँवर कमल मिलि कै मधु पिया।*

मरजीया ऐहिक राग–द्वेष के प्रति मृत या अनासक्त होता है। राजा रत्नसेन पद्मावती के लिए मरजीया बन चुका था, पर सिंहलद्वीप से लौटते समय जब समुद्र में उसकी सारी सम्पदा डूब जाती है और पद्मावती भी बिछुड़ जाती है तब वह रोने लगता है। इस पर समुद्र उसकी मृतकता का स्मरण दिलाता हुआ कहता है :

*जाँ तू मुवा कस रोवसि खरा। न मुआ मरै न रोवै मरा।*
*जौं मर भया और छाँड़ेसि माया। बहुरि न करै मरन कै दाया।*
*जौं मर भया न बूड़ै नीरा। बहत जाइ लागै पै तीरा।*
*तहूँ एक बाउर मैं भेंटा। जैस राम दसरथ कर बेटा।*
*ओहू मेहरी कर परा बिछोवा। एहि समुद्र महँ फिरि फिरि रोवा।*
*पुनि जो राम खोई भा मरा। तब एक अन्त भएउ मिलि तरा।*
*बाउर अंध पेम कर लुबुधा सुनत ओहि भा बाट।*
*निमिख एक महँ लेइगा पदुमावति जेहिं घाट।।*

पद्मावती भी जानती थी कि रत्नसेन उससे तभी मिल सकता है जब वह मरजीया दशा प्राप्त करे। हीरामन सुआ से रत्नसेन के आगमन का समाचार पाकर वह कहती है कि मैं चाहूँ तो आज ही उससे मिल सकती हूँ, पर वह अभी प्रेम के रंग में परिपक्व नहीं है, वह भ्रमर की भाँति रस का अधिकारी नहीं हुआ है और न ही वह मरजीया हुआ है।

जायसी ने इस दशा के निरूपण में एक रूपक का प्रयोग किया है। मरजीया को उसका प्रेमपूर्ण हृदय ही समुद्र लगता है। इसी प्रेमरूपी समुद्र में डूबकर प्रिय रूपी मोती प्राप्त करना उसका लक्ष्य होता है। समुद्र के तल से मोती वही गोताखोर निकाल सकता है जो मृतवत् होकर तथा प्राण का मोह छोड़कर उसमें डूबे। इसी प्रकार इस प्रेम–समुद्र का मोती वह मरजीया साधक रूपी गोताखोर ही निकाल सकता है, जिसने जीवन में ही मृत्यु को जीत लिया हो। इसको ध्यान में रखकर जायसी ने कई स्थलों पर मरजीया शब्द का प्रयोग किया है। सिंहलगढ़ में प्रवेश पाने की युक्ति बताते समय रत्नसेन से कहा गया है :

*जस मरजिया समुँद धँसि मारै हाथ आव तब सीप।*
*ढूँढ़ि लेहि ओहि सरग दुआरी औ चढ़ु सिंहल दीप।।*

पद्मावती भी सुआ द्वारा अपना प्रेमपत्र रत्नसेन के पास भेजते समय उसे मरजीया बनने का उपदेश देती है :

*होहु पतंग अधर गहु दिया। लेहु समुँद धँसि होइ मरजिया।*

इस सन्देश को पाकर रत्नसेन मृतक–सा हो जाता है और हीरामन संजीवनी मूरि लाकर उसे जिलाता है। यह घटना भी सांकेतिक है, जिसका अभिप्राय यह प्रतीत होता है कि वह जीवन की कामनाओं का त्याग करके गुरु के द्वारा नवजीवन प्राप्त करता है और प्रेमपथ का सच्चा अनुयायी बनता है।

परवर्ती सूफ़ी काव्य में जायसी द्वारा चलाया गया मरजीया शब्द अपने मोती निकालनेवाले संकेत के साथ ग्रहण किया गया है। आगे के सूफ़ी प्रेमाख्यानों में इस वर्णन की एक परम्परा मिलती है। पर सर्वत्र यह शब्द अपने साथ जीवन्मृतकता के सन्दर्भ को समाहित किये हुए है। मंझन ने मधुमालती में इसे सीधे मरकर जीने के अर्थ में ग्रहण किया है। उनके अनुसार प्रेममार्ग पर चलने के लिए अहं का त्याग और मरजीया होना आवश्यक है :

*प्रथमहिं सीस हाथ कै लेई। पाछें तेहि मारग पगु देई।*
*बिरह समुंद अथाह अति जग जानै सभ कोइ।*
*मानिक सो लै उभरै जो मरजीवा होइ।।*

मधुमालती का उपसंहार करते हुए कवि ने इस अवस्था का बड़ा ही सुन्दर चित्रण किया है जिसमें यह बताया गया है कि मरजीया को काल का भय नहीं होता तथा उसकी काया अमर होती है :

*अमर न होत कोइ जग हारै। मरि जो मरै तेहिं मीचु न मारै।*
*प्रेम कै आगि सही जेइँ आँचा। सो जग जनमि काल सेउँ बाँचा।*
*प्रेम सरन जेइँ आप उबारा। सो न मरै काहू कर मारा।*
*एक बार जो मरि जीउ पावै। काल बहुरि तेहिं नियर न आवै।*
*मिरितु क फल अंब्रित होइ गया। निहचै अमर ताहि कै कया।*

उसमान की चित्रावली में भी यह वर्णन हमें प्राप्त होता है। परेवा की बातों को सुनकर चित्रावली के प्रेम में मरते हुए कुँवर को पुनर्जीवन प्राप्त होता है और वह उसके सन्देश के अमृत को पाकर जी उठता है :

*मरत जियाए जोई कहि, फिरि फिरि कहु सो बात।*
*सुनिबे कहँ अमिरित कथा, श्रवन भए सब गात।।*

उसमान ने भी जायसी के सांकेतिक अर्थ के साथ मरजीया शब्द का प्रयोग किया है :

*सोहिल उठा गरब कै, चला कटक लै साथ।*
*सिन्धु मरजिया होई धँसै, रतन चढ़ै तब हाथ।।*

परवर्ती कवि नूर मोहम्मद ने मरजीया के इस रहस्य को बहुत ही स्पष्ट शब्दों में व्यक्त किया है। उन्होंने 'इन्द्रावती' के प्रारम्भ में इस शब्द का स्पष्टार्थ करने का प्रयत्न किया है। उनके अनुसार जो व्यक्ति प्रेम में ही अपना हृदय जानता है और कभी मरता नहीं, वही मरजीया है :

*जाना जेहिं क प्रेम महँ हीया।*
*मरै न कबहूँ सो मरजीया।*

आगे चलकर इस बात को भी स्पष्ट बताया गया है कि कौन व्यक्ति मरता नहीं है :

*मुआ न कहइ जियत है सोई। अलख पन्थ जो जूझा होई।*
*मित्र जे हैं करतार के मरत नहीं हैं सोई।*
*एक मन्दिर तजि दूसरे गवनत हैं वे लोइ।।*

स्पष्टतः कवि ने जीवन्मुक्तता का लक्षण ही यहाँ निरूपित किया है। साथ ही पुनर्जन्मवाद के उस सिद्धान्त की छाया स्पष्ट दृष्टिगोचर होती है जिसे गीता में आत्मा के पुराने शरीर को छोड़कर वस्त्र की भाँति नया शरीर धारण करने के रूप में कहा गया है। अलखपन्थ पर गमन करनेवाला और करतार का मित्र कोई जीवन्मुक्त ही हो सकता है और वही प्रेममार्ग का मरजीया भी है।

नूर मोहम्मद ने 'इन्द्रावती' में एक कथा प्रस्तुत की है कि इन्द्रावती के पिता का यह प्रण है कि जो समुद्र से मोती निकालकर लायेगा उसी से इन्द्रावती का विवाह होगा। अनेक राजा इस मोती को निकालने के प्रयास में डूब मरे। कोई भी सफल नहीं हुआ। राजकुँवर मोती निकालने में सफल हो जाता है और इन्द्रावती को प्राप्त करता है। इस प्रकार जायसी ने मरजीया शब्द के साथ जिस संकेत को समाहित किया था, उसे नूर मोहम्मद ने एक कथा का स्वरूप दिया है पर यहाँ भी, मूल संकेत प्रेमी प्रिय मोती को प्राप्त करना ही है। मरजीया शब्द के इस संकेत को बड़ी स्पष्टता के साथ अभिव्यक्त कर दिया है :

*अमर जिया सोई मरजिया। मन समुद्र मोती जो लीया।*
*पैठि जलधि माँ जलज निसारो। प्रान प्रीतमा ऊपर वारो।*
*प्रेम समुद्र मरजिया सोई। जाको जीउ की लोभ न होई।*
*लाभा लागि जो ता महँ डूबै। जो मोती हेरत नहिं ऊभै।*
*जोगी जोग समुद्र को, प्रेमी हित जल रास।*
*मथि मोती काढ़त है, तब पूजत है आस।।*

मरजीया शब्द का यह सांकेतिक प्रयोग अठारहवीं शताब्दी की रचना नलदमन में भी मिलता है :

*बहुत लोग बोहित चढ़े दधि पर आवैं जाँहिं।*
*मुकता पावै मरजिया धँसि खोजै ता माँहि।।*

इस रचना में मरजीया शब्द का स्पष्टीकरण करते हुए कवि ने लिखा है कि संसार मरजीया है, प्रेम समुद्र है और वह नारी (दमयन्ती) ही मोती है। देखें कौन उस मोती को लेकर तिरता है और कौन डूबकर जीवन गवाँ देता है :

*जगत मरजिया पेमदधि, मुक्ताहल सो तीय।*
*धौं को पावै लै तिरै, को बूड़ै दे जीय।।*

प्रस्तुत विवेचन से यह प्रकट होता है कि हिन्दी सूफ़ी कवियों का मरजीया भारतीय दर्शन की जीवन्मुक्तावस्था, बौद्धों की निर्वाण-भावना, सन्तों की जीवन्मृतकता के लक्षणों के सर्वथा अनुरूप ही है। इनकी यह मरजीया दशा प्रेममार्ग के अन्तर्गत होते हुए भी नायक के योगी बन जाने और मार्ग पर अग्रसर हो जाने के उपरान्त दिखायी गयी है। योगियों की यह दशा योगमार्ग के अन्तर्गत आती है और यही उनके लिए साधन और सिद्धि है। इन सूफ़ी कवियों ने योगमार्ग और प्रेममार्ग का समन्वय करते हुए मरजीया दशा के निरूपण में 'फ़ना' की स्थिति को भारतीय दर्शन की जीवन्मुक्ति की अनुरूपता में लाने का प्रयास किया है।

## योगमार्ग का प्रभाव

हिन्दी में सूफ़ी काव्य-रचना का प्रवाह चौदहवीं शताब्दी से पूर्व ही प्रारम्भ हो जाता है। इस समय उत्तरी भारत में सिद्ध-साधकों और नाथपन्थी योगियों का पर्याप्त प्रभाव पड़ चुका था। योग-साधना के बल पर प्राप्त सिद्धियों के कारण लोगों पर योगियों का सिक्का जम चुका था। इनकी साधना योगपरक और अनुभूतिमूलक थी। इनमें गोरखनाथ सर्वाधिक प्रसिद्ध हुए। आचार्य हजारीप्रसाद द्विवेदी के अनुसार, "विक्रम संवत् की दसवीं शताब्दी में भारतवर्ष के महान् गुरु गोरखनाथ का आविर्भाव हुआ। शंकराचार्य के बाद इतना प्रभावशाली और इतना महिमान्वित महापुरुष भारतवर्ष में दूसरा नहीं हुआ। भारतवर्ष के कोने-कोने में उनके अनुयायी आज भी पाये जाते हैं। भक्ति आन्दोलन के पूर्व सबसे शक्तिशाली आन्दोलन गोरखनाथ का योगमार्ग ही था। भारतवर्ष की ऐसी कोई भाषा नहीं है जिसमें गोरखनाथ सम्बन्धी कहानियाँ न पायी जाती हों।"[10]

ऐसे व्यक्तित्व का प्रभाव और उसके साधना-मार्ग का किसी-न-किसी रूप में निरूपण परवर्ती हिन्दी काव्य में पर्याप्त दीख पड़ता है। हिन्दी का समूचा सन्तकाव्य और सूफ़ीकाव्य गोरखपन्थी योगमार्ग के प्रभावों से आवेष्टित है। उनके पारिभाषिक शब्दों के प्रयोग, उनके साधना-

मार्ग का निरूपण, उनकी कहानियों एवं वेश-भूषाओं की चर्चा हिन्दी के सूफ़ी प्रेमाख्यानों में प्रभूत मात्रा में मिलती है। अनेक सूफ़ी सन्तों के जीवन में साधना एवं सिद्धि की कहानियाँ प्राप्त होती हैं। सिद्धों एवं योगियों की भाँति सूफ़ी सन्तों ने भी करामातें (सिद्धियाँ) हासिल की थीं जिसके पीछे योगादि साधना के होने का अनुमान होता है। शेख निज़ामुद्दीन औलिया ने करामात को चार भागों में विभक्त किया है तथा उन्होंने ख्वाजा अबू हफ्स निशापुरी का उदाहरण प्रस्तुत करते हुए बताया है कि वे मक्का-यात्रा के मार्ग में बग़दाद पहुँचे थे। यद्यपि उन्हें अरबी भाषा का ज्ञान नहीं था फिर भी उन्होंने ख्वाजा जुनैद से सुन्दर अरबी में बातचीत की।[11] इससे प्रतीत होता है कि अपने समकालीन योगमार्गियों का प्रभाव इन कवियों पर पड़ा था और योग-साधना द्वारा ये सिद्धियाँ भी प्राप्त करते थे।

जायसी ने अपने काल में प्रसिद्ध विभिन्न हिन्दू पन्थों की चर्चा की है। सिंहलद्वीप में स्थान-स्थान पर तीर्थस्थान थे जहाँ जपी और तपी आसन लगाये बैठे रहते थे। इस प्रसंग में उन्होंने लिखा है कि ॠषेश्वर, संन्यासी, रामजन, मसवासी, ब्रह्मचारी, दिगम्बर, सरसुती, सिद्ध, योगी, निरासपन्थी, माहेश्वर, जंगम, यती, देवी के उपासक आदि वहाँ मिलते हैं। इसी प्रकार विभिन्न पन्थों के साधु-संन्यासियों का उल्लेख कासिम शाह ने 'हंसजवाहिर' में भी किया है :

*महामहंथ जो नाथ गोसाईं। तेहि संग सब योगी जहँ ताईं।*
*उरध बाँह नाना जब (जट) धारी। पूरी गिरी जलबास तिवारी।*
*जग डंडी औघड़ कनफटा। सेवरा यती बिरही शरकटा।*
*ब्रह्मवार सेउरा संन्यासी। पाँच अगिन निर्जला अकासी।*
*दूधाधारी संगमी, सूफ़ी दरश फकीर।*
*भये सहाय योगिन के, आय महीपति तीर।।*

इससे पता चलता है कि उस काल में अनेक उपासना-पन्थ हिन्दुओं में प्रचलित थे। परन्तु लोक-प्रभाव की दृष्टि से ब्राह्मण (पौराणिक) धर्म एवं योग-सम्प्रदाय का विशेष प्रभाव था। जायसी ने इस बात का संकेत किया है कि इनमें परस्पर संघर्ष होते रहते थे। हीरामन सुआ सिंहलगढ़

लौटकर पद्मावती से शिकायत करता है कि उसका पिता गन्धर्वसेन ब्राह्मणों का पूजक और योगियों का वध करानेवाला है :

*पिता तुम्हार राज कर भोगी। पूजै बिप्र मरावै जोगी।*

तुलसीदास ने भी योगियों और सिद्धों के कलियुग में पूज्य होने की बात कही है। तत्कालीन समाज में इनका बड़ा प्रभाव रहा है।

योगियों और सिद्धों में बहुत-सी बातें सूफ़ियों को अपने अनुकूल लगीं। अतः तत्कालीन समाज में समरस होने के लिए उन्होंने इनके साधना-मार्ग को आत्मसात् करने और अपनी रचनाओं में उनके उल्लेख करने की बात सोची होगी। परिणामस्वरूप हिन्दी सूफ़ी काव्य में योगियों और सिद्धों का प्रचुर प्रभाव पद-पद पर परिलक्षित होता है।

**साधना :** नाथपन्थियों के उपास्य शिव हैं। उनके अनुसार परम शिव ही सृष्टि करने की इच्छा धारण करने पर दो तत्त्वों में प्रकट होता है—शिव और शक्ति। प्रथम तत्त्व पाँच अवस्थाओं से गुजरता हुआ परमात्मा या सगुण शिव और द्वितीय तत्त्व भी पाँच अवस्थाओं से अग्रसर होता हुआ कुण्डली या कुण्डलिनी के रूप में प्रकट होता है। साथ ही जैसे ब्रह्माण्ड में ये तत्त्व विद्यमान हैं उसी प्रकार लघुरूप में ये तत्त्व पिण्ड में भी विद्यमान हैं। ''संसार में जो कुछ भी पिण्ड हैं वह वस्तुतः उसी प्रक्रिया से गुजरता हुआ बना है जिस अवस्था में से यह समूचा ब्रह्माण्ड बना है।'' (नाथ सम्प्रदाय, पृ. 108-10) सब में वही तत्त्व ज्यों-के-त्यों हैं। कुतुबन ने इस्लामी सृष्टि-प्रक्रिया के साथ नाथपन्थ की इस मान्यता को अभिव्यक्त करते हुए लिखा है :

*औ तेहि लागि आपु परगटा।*
*सीउ सकति कीतिसि दुइ घटा।*

जायसी ने इसी भाव को व्यक्त करते हुए कहा है कि यह मन ही शिव और शक्ति दोनों हैं। जायसी का यह कथन गोरखनाथ की पंक्तियों के अनुरूप ही है :

*यह मन सकती यह मन सीव।*
*यह मन पाँच तत्त का जीव।*

—गोरखबानी संग्रह, पृ. 18

मन के अन्दर ही शिव और शक्ति के विद्यमान होने के कारण अन्तरंग साधना द्वारा परमानन्द को प्राप्त करना योगियों का उपदिष्ट मार्ग है। मंझन के अनुसार 'सत' के साथ रहने पर नौ खण्डों की बाधाओं को पार करके पिण्ड ब्रह्माण्ड पर पहुँच सकता है :

*सत कहौं सत जानहु सत साथी नौ खंड।*
*मानुस जौ सत सेंउ रहै पिण्ड चढ़ै ब्रह्माण्ड।।*

यह मार्ग योग का मार्ग है जिसे हठयोग, कुण्डलिनी योग, सुरति शब्दयोग आदि कहा गया है। इसमें मेरुदण्ड के नीचे अवस्थित अर्द्धमुख कुण्डलिनी को योग द्वारा ऊर्ध्वमुख करके षट्चक्रों से होते हुए योगी ब्रह्मरन्ध्र तक ले जाते हैं। यह अवरुद्ध ब्रह्मरन्ध्र को खोलकर बाहर निकल जाती है और अनाहत नाद होता है। कुण्डलिनी सुषुम्ना नाड़ी के मार्ग से प्रवाहित होती है जिसमें दो सूक्ष्म नाड़ियाँ इड़ा और पिंगला हैं जिन्हें योगियों ने गंगा-यमुना भी कहा है। मनुष्य-शरीर में नवद्वार (दो कान, दो आँख, दो नासिका-छिद्र, मुख, मल-द्वार, मूत्र-द्वार) हैं। इनके अतिरिक्त दशम द्वार ब्रह्मरन्ध्र है। कुण्डलिनी शक्ति जब ब्रह्मरन्ध्र तक पहुँचती है तब योगी परमानन्द या जीवन्मुक्ति, सहजसमाधि, सर्वशून्य की अवस्था को प्राप्त करता है।

हिन्दी सूफ़ी कवियों पर नाथपन्थी योगियों की इस साधना का पर्याप्त प्रभाव था। इस साधना के पारिभाषिक शब्दों एवं रूपकों को सूफ़ियों ने ग्रहण किया है। प्रेमाख्यानकार सूफ़ियों में लगभग सभी ने कथानायक के योगी बनने, साधना करने और मरजीया दशा प्राप्त करने का वर्णन किया है। मलिक मुहम्मद जायसी और मंझन ने इस साधना का व्यापक वर्णन किया है।

जायसी ने सिंहलगढ़ का वर्णन करते हुए इस शरीर को भी एक गढ़ के समान कहा है। यह वर्णन योगियों के शरीरस्थ चक्रों, नवद्वारों, दशम द्वार, इड़ा-पिंगला-सुषुम्ना नाड़ियों एवं अनहद नाद के संकेतों एवं प्रतीकों से परिपूर्ण है। उनके अनुसार इस शरीर में नौ द्वार हैं तथा इसमें नौ खण्ड हैं। जो इन नौ खण्डों पर चढ़ जाता है वह ब्रह्माण्ड में पहुँच जाता है। डॉ. वासुदेवशरण अग्रवाल के अनुसार, 'नौ पौरी शरीर के नौ द्वार हैं,

जिनका उल्लेख अथर्ववेद के 'अष्टचक्रानवद्वारा देवानां पूरयोध्या' के वर्णन से ही मिलने लगता है। जायसी ने इन नवों द्वारों की कल्पना को शरीरस्थ चक्रों के साथ मिला दिया है। और इन्हें नौ खण्डों के साथ सम्बन्धित करके एक-एक खण्ड का एक-एक द्वार कहा है। इन नौ के ऊपर दसवाँ द्वार है। (दसम दुआर गुपुत एक नांकी, अगम चढ़ाव बाट सुठि बांकी, 215/4) मध्यकालीन युग में इस दसवें द्वार का बहुत उल्लेख आता है। कहा है कि सहस्रार का अमृत इसी दशम द्वार में होकर नीचे झरता रहता है। सुषुम्ना जिस मार्ग से ब्रह्माण्ड या मस्तक में प्रवेश करती रहती है वहीं यह दसवाँ द्वार है।

इन नवों द्वारों का भेदन अत्यन्त दुर्गम है। इन द्वारों पर वज्र-किवाड़ लगे हैं और इन पर हजारों पहरेदार भी हैं। पाँच कोटवार सदैव भ्रमण करते रहते हैं। इन नवों द्वारों के ऊपर दशम द्वार है जिस पर राजघरियार बजता रहता है। इस गढ़ के ऊपर नीर और खीर नाम की दो नदियाँ बहती हैं। इसमें एक अमृतकुण्ड है जो कल्पतरु के समान है तथा चन्द्रमा उस वृक्ष के पत्ते और तारागण फूल हैं। इसमें वर्णित नौ द्वार शरीरस्थित नौ इन्द्रिय-द्वार हैं तथा दशमद्वार ब्रह्माण्डस्थित ब्रह्मरन्ध्र है। पाँच कोटवार शरीरस्थ पाँच ज्ञानेन्द्रियों के रस हैं—श्रवण, दर्शन, घ्राण, स्पर्श, रसन। इन्हें पाँच देव भी कहा गया है। गोरक्षशतक (श्लोक 14) में कहा गया है कि एक स्तम्भ और नौ द्वारवाले शरीर रूपी गृह को जिसमें पाँच अधिदेवताओं का वास है, बिना जाने योगी कैसे सिद्धि लाभ कर सकता है :

*एकस्तम्भं नव द्वारं गृहं पंचाधिदैवतं।*
*स्वदेहं ये न जानन्ति कथं सिद्धयति योगिनः।।*

दशम द्वार पर बजनेवाला राजघरियार अनहदनाद का प्रतीक है। नीर खीर दो नदियाँ तथा सुवर्णवृक्ष उस अवस्था की प्राप्ति कर मिलनेवाली स्वर्गीय सिद्धियाँ प्रतीत होती हैं। सिद्धों में भी प्रकाशमान वृक्ष के प्रतीक का ग्रहण हुआ है। भुसुकपाद ने सहज को वृक्ष के समान कहा है जो तीनों लोकों में प्रकाशमान है। जायसी ने अपने सिंहलगढ़ के इस प्रतीक को स्वयं स्पष्ट कर दिया है :

*गढ़ तस बाँक जैसि तोरि काया।*
*परखि देखि तैं ओहि की छाया।*

सिद्धों और नाथों की भाँति शरीर की रचना का उल्लेख करके जायसी ने उनकी ही भाँति योगसाधना से सिद्धि प्राप्त करने की चर्चा की है। उनके अनुसार दशम द्वार ताड़ के वृक्ष के समान ऊँचा है। जो उलटी दृष्टि करता है वही उसे देख पाता है। इस द्वार तक वही पहुँचता है जो अपनी श्वास और अपने मन को बन्दी बना लेता है, जैसा कालिन्दी में गोता लगाने के लिए कृष्ण ने किया था। इसलिए योगी को प्राणायाम के द्वारा मन को वश में करना चाहिए। यहाँ योग-साधना के आवश्यक अंग प्राणायाम और उससे होनेवाले इन्द्रिय-निग्रह का उल्लेख तो है ही, साथ ही योगियों में प्रचलित उलटी दृष्टि का भी उल्लेख है। नाथ-योगियों में 'उलटा-साधन' का बहुत प्रचार था। कबीर आदि ने भी मन को उलटकर सनातन अवस्था में पहुँचने का उल्लेख किया है। इस साधना को बहुत स्पष्ट रूप में जायसी ने राजा रत्नसेन के प्रसंग में बताया है :

*राजा इहाँ तैस तपि झूरा। माजरि बिरह छार कर कूरा।*
*गही पिंगला सुखमन नारी। सुन्नि समाधि लागि गो तारी।*
*बुन्दहिं समुंद जैस होई मेरा। गा हेराइ तस मिलै न हेरा।*
*रंगहिं पानि मिला जस होई। आपुहिं खोइ रहा होइ सोई।*

यह साधना निश्चित रूप से योगसाधना ही है।

मंझन ने अपने गुरु शेख मुहम्मद गौस की साधना का उल्लेख करते हुए लिखा है कि चुनार की पहाड़ियों और जंगलों में बारह वर्ष तक उन्होंने साधना की। यह साधना योग-साधना है जिसमें अपानवायु को साधने और ब्रह्म समाधि लगाने का स्पष्ट उल्लेख है :

*मन मत्तंग मारि बस किया। ग्यान महारस अंब्रित पिया।*
*साहस उदित अपान साधिकै, लीन्हि सिद्धि अवराधि।*
*बारह बरिख रहे बन परबत, लाए जो ब्रह्म समाधि।*

मंझन ने श्वास द्वारा प्राणायाम साधने, अनहद धुनि सुनने और सर्वशून्य अवस्था रूपी कबिलास या शून्य मन्दिर की प्राप्ति का भी स्पष्ट

संकेत किया है। उन्होंने नाथ योगियों में प्रचलित सहज-समाधि लगाने का भी उल्लेख किया है।

## परकाय-प्रवेश

नाथपन्थी योगियों को साधना के बल पर जहाँ अनेक सिद्धियाँ प्राप्त थीं वहीं वे 'परकाय-प्रवेश' भी जानते थे। गुरु मत्स्येन्द्रनाथ के सम्बन्ध में उल्लेख मिलता है कि एक बार वे संसार पर्यटन को निकले। मार्ग में जिस समय वे एक नगर में पहुँचे, वहाँ के राजा का स्वर्गवास हो गया था। उसके नौकर उसके शरीर को बैकुण्ठी में रखकर जलाने के लिए ले जा रहे थे। इस पर मत्स्येन्द्रनाथ ने अपने शरीर की रक्षा का भार अपने साथ के शिष्यों पर सौंपकर 'परकाय-प्रवेश' विद्या के बल से उस राजा के शरीर में प्रवेश किया। इससे वह राजा जी उठा और उसके साथवाले सब हर्ष मनाने लगे।

परकाय-प्रवेश का उल्लेख इन कवियों की रचनाओं में भी मिलता है। कुतुबन ने राजा भोज के प्रसंग में लिखा है :

*कहाँ भोज चारिदस निधाना। परकाया परबेसु जो जाना।*

जायसी ने 'पदुमावति' में इसका उल्लेख करते हुए लिखा है :

*कौन सो करनी कहु गुरु सोई। परकाया परबेस जो होई।*

## पारिभाषिक शब्दों का प्रयोग

हिन्दी सूफ़ी कवियों ने नाथ-योगियों में प्रचलित बहुत-से पारिभाषिक शब्दों का प्रयोग उन्हीं अर्थों में किया है जिन अर्थों में उनका प्रयोग नाथ-सिद्ध साहित्य में प्राप्त होता है। इन पारिभाषिक शब्दों और उनके प्रयोगों का संक्षेप में विवेचन करना समीचीन होगा।

**सूर्य-चन्द्र :** इन कवियों ने सूर्य-चन्द्र को नायक और नायिका के प्रतीक के रूप में बराबर प्रयोग किया है। नायक और नायिका का मिलन सूर्य और चन्द्र का मिलन कहा गया है। 'चन्दायन' में चाँद को चन्द्र और लोरिक को सूर्य कहा गया है। धौराहर में पहुँचने पर दोनों में परस्पर रसवार्त्ता होती है पर दिन होते ही चाँद, सूर्य को छिपा लेता है। चाँद और सूर्य के इस मिलन को शक्ति और शिव का मिलन कहा गया है।

'मृगावती' में भी नायक और नायिका को सूर्य-चन्द्र या शंकर-पार्वती कहा गया है। इसे दूसरे शब्दों में शिव और शक्ति का मिलन कहा जा सकता है। जायसी ने भी सूर्य और चन्द्र के प्रतीक का पर्याप्त प्रयोग किया है। उन्होंने कहा है कि सूर्य पुरुष है और चन्द्र रानी या स्त्री है। चाँद और सूर्य का विवाह हो रहा है। जैसे चाँद पूरब दिशा में उदय हुआ है और सूर्य ने पश्चिम दिशा ग्रहण की है। पुनः सूर्य, चाँद के पास आया और इस प्रकार चाँद और सूर्य का मिलन हो रहा है। 'मधुमालती' में भी नायक और नायिका के मिलन को रवि और शशि का एक होना कहा गया है।

इस प्रकार सूर्य और चन्द्र का यह प्रयोग रूढ़ि के रूप में हुआ है और इस रूढ़ि के पीछे नाथपन्थी योगियों का सूर्य और चन्द्र का प्रतीक है। डॉ. वासुदेवशरण अग्रवाल ने सूर्य-चन्द्र के प्रतीक की पूर्ववर्ती परम्परा के सम्बन्ध में लिखा है कि 'सिद्ध कवियों में चन्द्र और सूर्य का प्रतीक बहुत प्रचलित था। आचार्य विनयश्री के एक गीत में आया है— 'चंदाआदिज समरसता जोये' अर्थात् चन्द्र और सूर्य को समरस से युक्त करना चाहिए। एक दूसरी उक्ति है—'चाँद सूज वेण्णि पंखा फाल (गुण्डरीपा)' अर्थात् चन्द्र और सूर्य नाम के दोनों पंखों को काट डाल। इड़ा पिंगला में संचरण करते हुए प्राण को वहाँ से हटाकर सुषुम्ना में स्थिर कर। गोरखनाथ ने भी चन्द्र सूर्य को प्रतीकों का प्रयोग किया है— 'जिहि घर चन्द्र सूर नहि ऊवौ, तिहि घर होसि उजियारा।' सूफ़ियों ने नायक नायिका के मिलन को चन्द्र सूर्य का मिलन या समरस होना कहा है। इस सम्बन्ध में डॉ. अग्रवाल का मत है कि 'समरस होना ही युगनद्ध होना, अद्वैय होना या यामल भाव प्राप्त होना है। ये पुरानी परिभाषाएँ थीं। उन सबका अन्तर्भाव रविशशि या सूर्यचन्द्र की व्यापक परिभाषा में मान लिया गया। सूर्य-चन्द्र पुरुष-स्त्री के प्रतीक बन गये। सिद्धों में चन्द्र और सूर्य के रूपक का बहुत प्रचार था। उसी को सूफ़ियों ने स्वीकार करके और बढ़ाया।

हठयोग में 'ह' को सूर्य और 'ठ' को चन्द्र कहा गया है और इन दोनों के योग को ही हठयोग कहा गया है।

*हकारः कथितः सूर्यष्ठकारचन्द्र उच्यते।*
*सूर्यचन्द्रमसोर्योगात् हठयोगी निगद्यते।।*

नाथपन्थ में सूर्य और चन्द्र शब्द की कई प्रकार से व्याख्याएँ की गयी हैं। गोरक्षशतक (श्लोक 32) में इड़ा, पिंगला और सुषुम्ना को क्रमशः चन्द्र, सूर्य और अग्नि कहा गया है। इड़ा स्त्री तत्त्व है और पिंगला पुरुष तत्त्व है। सूर्य से प्राणवायु तथा चन्द्र से अपानवायु भी समझा जाता है। कृष्णाचार्यपाद के दोहाकोष में भी बायीं नासिका और दक्षिण नासिका से प्राणवायु को वहन करनेवाली नाड़ियों को क्रमशः चन्द्र और सूर्य कहा गया है। बायीं ओरवाली नाड़ी को ललना कहा गया है। यही प्रज्ञा-चन्द्र और उपाय सूर्य है, गोरक्षशतक (श्लोक 74) में बिन्दु को शिव और सूर्य तथा रजस को शक्ति और चन्द्र भी कहा गया है और इन दोनों तत्त्वों के योग से परमपद की प्राप्ति बतलायी गयी है।

सूफ़ियों ने चन्द्र और सूर्य के इन प्रतीकों को नायक और नायिका बनाकर जो माधुर्य प्रदान किया है उसकी भी परम्परा बज्रयानियों के प्रज्ञा और उपाय के प्रतीकों में हमें मिल जाती है। महायान का बोधिचित्त वज्रयानियों की बोधिसत्व की अवस्था में प्रकट हुआ। 'बोधिचित्त की अवस्था में वज्रयान के योग क्षेत्र में स्त्री और पुरुष के मिलन की आनन्दावस्था का रूप धारण किया और प्रज्ञा तथा उपाय की साधना का प्रचलन हुआ। महायानी शून्यता ने प्रज्ञा का रूप धारण किया और करुणा ने उपाय का रूप धारण किया। इस प्रकार वज्रयान में शिव और शक्ति की सुहागावस्था का प्रज्ञा और उपाय के रूप में वर्णन हुआ। वज्रयोगियों ने अपने बोधिसत्व को बोधिचित्त का पर्याय माना। उसे प्रज्ञा और उपाय का युगनद्ध रूप कहा। यह प्रज्ञा-चन्द्र और उपाय सूर्य का युगनद्ध भाव सूफ़ियों के चन्द्र-सूर्य के प्रतीक से समरसता, मिलन या महासुख के रूप में अभिव्यक्त किया गया है। सूफ़ियों ने सूर्य और चन्द्र के इन प्रतीकों को ही एकाकी रूप में नहीं ग्रहण किया है, बल्कि उनके साथ सहयोगी प्रतीकों का प्रयोग भी बड़ी कुशलता से किया है जिनके गम्भीर अध्ययन से यह प्रतीत होता है कि नायक-नायिका के मिलन का उनका सम्पूर्ण

वर्णन संकेत रूप में सिद्ध योगियों में प्रचलित युगनद्ध भाव या महासुख की अवस्था का अभिव्यंजक है।

### सरगपन्थ, सरग और कबिलास

जायसी ने सात खण्ड के धौराहर के सर्वोच्च भाग में पद्मिनी की 'सेज सुखबासू' का वर्णन किया है। इस सर्वोच्च सातवें खण्ड के ऊपरी भाग को 'कबिलास' (कैलाश) कहा गया है। एक स्थल पर इसे 'सरग' भी कहा गया है। ये सात खण्ड छह चक्र तथा सातवें सहस्रार चक्र के प्रतीक हैं। इन चक्रों के भेदन द्वारा ब्रह्माण्ड में स्थित सहस्रार में कुण्डलिनी को पहुँचाकर महासुख की अवस्था को प्राप्त करने का संकेत यहाँ किया गया है। इन चक्रों के भेदन की दुरूहता की ओर भी कवि ने संकेत किया है कि श्वास को बन्दी बनाकर और मन को वश में करके जो अहं को नष्ट करके मृतवत् हो जाता है वही इन खण्डों का भेदन करके कबिलास पहुँच सकता है। पहुँचने का मार्ग 'सरगदुवारी' कहा गया है :

*गढ़तर सुरंग कुंड अवगाहा। तेहि महं पन्थ कहौं तेहि पाहाँ।*
*चोर पैठि जस सेंधि सँवारी। जुआ पैत जेउँ लाव जुआरी।*
*जस मरजिया समुंद धँसि मारै हाथ आव तब सीप।*
*ढूँढि लेहि ओहि सरगदुवारी और चढ़ु सिंघल दीप।।*

'चन्दायन' का धवलगृह भी, जिसमें चाँदा का निवास है, इसी स्थिति में निरूपित किया गया है। जायसी ने जिस साधना की अवस्था को 'उल्टी दृष्टि' कहा है उसे दाऊद 'स्वर्गपन्थ में नेत्र लगाना' कहते हैं। 'चन्दायन' के इस धवलगृह में भी द्वार-द्वार पर पहरेदार हैं। चाँद के निवास को इसमें स्वर्ग और वहाँ तक पहुँचने के मार्ग को स्वर्गपन्थ कहा गया है। उस मार्ग पर चलना बड़ा कठिन है। उस पर सँभल-सँभलकर चलना पड़ता है। हनुमान का बल धारण करके ही उस अवस्था तक पहुँचा जा सकता है। पहुँचने पर या तो फाँसी पर झूलना पड़ता है या उस स्वर्ग के निवास में सूर्य, चाँद का भोग करता है। कहने की आवश्यकता नहीं है कि 'चन्दायन' में स्वर्ग और स्वर्गपन्थ जैसे सांकेतिक शब्दों का प्रयोग

और गन्तव्य तक पहुँचने की ये कठिनाइयाँ साधनापरक हैं जिन्हें जायसी आदि परवर्ती कवियों के वर्णन का सूत्र माना जा सकता है।

लोरिक ने धवलगृह पर चढ़ने के लिए 'बरहा' (रस्सा) का सहारा लिया है। सम्भव है कवि ने युक्तिपूर्वक रस्से के प्रतीक से कुण्डलिनी का बोध कराया हो। कुण्डलिनी सर्प के आकार की मानी जाती है और यह बरहा भी वैसा ही कहा गया है :

*मुख भुवंग जनु धर हुत काढ़ा।*
*हाथ तीस एक आछइ गढ़ा।।*

उसमें खण्ड-खण्ड पर फन्दे लगे हैं जिस पर बीर लोरिक सँभाल-सँभालकर पैर रख सके। ये फन्दे सम्भव है मूलाधार चक्र और सहस्रार चक्र के बीच के अन्य चक्रों के संकेत हों, जिनको सँभाल-सँभालकर भेदन करना होता है। इस बरहे का प्रयोजन वह अपनी पत्नी मैनाँ से बताता है कि भैंस मार्ग में इधर-उधर भटकती है, इससे उसी को बाँधना है। भैंस मन की चंचल वृत्तियाँ हैं जिन्हें बाँधकर कुण्डलिनी को उद्बुद्ध किया जा सकता है।

लोरिक उस धौराहार पर चढ़ गया और उसने उस विषम आवास को देखा। उस स्वर्ग में पृथ्वी की कोई आहट नहीं है और न कोई आस-पास है। वह धवलगृह या स्वर्ग बड़ा प्रकाशमान् है। जैसे रात में दिन लग रहा है और वहाँ लोरिक के पैर नहीं टिकते। लोरिक ने वहाँ चढ़कर वह वस्तु देखी जो किसी ने नहीं देखी थी। इस प्रकार कवि ने इसे एक सामान्य स्थल के रूप में नहीं प्रस्तुत किया है, प्रत्युत इसके पीछे सिद्धयोगियों की साधना के प्रतीक हैं, जिन्हें उसने कुशलपूर्वक अपनी प्रेमगाथा में पिरो दिया है।

कुतुबन ने 'मृगावती' में नायिका के निवास को ऊँचे शिखर पर बताया है जहाँ का मार्ग ऐसा गुप्त है कि चींटी भी वहाँ नहीं जा सकती। जायसी ने भी चींटी के समान होकर उस मार्ग में प्रवेश करने की बात कही है। कुतुबन ने मिलन की अवस्था को 'महारस' रूपी अमृतपान करना कहा है। यह 'महारस' महासुख की अवस्था है जिसमें साधक सहस्रार से झरनेवाले अमृत का पान करता है।

जिसे इन कवियों ने स्वर्ग, कैलाश या ब्रह्माण्ड कहा है, वह अगम और असूझ है। वहाँ कोई साधारणतः पहुँच नहीं पाता है। जायसी ने लिखा है कि वहाँ न चाँद है न सूर्य। वहाँ वही पहुँचता है जो इस मार्ग को जान लेता है। दस में कोई एक बिरला ही वहाँ पहुँच पाता है, जो करम, धरम, सत और नेमपूर्वक जाता है। सिंहलगढ़ के प्रसंग में कवि उसकी ऊँचाई का वर्णन भी इसी प्रकार करता है। वहाँ चाँद, सूर्य, नक्षत्र, पवन, अग्नि, जल किसी का प्रवेश नहीं है। मंझन ने 'मधुमालती' में मनोहर के अचानक मुधमालती के शयनगृह में पहुँचने पर मधुमालती के आश्चर्य मिश्रित प्रश्नों में वहाँ की दुरूहता और वहाँ पहुँचने की कठिनाई का इसी रूप में वर्णन किया है। उसने कहा की चारों दिशाओं में अगम दरवाजे लगे हैं, आस-पास बहुत-से पहरेदार हैं सात-खण्ड का भँवरदार वह महल है जहाँ पवन का भी संचार नहीं हो सकता, वहाँ मनोहर कैसे पहुँचा। विवाहोपरान्त मिलन के समय इस शयनकक्ष को 'सुखशाला' कहा गया है, जहाँ सुरत रस सम्पन्न हुआ है। जायसी के 'सुखबासी' और मंझन की 'सुखशाला' का एक ही अभिप्राय है।

मंझन ने कथा के बीच आये इन शब्दों का प्रयोग अपने ग्रन्थ की प्रस्तावना में स्पष्ट रीति से योगसाधना के प्रसंग में किया है। उन्होंने 'कबिलास' का स्पष्टीकरण किया है। उनके अनुसार प्राणायाम द्वारा काया को शुद्ध करके मनुष्य योग की अग्नि को प्रज्वलित करता है। उसी ज्योति में कबिलास रहता है। करोड़ों में कोई बिरला ही उस कबिलास को पाता है, शून्य महल में जिसका वास है। और जहाँ निर्बाध विलास सुलभ है, वही कबिलास है। उन्होंने आगे लिखा है कि मानसिक चेतना, बुद्धि, ज्ञान और शारीरिक बोध को छोड़कर ध्यान लगाने और समाधि ग्रहण करने पर आत्मतत्त्व की प्राप्ति होती है। वहीं निर्गुण, निरंजन और शून्य है। जहाँ ज्ञान की पहुँच भी नहीं है वहाँ अहं अपने-आप नष्ट हो जाता है। वहीं सहज समाधि लगानी चाहिए जिससे अपने तत्त्व का बोध हो सके। इन प्रयोगों से कवि ने अपने इन प्रतीकों के मूल स्रोत को स्पष्ट कर दिया है।

इन प्रतीकों को निश्चित रूप से इन कवियों ने पूर्ववर्ती सिद्ध-योगियों के साहित्य से ग्रहण किया होगा। सहस्रार चक्र को नाथयोगियों की

शब्दावली में कैलाश कहा गया है, वह ब्रह्माण्ड में स्थित है और महेश का निवास स्थल है :

*अति ऊर्ध्व दिव्य रूपं सहस्रार सरोरुहं।*
*ब्रह्मांड व्यस्तदेहस्थं बाह्ये तिष्ठति सर्वदा।*
*कैलाशो नाम तस्यैव महेशो तत्र तिष्ठति।*

(नाथ सम्प्रदाय, पृ. 127)

इस स्थान को मन और पवन के संचरण के लिए भी दुरूह और रवि-शशि के प्रवेश से भी वर्जित कहा गया है। सरहपाद की उक्ति है :

*जहिं मन पवन न संचरइ, रबि शशि नाह पवेश।*
*तहि बट चित्त विसाम करु, सरहे कहिअ उवेश।।*

(बौद्धगान ओ दोहा, पृ. 93)

सूफ़ी कवियों ने इसी शब्दावली को अपने-अपने ढंग से ग्रहण किया है। मंझन ने 'मधुमालती' के नखशिख वर्णन के प्रसंग में उसकी माँग के सम्बन्ध में लिखा है कि वहाँ की चढ़ाई अति विकट है, वह स्वर्ग पन्थ है। माँग के पथ पर चलने में कोई पार नहीं पा सकता, वहाँ पग-पग पर फँसिहारा बैठे हैं। यह माँग नहीं है, गगन का हाट है। सूर्य और शशि के उदय और अस्त का मार्ग है।

## सोना और सुहाग

वज्रयान में पज्ञा और उपाय का मिलन स्त्री-पुरुष के मिलन की आनन्दावस्था के रूप में निरूपित हुआ। इस प्रकार उसमें शिव और शक्ति की सुहागावस्था का वर्णन किया गया है। सूफियों ने 'सुहाग' शब्द के पारिभाषिक रूप को ग्रहण किया। डॉ. वासुदेवशरण अग्रवाल के अनुसार सोना शून्य का प्रतीक सिद्ध आचार्यों द्वारा माना जाता था। सोना का माँग पर चढ़ना भौतिक दृष्टि से भी सुहाग का प्रतीक माना जाता है और आध्यात्मिक दृष्टि से माँग (ब्रह्माण्ड) का शून्यावस्था प्राप्त करना शिव और शक्ति की सुहागावस्था है। जायसी ने लिखा है कि द्वादशबानी शुद्ध सोना की, उसकी माँग को सुहागावस्था के लिए आवश्यकता है :

*कनक दुआदस बानि होइ चह सुहाग वह माँग।*

जायसी ने सोना और सुहागा के रासायनिक मिलन की बड़ी चर्चा की है। इन प्रसंगों में भी शून्यता की सुहागावस्था का संकेत माना जा सका हैं। मंझन ने भी माँग के प्रसंग में 'सोहागिनि' शब्द का प्रयोग किया है।

## मिलन, महासुख या सर्वशून्यता

वज्रयांन में शून्य की चार स्थितियाँ मानी गयी हैं—शून्य, अतिशून्य, महाशून्य और सर्वशून्य। प्रथम तीन स्थितियों में मन विभिन्न प्रकार के दोषों से युक्त रहता है। सर्वशून्य अवस्था में पहुँचने पर पूर्ववर्ती तीन स्थितियों के मानसिक दोष नहीं पाये जाते । यह स्वयं प्रकाश रूप होती है। यही परात्पर ज्ञान है, यही महान् सत्य है। मिलन की अवस्था में दाऊद ने लोरिक के अन्दर उठनेवाले प्राथमिक मानसिक विकारों का चित्रण किया है। धवलगृह पर पहुँचकर उसमें शक्तिहीनता, शंका और डर समा जाता है कि वह सोती हुई चाँद को कैसे जगावे। जब वह इन दोषों से छुटकारा पा जाता है तो वह चाँद से समरस हो जाता है। नाथपन्थ में भी सहजावस्था या सहजानन्द की स्थिति में मन का शान्त और स्थिर होना माना जाता है। उस समय रस, रूप, स्पर्श, गन्ध आदि की ऐन्द्रिक अनुभूतियाँ उसी में लय हो जाती हैं। कुतुबन ने राजकुँवर और मृगावती की मिलन अवस्था में इस स्थिति का सुन्दर चित्रण किया है। भँवर ने पराग का सब गन्धपान किया और महारस रूपी अमृत पिया। मन की तृष्णा और काम-वासना शान्त हो गयी और हृदय का सम्पूर्ण दु:ख और वेदना जाती रही। काया के पंचभूत (रस, रूप, शब्द, स्पर्श और गन्ध) सिर झुकाकर अवाक् हो गये। 'चन्दायन' में भी मिलन की अवस्था में 'पंचभूत आत्मा' के शीतल होने की बात कही गयी है।

## पान, सुपारी, कत्था, चूना

डॉ. वासुदेवशरण अग्रवाल ने पान, सुपारी, कत्था और चूने का रत्नसेन द्वारा कथन एक प्रतीक के रूप में माना है :

*पान सुपारी खैर दुहूँ मेरै करै चकचून।*
*तब लगि रंग न रांचै जब लगि होइ न चून।।*

उनके अनुसार पान, सुपारी और कत्था क्रमशः शून्य, अति शून्य और महाशून्य के प्रतीक हैं और चूना सर्वशून्य का। तीनों शून्यों से मिलकर सर्वशून्य एक विलक्षण रंग उत्पन्न करता है जिसे सर्वशून्यता कहते हैं। जायसी ने इस प्रतीक को 'चन्दायन' से ग्रहण किया होगा। 'चन्दायन' में इस विलक्षण रंग की विस्तारपूर्वक चर्चा की गयी है और प्रतीक भी अधिक स्पष्टता से बोधगम्य होता है। चाँद लोरिक से 'सत' की बात पूछती है तो उत्तर में वह कहता है कि भोज के दिन तुम्हारा रूप देखकर मैं विमोहित हो गया। तुम्हारी ज्योति से जो प्रकाश हुआ उसमें मैं पतिंगे के समान पड़ गया। वही रंग हृदय पर चढ़ा है और चित्त में उसी रंग की छवि छा गयी है। उसी रंग में रँगा हुआ रहना मेरे लिये भोजन है। वह रंग ही मेरा जीवन है और उस रंग से रहित होना मेरे लिये मरण है। इस पर चाँद जो कुछ उससे कहती है उसमें एक बात बड़ी महत्त्वपूर्ण है :

*मोट थूल तैं लोरिक कह कैसे रंग लाग।*

'मोट स्थूल' शब्द के वाच्यार्थ से यहाँ अर्थ की कोई संगति नहीं हो सकती। इसका तात्पर्य उसकी स्थूलता या ऐन्द्रिकता से है। वह कहना चाहती है कि अभी तो इन्द्रिय-भोगों की स्थूलता को तू नहीं त्याग सका है तो सर्वशून्य के अनुपम रंग में कैसे रँग सकता है। लोरिक इसके उत्तर में पान का प्रतीक ग्रहण करके कहता है कि तुम्हारे लिए मैं पान हो गया हूँ। सिर देकर मैं खेला हूँ। मेरे चित्त में भोग (महासुख) की लालसा है। शरीर को मैंने सुपारी बनाया है। खैर को पीस डाला है। बिरहदाह को मैंने चूना बनाया है और उसके ऊपर जलता हुआ नीर डाला है। यही मेरी निरति है। अधरों पर इस रंग को धारण करते ही पीला रंग चला गया और यह रंग उसी रंग में रँग गया। इस प्रकार पान के प्रतीक द्वारा साधक ने तीन शून्यों के लय द्वारा सर्वशून्यता की अपनी विलक्षण रंग वाली स्थिति का परिचय दिया है।

### युगनद्धभाव

मिलन की इस अवस्था में सभी सूफ़ी प्रेमाख्यानों में नायिका या उसकी सखियों द्वारा सेज सजाने तथा नायक और नायिका के युगनद्ध होकर सम्भोग करने का विस्तारपूर्वक चित्रण किया गया है। इस चित्रण में भी सिद्ध–योगियों की दार्शनिक छाया स्पष्ट रीति से विद्यमान है। डॉ. वासुदेवशरण अग्रवाल ने लिखा है कि, "अध्यात्म साधना से जो योगी इस सर्वशून्य की स्थिति में पहुँच जाता है, वही सर्वपापों की समष्टि से मुक्त हो जाता है। सर्वपापों की समष्टि और सर्वशून्य स्थिति, ये पर्याय हैं। इसी कारण सर्वशून्य या उष्णीय कमल या सहस्त्रार में परम सौन्दर्य का मिलन या महासुख का स्थान माना जाता था। वहाँ पहुँचकर साधक सहज सुन्दरी के साथ अनन्त विलास करता है। इसे ही शिव और शक्ति का सम्मिलन कहते हैं। यही युगनद्ध या युगलभाव कहा जाता है। इस युगलभाव का जैसा खुला वर्णन 'चन्दायन', 'मृगावती', 'पदुमावति', 'मधुमालती' तथा अन्य परवर्ती प्रेमाख्यानों में मिलता है उसी प्रकार के उन्मुक्त विहार का चित्रण सहजयान या उसके उत्तरवर्ती सम्प्रदाय में भी मिलता है।

इस अद्वय या युगनद्ध भाव को इन सूफ़ी कवियों ने चौपड़ के खेल के प्रतीक से भी अभिव्यंजित किया है। मध्यकाल का यह बड़ा ही सरस और सुन्दर प्रतीक माना जाता है। शशिभूषण दास गुप्त ने लिखा है : "शून्य, अतिशून्य की दो प्राथमिक अवस्थाएँ वासना के दो प्राथमिक रूपों की सूचक हैं। तीसरी महाशून्य उन दोनों का स्वामी अविद्या चित्त है। पहले दो को मारकर फिर तीसरे को भी मारना होता है। इसी के लिए सहजयानी लोग शतरंज की परिभाषा का प्रयोग करते थे।" दाऊद ने 'चन्दायन' में जूआ का प्रतीक रखा है। नायक लोरिक कहता है कि ऐ चाँद! तेरे मन्दिर में प्रवेश करके मैंने अपने जीव को ही जुए ही बाजी में लगा दिया है। तुमने किस कुशलता से यह खेल खेला कि तुम जीत गयी और मेरी हार हो गयी। तन, मन, जीव तीनों की बाजी में मैं हार गया। ये तीन बाजियाँ हारना तीनों वासना की अवस्थाओं का मारना ही प्रतीत होता है। जायसी ने भी रत्नसेन और

पद्मावती के बीच 'सुखबासी' में चौपड़ का विधान किया है जिसमें रत्नसेन कहता है—'हौं जीतेहूँ हारा तुम्ह जीता।' इस जीत-हार के खेल में वह युगनद्धता के बारे में कहता है कि मैं मिलकर अलग नहीं होऊँगा। हमारे तुम्हारे बीच में द्वैत निर्माण करनेवाला अब कोई नहीं है। अब जन्म-जन्मान्तर तक यह जीव तुम्हारे साथ रहेगा। मैंने योग करके कैलाश प्राप्त किया है। जिसका मन जिसमें लगा रहता है उसे उसी की टेक रहती है, जैसे कनक और सुहागा को पिघलाकर मिला दिया जाय तो वे अलग नहीं होते।

इस प्रकार इन सूफ़ी कवियों ने सहजयानी सिद्धों और नाथपन्थी योगियों के अनेक पारिभाषिक शब्दों और प्रतीकों का ग्रहण किया है और उन्हीं रूपों में उनका प्रयोग किया है। इन प्रतीकों को प्रेमाख्यानों के मध्य बड़ी कुशलता से पिरोकर इन कवियों ने इनसे प्रेम साधना और योग साधना में समन्वय उपस्थित किया है।

**योग साधना–एक सोपान**–हिन्दी सूफ़ी काव्य के अध्ययन से ऐसा प्रतीत होता है कि सूफ़ियों ने अपनी साधना में नाथपन्थी योगियों की साधना का सुन्दर समाहार कर लिया था। ईश्वर के प्रेम को तत्त्व रूप में स्वीकार करके भी कदाचित् भारत के सूफ़ी उस प्रेम-तत्त्व को प्राप्त करने के लिए प्राणायाम आदि यौगिक क्रियाओं द्वारा इन्द्रिय-निग्रह एवं समाधि द्वारा अविचलित अवस्था को प्राप्त करना आवश्यक समझते थे। इसीलिए इन कवियों ने इन्द्रिय निग्रह एवं श्वास-निग्रह आदि पर बल दिया है। उसमान ने अपनी रचना 'चित्रावली' में साधक के मार्ग में पड़नेवाले चार नगरों का उल्लेख किया है—

1. **भोगपुर**—जो सामान्य विषयानुरक्त जीवन का प्रतीक है।

2. **गोरखपुर**—जो साधना द्वारा जितेन्द्रिय अवस्था प्राप्त करने का सूचक है।

3. **नेहनगर**—जो संसार से इन्द्रियों को हटाकर ब्रह्म प्रेम में केन्द्रीभूत दशा का सूचक है।

4. **रूप नगर**—जो साक्षात् ब्रह्मानुभूति प्राप्त करने की अवस्था का सूचक है। इससे पता चलता है कि गोरखपुर गोरखपन्थी साधना की

अवस्था है। कवि ने इस पुर का वर्णन भी इसी रूप में किया है। इस पुर के मार्ग पर वही चल सकता है जो नाथपन्थी योगी का वेश धारण करता है, पर केवल वेश से ही काम नहीं चलता, उसके हृदय की दृष्टि भी खुली होनी चाहिए।

साधना की यह अवस्था 'गोरखपुर' नाम से अभिहित होती थी इसका पता कुतुबन की 'मृगावती' से भी लगता है। अब रूपमिनी राजकुँवर से पूछती है कि तुम कहाँ से आये हो तो वह उत्तर देता है कि मै गोरखपुर से चला हूँ। 'इन्द्रावती' में परम रूपवती का नगर 'आगमपुर' कहा गया है। यह 'आगम' शैवागम का प्रतीक है। इस प्रकार शैवमतान्तर्गत पड़नेवाले नाथ योगियों की योगसाधना की कठोरता के लिए योगी होने की आवश्यकता का सुन्दर प्रतिपादन इस रचना में मिलता है। राजकुमार जब योगी होकर निकलता है, उसे मार्ग में सबसे पहले 'देहपुर' मिलता है जिसमें विभिन्न इन्द्रियों के आकर्षण विद्यमान हैं। वह इन आकर्षणों को छोड़कर देहन्तपुर पहुँचता है और वहाँ अपने सभी साथियों को छोड़कर केवल बुद्धिसेन के साथ आगे बढ़ता है। वहाँ से जीउपुर और पुनः जीवन्तपुर पहुँचकर बुद्धिसेन को भी छोड़ देता है। तब आगमपुर पहुँच पाता है। वहाँ पहुँचकर मरजीया दशा प्राप्त करके वह प्राप्य रूप में इन्द्रावती का परमरूप और प्रेम प्राप्त करता है।

इस प्रकार सूफ़ियों ने अपनी साधना के एक सोपान के रूप में योग को भी स्वीकार कर लिया था, इस बात के संकेत मिलते हैं।

**योग और भोग ( प्रेम ) :** हिन्दी सूफ़ी प्रेमाख्यानों में योग और भोग शब्द का प्रयोग साथ-साथ किया गया है और यह दिखाया गया है कि प्रत्येक योगी का लक्ष्य भोग या भुगुति है। वस्तुतः दसवीं शताब्दी में नाथपन्थ के अभ्युदय तक योगसाधना में श्री-सुन्दरी साधना की स्थापना हो चुकी थी और यह प्रतिपादित किया जाने लगा था कि श्री-सुन्दरी साधना में तत्पर व्यक्ति के लिए योग और भोग करस्थ होते हैं। वाममार्गीय साधना में भोग (मैथुन) को योग के लिए आवश्यक बताया गया और पंचमकार की साधना युग-युग में मोक्षप्रद कही गयी। वहाँ तो भोग, योग का साधन था। सूफ़ियों ने इन शब्दों को अपने ढंग से विशेष संकेत के

रूप में प्रयोग किया और इनके अनुसार योग, भोग का साधन या सोपान है। 'भोग' शब्द प्रेममार्ग का प्रतीक है और सूफ़ी प्रेम-साधना के लक्ष्य का प्रतिनिधि है। भारतीय योग-साधना से सूफ़ियों ने अपनी प्रेम-साधना को समन्वित करके भारत में उसे एक नवीन रूप प्रदान किया था, इसके संकेत हिन्दी सूफ़ी काव्य में योग और भोग के इन प्रसंगों को पढ़ने से मिलते हैं। योग-साधना का बराबर वर्णन सूफ़ी प्रेमाख्यानों का एक आवश्यक अंग है।

भारत में सूफ़ी सम्प्रदायों पर यहाँ के धार्मिक साधना-मार्गों का गहरा प्रभाव पड़ा। इस सन्दर्भ को ध्यान में रखते हुए प्रतीत होता है कि हिन्दी सूफ़ी कवियों ने अपने समन्वित साधना-मार्ग में योग-साधना को आवश्यक अंग के रूप में ग्रहण किया। उसके द्वारा एकाग्रता, ऐहिक सुख से विरक्ति और मरजीया की आदर्श दशा प्राप्त करके प्रेममार्ग का अनुसरण किया जा सकता है। यह प्रेम-साधना ही 'भोग' और उसके पूर्व की साधना 'योग' है। इस सन्दर्भ से सूफ़ी काव्य के स्वतन्त्र अध्ययन की आवश्यकता है। हिन्दी सूफ़ी काव्यों को शरीअत, तरीक़त, मारिफ़त और हक़ीकत या फ़ना और बक़ा आदि के साँचे में ही पूर्ण रूप से नहीं समझा जा सकता है। इनके अध्ययन के लिए भारतीय साधना मार्गों के प्रभावों का सम्यक् विश्लेषण भी आवश्यक है।

'मृगावती' का नायक जब योगी होकर निकलता है तो वह 'जोग-जुगति' के लक्ष्य के रूप में 'भुगुति' को ही बताता है। वह कहता है :

*जोग जुगति होइ खेला मारग सीस होइ कहँ जाइ।*
*भुगुति मोर मिरगावति भीख देइ कोइ आइ।।*

कंचन नगर पहुँचने पर मृगावती योगी को भुगुति (भोजन) लेकर जाने के लिए कहती है। पर योगी को भुगुति (प्रेम) ही तो चाहिए, वह मिल जाने पर उसे किसी भुगुति (भोजन) की आवश्यकता नहीं है। 'भुगुति' को प्रेम के अर्थ में लेकर योगी मृगावती के कथन का उत्तर देता है :

*जो पै भुगुति भीख तुम देहू। जरमहिं अवर न माँगै केहूँ।*
*एही भीख कहँ एहि ठाँ आएउ। बहुतन्ह भुगुति दिही नहि खाएउँ।*

इस पर मृगावती कहती है कि यह योगी नहीं कोई मनचला (प्रेमी) लगता है—जोगी होई न मनचल कोई।

योगमार्ग की साधना प्रेम-साधना का प्रथम सोपान है। इसके द्वारा ही सिंहल की पद्मिनी (परमरूप) की प्राप्ति हो सकती है। योगी बनकर निकलते समय सुआ इस मर्म को खोलकर राजा रत्नसेन के सामने रख देता है कि सिंहल के पथ पर कोई उदासी, योगी, जती, तपस्वी और संन्यासी ही जा सकता है। यदि भोग (सांसारिक सुख) के साथ भोग (परमतत्त्व का प्रेम) मिलता तो कोई योग की साधना क्यों करता :

*कठिन याहि सिंहल कर राजू। पाइअ नाहिं राज कै साजू।*
*ओहि पंथ जाइ जो होइ उदासी। जोगी जती तपा संन्यासी।*
*भोग जोरि पाइअ वह भोगू। तजि सो भोग कोई करत न जोगू।*

सिद्धि प्राप्ति के लिए कहा गया है कि वह इच्छा मात्र से नहीं मिलती बल्कि तप द्वारा सिर काटने (अहं को समाप्त करने) पर मिलती है :

*साधन सिद्धि न पाइअ जौ लहिं साध न तप्प।*
*सोई जानहिं बापुरे जो सिर करहिं कलप्प।।*

शरीर के अहंकार को समाप्त करने से ही मानसिक विकार समाप्त हो सकते हैं। कुतुबन ने लिखा है—

*काम कोह तिस्ना मद माया पंच बियापहिं कत्त।*
*पावक पवन धूरि औ पानी जब लगि हहिं एक सत्थ।।*

तात्पर्य यह है कि शारीरिक धर्म से मुक्ति मिल जाने पर काम, क्रोधादि विकारों से मनुष्य को छुटकारा मिल जाता है। पर शारीरिक धर्म से मुक्ति पाने के लिए अहं को समाप्त करके सिद्ध बनना पड़ता है। इसके लिए गुरु की सहायता आवश्यक होती है जो जीव और ब्रह्म के बीच के करोड़ों पर्दों को हटाकर एकरूपता का निर्माण कर देता है—

*जब लगि गुरु मैं अहा न चीन्हा। कोटि अन्तरपट बिच हुत दीन्हा।*
*जौ चीन्हा तौ औरु न कोई। तन मन जीउ जोबन सब कोई।*
*हौं हौं करत धोख अन्तराही। जौ भा सिद्ध कहाँ परछाँही।।*

इस सिद्धावस्था के लिए रत्नसेन को योग-साधना ही करनी पड़ी :

*गही पिंगला सुखमन नारी। सुन्नि समाधि लागि गौ तारी।*
*बुंदहि समुंद जैस होइ मेरा। गा हेराइ तस मिलै न हेरा।*
*रंगहि पानि मिला जस होई। आपुहि खोइ रहा होइ सोई।*

'पदुमावति' में योगमार्ग पर अग्रसर रत्नसेन जब पूर्ण साधक बन जाता है तब वह एक ही रूप का प्रेम है। शिव-पार्वती भी उसे छका नहीं पाते। बसन्तखण्ड में पद्मिनी के रूप को देखकर जब वह मूर्च्छित हो जाता है तब पद्मिनी चन्दन के अक्षरों से उसके हृदय पर लिखती है कि 'तूने' भीख प्राप्त करने का योग नहीं सीखा। समय आने पर तू सो गया, तुझे 'भुगुति' कैसे प्राप्त होगी।' इस दृश्य में भी योग पर प्रेम की प्रमुखता दिखायी गयी है—

*जोगी दिस्टि दिस्ट सो लीन्हा। नैन रुप नैनन्ह जिउ दीन्हा।*
*मधु जो चाहत परा तेहि पाले। सुधि न रही ओहि एक पियाले।*
*परा माँति गोरख का चेला। जिउ तन छाँड़ि सरग कहँ खेला।*

जब पदुमावती की सहेली उससे कहती है—

*बोली सबद सहेली कान लागि गहिमाथ*
*गोरखआइ ठाढ़ भा उठ से चेलानाथ।*
*किंगरी गहे जो हुत बैरागी। मरतिहुँ बार उहै धुनि लागी।*
*जेहि धंधा जाकर मन लागै सपनेहु सूझ सो धंध।*
*तेहि कारन तपसी तप साधहिं करहिं पेम मन बंध।।*
*गोरख सबद सुद्ध भा राजा*
*रामाँ सुनि रावन होइ गाजा।*

यहाँ उस अनुश्रुति का भी संकेत है जो कदली वन में गुरु मत्स्येन्द्रनाथ को 'गोरख नाथ मछन्दर आया' कहा।

सिंहल की यात्रा प्रारम्भ करते समय ही हीरामन सुआ उसे मंसूर बनने का उपदेश देता है—

*पथ सूरिन्ह कर उठा अँकूरू। चोर चढ़ै कि चढ़ै मंसूरू।*

सूली के समय वह हल्लाज मंसूर के समान प्रतीत होता भी है। उसकी जाति, जनम और नाम पूछे जाने पर वह कहता है कि, 'हम जोगी

और तपा भिखारी' हैं। जोगी की कौन जाति होती है। उसे न गाली पर क्रोध और न मार से लज्जा आती है। जिसका जीव परवश होकर मरने को तुला हो उसे सूली देखकर क्यों न हँसी आवे? जिसकी सभी इन्द्रियाँ अपने वश में हैं वही सच्चा योगी है। रत्नसेन भी पूर्ण योगी दीख पड़ता है पर लक्ष्य तो उसका प्रेम ही है। इसीलिए भाँट रूप धारी महेश कहते हैं—जोगि न आहि आहि सो भोजू।

पद्मिनी विवाहोपरान्त जब शयनगृह में रत्नसेन से मिलती है तब उसके योगी रूप पर व्यंग्य करते हुए कहती है कि योगियों को बहुत छलछन्द आता है। ये स्थिर नहीं रहते। अतः योगी, भँवरा और भिखारी से दूर ही रहना चाहिए। रत्नसेन निरा योगी ही नहीं है, वह भोग में भी निष्णात है। वह योग के चौरासी आसन जाननेवाला योगी और भोग के चौरासी आसन तथा षट्रस जाननेवाला चतुर भोगी भी है। उसके सम्बन्ध में पद्मिनी कहती है—

*चौरासी आसन वर जोगी। खटरस बिंदक चतुर सो भोगी।*

यही सूफ़ी कवियों का प्रतिपाद्य है। वे केवल योग के प्रचारक नहीं हैं, प्रत्युत योग के द्वारा एकाग्रचित्त होकर भोग या प्रेममार्ग में पड़नेवाली साधना के प्रचारक हैं। 'मधुमालती' के कवि ने इसे और भी स्पष्टता के साथ व्यक्त किया है। योगी मनोहर ने गोरखनाथ के समान ज्ञान, ध्यान, आसन का मार्ग ग्रहण किया, पर उसका लक्ष्य मधुमालती की रूप-माधुरी का दर्शन ही है—

*ज्ञान ध्यान औ आसन सवन नैनन्ह लौ लागि।*
*दरसन लागि भेस सब कीन्हा मकु गोरख गा जागि।।*

1500 ई. के आस-पास की रचना 'कुतुब शतक' में राजकुमार कुतुब जब अपनी प्रेमिका साहिबा को पा जाता है तो उसके सामने गायक योग और भोग का पक्ष प्रस्तुत करते हैं और दो नटिनियाँ योगिनी और भोगिनी का स्वाँग करती हैं। इस प्रसंग के बाद कुतुब आसव पीता है और आसव पिलाते समय उसकी पत्नी साहिबा से साठ लाख रुपये का एक प्याला फूट जाता है। कुतुब की माँ साहिबा को अपराधिनी बताती है। यह समाचार पाकर कुतुब अरबों-खरबों के मूल्यवान् प्यालों को फेंककर तोड़

डालता है और उन्हें गवाक्ष पर चुनवाकर फकीरों को उन्हें लूटने का आदेश दे देता है। इस रचना में कवि योगिनी–भोगिनी–संवाद के उपरान्त अबीर के रंग में रँगे हुए वातावरण में कुतुब को आसव पिलाकर अनुराग या प्रेम के मार्ग का चित्रण करता है। प्रेम द्वारा ही कुतुब योग की पराकाष्ठा पर भी पहुँच जाता है जिसमें अपार धन को फकीरों में लुटाते हुए उसे रंचमात्र भी संकोच नहीं होता।

इस प्रकार हिन्दी सूफ़ी काव्य में भोग या प्रेम–मार्ग के साथ योग–साधना का निरूपण एक विशिष्ट उद्देश्य से हुआ है। प्रेम–साधना की सफलता के लिए योग एक सोपान के रूप में ग्रहण किया हुआ प्रतीत होता है। इन कवियों ने बड़ी चतुराई से प्रेम को श्रेष्ठ बताते हुए और उसी के सोपान के रूप में योग ग्रहण करते हुए अपनी प्रेम–साधना में अन्तर्भूत कर लिया है।

**सन्दर्भ**


1. फिरोज सी. दवर : इण्डिया ऐण्ड ईरान थ्रू एजेज, पृष्ठ 189.
2. निकोलसन; दि आइडिया ऑफ परसनाल्टी इन सूफ़ीज्म, पृष्ठ 18.
3. माताप्रसाद गुप्त : पद्मावत, छन्द 142.
4. वही, छन्द 143.
5. वही, छन्द 144.
6. माताप्रसाद गुप्त : पद्मावत, छन्द 146.
7. माताप्रसाद गुप्त : चन्दायन, छन्द 199.
8. वही, छन्द 200.
9. माताप्रसाद गुप्त : मृगावती, छन्द 215.
10. हजारीप्रसाद द्विवेदी : नाथ सम्प्रदाय, पृष्ठ 96.
11. मोहम्मद नूर नबी : डेवलपमेण्ट आफ मुस्लिम रेलिजस थाट इन इण्डिया, पृष्ठ 78.

अध्याय–9

# गोरखनाथ-पीठ का केन्द्र : गोरखनाथ मन्दिर

देश–भर में फैले हुए नाथपन्थ के मठ–मन्दिरों में गोरखपुर में स्थित गोरखनाथ जी का मन्दिर सबका केन्द्र होने के साथ ही इस मन्दिर का विशिष्ट स्थान है। परम्परा से यह बात मानी जाती है कि महायोगी गोरखनाथ जी नेपाल जाने के लिए बढ़ते हुए यहीं अचिरावती (राप्ती) के तट पर स्थित यह स्थान उन्हें इतना एकान्त–शान्त और साधना के लिए अत्यन्त योग्य प्रतीत हुआ। यहीं पर उन्होंने दीर्घकाल तक समाधि लगायी। उस समय यह समूचा क्षेत्र जंगलों से घिरा हुआ था और यहाँ जंगली और असभ्य लोग बहुत कम संख्या में रहते थे। इस महायोगी के साधना में लीन दिव्य स्वरूप को देखकर वे लोग इनकी तरफ आकर्षित होने लगे और इनके प्रति उनके हृदय में अपार श्रद्धा रहती थी। वे उन्हें शिव के दिव्य अवतार के रूप में मानकर पूजने लगे और यहीं कालान्तर में बहुत–से जिज्ञासु उनके शिष्य बने और साधना के क्षेत्र में अग्रसर होकर वे विभिन्न क्षेत्रों में जाकर उनके यौगिक मिशन के प्रचारक बन गये और उन्होंने विभिन्न भागों में जाकर अनेक केन्द्रों की स्थापना की।

महायोगी की दिव्य साधना से इस सारे वातावरण में एक आध्यात्मिक वातावरण का निर्माण होने लगा। यद्यपि कुछ काल के बाद ही इस महायोगी का भौतिक शरीर छूट गया परन्तु इस स्थान की महत्ता कम नहीं हुई। यहाँ से नेपाल तक का जनसमुदाय गोरखनाथ को पूजने लगा। उनके शिष्यों ने इस साधना–स्थली को निरन्तरता प्रदान की और आगे चलकर इन्हीं महायोगी के नाम पर गोरखपुर का नामकरण हुआ।

इस साधना-स्थल के व्यापक प्रभाव के कारण यहाँ पर त्यागी विरागी साधक संन्यासियों का एक मठ स्थापित हो गया। मुस्लिम-काल में इस मठ पर कई बार आक्रमण हुए और इसको ध्वस्त किया गया परन्तु उसका बार-बार पुनर्निर्माण भी होता गया। अलाउद्दीन और औरंगजेब के समय में भी इस मन्दिर को नष्ट किया गया। परन्तु महायोगी गोरखनाथ की अनुकम्पा से यह मठ कभी समाप्त नहीं हुआ। जहाँ आततायी मुसलमानों ने इसे नष्ट करने का काम किया वहीं अवध के मुसलमान शासक के सहयोग से पर्याप्त भूसम्पत्ति प्राप्त हुई। अनेक आपत्तियों को सहते हुए यह मठ अमरत्व को प्राप्त करता रहा। कहा जाता है कि अवध के एक नवाब द्वारा भूसम्पत्ति के साथ देवता की नियमित पूजा और योगियों की सेवा के लिए पर्याप्त सहायता की गयी।

गोरखनाथ मन्दिर का जो वर्तमान भव्य स्वरूप है वह इतिहास की कई करवटों को बदलते हुए आज जिस रूप में विद्यमान है वह उत्तरी भारत के सभी हिन्दू मन्दिरों से भव्य विस्तृत क्षेत्र में बना हुआ है। पहले तो इसका स्वरूप बहुत ही साधारण रहा होगा और प्रातःस्मरणीय महन्त दिग्विजयनाथ जी के समय तक यह मन्दिर बहुत पुराने ढंग के साधारण मन्दिरों जैसा था। परन्तु उन्हीं के समय में आगे मन्दिर का मानचित्र बना। जो एक शीशे के फ्रेम में मन्दिर के पास ही रख दिया गया था। उसी मानचित्र के आधार पर आज के वर्तमान भव्य मन्दिर का निर्माण पूज्य महन्त अवेद्यनाथ जी के समय में पूरा हुआ। जहाँ मन्दिर के मध्य में दिव्य वेदी है, जो गोरखनाथ जी के पवित्र आसन की प्रतीक मानी जाती है और उसी पर महायोगी गोरखनाथ की मूर्ति स्थापित है। जिस पर प्रतिदिन पूजा, अर्चना, आरती और प्रसाद वितरण दिन में निर्धारित समयों पर होता रहता है।

महायोगी गोरखनाथ जी अलखनिरंजन अर्थात् निर्गुण निराकार के साधक थे। किन्तु निर्गुण-सगुण में अभेद मानकर सगुण में भी निर्गुण और निरंजन को वे देखते थे। इसीलिए गोरखबानी में उन्होंने कहा कि, 'अंजन माहिं निरंजन देखा, तिल मह देखा तैलं' और आज जो अनेक देवी-देवताओं की मूर्तियाँ मन्दिर में हैं वे उनके मूल सिद्धान्त के विपरीत नहीं हैं। गोरख सिद्धान्त संग्रह में नाथ का स्वरूप इस प्रकार वर्णित है—

*निर्गुण वाम भागे च लब्ध भागे अद्‌भुजानिजा*
*मध्यभागे स्वयं पूर्णस्तस्मै नाथाय ते नमः।*
*वाम भागे स्थितः शंभुः सत्ये विष्णुस्तथैव च*
*मध्ये नाथः परं ज्योतिस्तद ज्योति मत्तमोहरम्।।*

"मैं उस नाथ को नमन करता हूँ जिसके वाम भाग में निर्गुण ब्रह्म स्थित है, जिसके दक्षिण भाग में अज्ञेय आत्म-शक्ति है और जो मध्य में स्वयं पूर्ण स्थिति में हैं अर्थात् अपनी पूर्ण ज्योतिर्मय आत्मचेतना की स्थिति में परमात्मा के दोनों रूप का आलिंगन किये हुए है। शम्भू या शिव उसके बायें भाग में हैं और विष्णु उसके दक्षिण भाग में हैं और नाथ उनके बीच परम ज्योति के रूप में विद्यमान हैं। यह परम ज्योति हमारे अज्ञान के अन्धकार को दूर करे।"

गोरखनाथ मन्दिर का जो वर्तमान भव्य स्वरूप श्री दिग्विजयनाथ जी के समय में मानचित्र के रूप में कल्पित हुआ था और उसका मूर्त रूप महन्त श्री अवेद्यनाथ जी के समय में मिला। इसके पहले जो मन्दिर था वह भी बहुत पुराना नहीं था। इसे कई बार विधर्मियों द्वारा ध्वस्त किया गया और बार-बार नवनिर्माण किया गया। मन्दिर के भीतरी हिस्से में एक अखण्ड ज्योति है जिसमें निरन्तर अग्नि प्रज्वलित होती रहती है और ज्योति भी जलती रहती है। यह इस बात का प्रतीक है कि यहाँ साधना की ज्योति अखण्ड रूप में साधकों द्वारा प्रज्वलित होती रही है और मन्दिर के मुख्य द्वार के सामने ऊँचे गुम्बद के साथ एक विशाल हॉलयुक्त मन्दिर है जिसमें एक वेदी पर महायोगी गोरखनाथ की प्रतिमा प्रतिष्ठित है जहाँ निर्धारित समयों पर आरती और महायोगी की स्तुति होती रहती है। उस समय सामने के हॉल में श्रद्धालु हाथ जोड़कर खड़े रहते हैं।

इस मुख्य मन्दिर के अतिरिक्त और भी कई मूर्तियाँ हैं। उसी मन्दिर के पार्श्व भाग में शिव के वक्षःस्थल पर नृत्य करती हुई माँ काली की मूर्ति है। यह इस बात का प्रतीक है कि शिव-तत्त्व अमर और निरपेक्ष है और सूक्ष्मातिसूक्ष्म है। पर उसकी शक्ति, जो काली की मूर्ति के रूप में प्रतिष्ठित है, वह ही दृश्य प्रपंच जगत् का कारण है। यह शिव के निरपेक्ष

स्वरूप का गत्यात्मक स्वरूप है। काली की उपासना आत्म-तत्त्व और शिव-तत्त्व की एकता का अनुभव कराती है। इसीलिए कई अन्य स्थानों पर अर्द्धनारीश्वर भी इसी का प्रतीक है। साधना में जो कुण्डलिनी महाशक्ति है वह भी इस शक्ति का स्वरूप है।

मन्दिर की दूसरी ओर गणेश की एक सुन्दर मूर्ति स्थापित है। गणेश शिव और शक्ति (पार्वती) के पुत्र कहे जाते हैं, उनका मस्तक हाथी का और उदर विशाल बनाया जाता है, आँखें छोटी-छोटी भीतर की ओर देखती हैं। वे सदैव ध्यान मुद्रा में रहते हैं। उनके मस्तक से लटकता हुआ सूँड़ सूँघने अर्थात् जानने या ज्ञान की सूक्ष्म विद्या से प्रतिष्ठित होने का प्रतीक है। विशाल उदर संसार के सभी तत्त्वों को समाहित कर लेने का मानो भण्डार है। दृष्टि ज्ञान के अन्तरावलोकन की प्रतीक है। उनका वाहन मूसक है अर्थात् ऐसा महिमामय देवता अहंकार के बोझ से रहित और कोई छोटा-से-छोटा व्यक्ति उसकी कृपा से कल्याण प्राप्त कर सकता है।

परिसर का तीसरा मन्दिर महाबली हनुमान का मन्दिर है। हनुमान द्वादश रुद्र कहे जाते हैं अर्थात् वे भी महाशिव के अंश से ही अवतरित हैं। वे एक आदर्श योगी हैं भक्त और ज्ञानी भी हैं, उनके सम्बन्ध में कहा गया है—

*अतुलितबलधामं हेमशैलाभदेहं*
*दनुजवनकृशानुं ज्ञानिनामग्रगण्यम्।*
*सकलगुणनिधानं वानराणामधीशं*
*रघुपतिप्रियभक्तं वातजातं नमामि।।*

*(सुन्दरकाण्ड)*

सारे भारतवर्ष में एक देवता की तरह उनकी पूजा होती है। वास्तव में हनुमान वानर जाति नामक एक जनजाति में उत्पन्न दिव्य ज्ञान सम्पन्न ज्ञानी भक्त थे। उनके पशुशरीर से इंगित होता है कि उन्होंने पशुत्व को जीतकर देवत्व को प्राप्त किया। गोरखनाथ के योग का भी यही उद्देश्य है कि मनुष्य आहार निद्रा मैथुन आदि प्रवृत्तियों को योग द्वारा जीतकर शिवत्व की प्राप्ति करता है।

मन्दिर में एक स्थान पर एक त्रिशूल की स्थापना की गयी है जो शिव का अस्त्र है। त्रिशूल त्रिपुरासुर का वध करने में प्रयुक्त हुआ था। यह भी एक प्रतीक है त्रिपुर का अर्थ है—स्थूल, सूक्ष्म और कारण शरीरों से, इन तीनों के विनाश से ही अहंकार समाप्त होता है। त्रिशूल के तीनों नोकों से क्रमश: वैराग्य, ज्ञान और समाधि का भी बोध होता है। इस तरह यह त्रिशूल भी योग का ही एक प्रतीक है।

मन्दिर के एक तरफ सतत रूप से अग्नि प्रज्वलित है जिसमें सुगन्धित पदार्थों की आहुति दी जाती है। यह निरन्तर जलनेवाली धूनी है। मन्दिर के ठीक सामने एक श्मशान भूमि है जहाँ मृत योगियों के मृत शरीर का दाह संस्कार होता है। और उनके भौतिक शरीर को मिट्‌टी में मिलने के लिए छोड़ दिया जाता है। यह श्मशान भूमि वैराग्य की भावना उत्पन्न करती है। सभी को संसार की सारी भौतिक उपलब्धियों को छोड़कर एक दिन मिट्‌टी में मिल जाना है।

इसलिए वैभव के साधनों को जुटाकर सुख की लालसा करना व्यर्थ है। इसी वैराग्य भावना को धारण करने के बाद ही मन्दिर में प्रवेश करके आप महायोगी गोरखनाथ के दिव्य सन्देश का मर्म समझ सकते हैं।

गोरखनाथ के मुख्य मन्दिर के ठीक पूर्व की ओर एक निर्मल जल से युक्त सरोवर है जिसे 'भीम सरोवर' कहते हैं। सरोवर के दाहिने तट पर एक विशाल भीम की प्रतिमा बनायी गयी है। उसके दाहिनी ओर एक दो मंजिला भवन है जिसमें मठ-मन्दिर की सारी गतिविधियों को चलानेवाले महन्त का निवास स्थान, उनका कार्यालय तथा कई बैठक सुसज्जित कक्ष हैं। इसी में पाकशाला है और नीचे एक खिड़की से दोपहर के भोजन का भण्डारा चलता है जिसमें कोई भी साधु-संन्यासी या जातक पंक्ति में खड़ा हो जाता है वह प्रसाद पाता है। इसके लगा एक दो-मंजिला अतिथि-गृह है जिनमें दो-दो शय्यावाले कक्ष हैं।

महन्त श्री के निवास भवन के सामने और मन्दिर के पृष्ठ भाग में एक विशाल सभा कक्ष है जिसे 'दिग्विजयनाथ सभा कक्ष' कहते हैं। उसके

आगे एक संन्यासी अतिथियों के लिए दो मंजिल का भवन है। एक बड़ी गोशाला है और एक संस्कृत पाठशाला भी है। मन्दिर सुसज्जित फूलों और वृक्षों से सुशोभित और ठीक ढंग से काटी गयी संस्कारित झाड़ियों से सुसज्जित है।

इस मन्दिर में सुदीर्घ काल तक प्रसिद्ध महन्तों और योगियों की परम्परा रही है।

इस मन्दिर का प्रबन्ध एक योगी के हाथ में होता है, उसे 'महन्त' कहा जाता है। यह बड़ा ही आदरणीय और सम्माननीय पद माना जाता है। इसकी गरिमा के अनुरूप ही इसके महन्तों की बड़ी भव्य-दिव्य परम्परा रही है। महन्त उच्चतम आध्यात्मिक आदर्शों से युक्त एक योगी होता है, जो नित्य नैमित्तिक साधना और पूजा करने के अतिरिक्त, वहाँ वर्ष में मनाये जानेवाले सामयिक पर्वों की व्यवस्था, वहाँ आनेवाले संन्यासियों, अतिथियों की सुविधा और मन्दिर में आनेवाले एक-एक पैसे का उचित व्यय करते हुए योगी जीवन के उच्चादर्शों को पूरी निष्ठा से पालन करता है। इन महन्तों की परम्परा में कुछ ऐसे महायोगी हुए हैं जो अपनी आध्यात्मिक गरिमा और योग सिद्धि के लिए अत्यन्त प्रसिद्ध रहे हैं।

ज्ञात इतिहास में इनमें से एक बालकनाथ जी (सन् 1758 से 1786 तक) 28 वर्ष महन्त रहे। उनके अलौकिक जीवन के सम्बन्ध में अनेक गाथाएँ प्रचलित हैं। यद्यपि उसके पूर्व के महन्तों का ऐतिहासिक क्रम में विवरण प्राप्त नहीं, किन्तु उनके पहले वीरनाथ, अजबनाथ और पियारनाथ महन्त रहे हैं। ये सभी महान् योगी बताये जाते हैं। एक बुद्धिनाथ का नाम लिया जाता है, जो वीरनाथ से कई पीढ़ी पूर्व महन्त हुए थे। बालकनाथ के बाद मानसनाथ 25 वर्षों तक महन्त रहे, उसके बाद 20 वर्षों तक सन्तोषनाथ महन्त रहे। 24 वर्षों तक मेहरनाथ, 25 वर्षों तक गोपालनाथ और 9 वर्षों तक बलभद्रनाथ महन्त रहे। उसके बाद सुन्दरनाथ जी इस गद्दी पर आसीन रहे किन्तु कई वर्षों के पश्चात् उन्होंने महन्त का अधिकार और दायित्व महायोगी बाबा गम्भीरनाथ को सौंप दिया। गम्भीरनाथ जी ऐसे योगी थे कि उन्हें गोरखनाथ का अवतार

समझा जाता था। उन्होंने मन्दिर के महन्त का दायित्व न स्वीकार करके अपनी साधना में तल्लीन रहना श्रेयस्कर समझा। इसलिए सुन्दरनाथ के मरने के पश्चात् गम्भीरनाथ जी के परम शिष्य ब्रह्मनाथ को गद्दी के लिए चुना गया। सन् 1934 में उनकी मृत्यु के पश्चात् बाबा दिग्विजयनाथ जी उनके उत्तराधिकारी हुए।

महन्त दिग्विजयनाथ मेवाड़ के राजवंश के पुत्र नान्हू सिंह थे। उन्हें बाल्यकाल में ही गोरखनाथ मन्दिर को समर्पित कर दिया गया था। उनकी शिक्षा-दीक्षा बाबा गम्भीरनाथ और बाबा ब्रह्मनाथ की देख-रेख में गोरखपुर में ही सम्पन्न हुई। कॉलेज की शिक्षा सम्पन्न होने के बाद वे 1934 ई. में महन्त बनाये गये। उनमें अद्भुत संगठन शक्ति थी। उन्होंने मन्दिर के वर्तमान स्वरूप के निर्माण की रूप-रेखा बनायी थी और उनके प्रभावशाली व्यक्तित्व के प्रभाव से उस समय मन्दिर की ख्याति पूरे देश में हो गयी। गोरखपुर की जनता ने कई बार उन्हें लोकसभा सदस्य बनाकर भेजा; जहाँ उन्होंने महत्त्वपूर्ण भूमिका निभायी। वह हिन्दू महासभा के अध्यक्ष भी रहे। 28 सितम्बर, 1969 ई. में उनके ब्रह्मलीन होने पर उनके सुयोग्य उत्तराधिकारी अवेद्यनाथ जी महाराज को पद प्रतिष्ठित किया गया। अवेद्यनाथ जी भी लोकसभा और उत्तरप्रदेश विधानसभा के सदस्य रहे। किन्तु वे इस सक्रिय राजनीतिक जीवन से अलग होकर विश्व हिन्दू परिषद् के कार्यों को अग्रसर करने में और सामाजिक समरसता के निर्माण के लिए कार्य करते रहे। राम जन्मभूमि मन्दिर निर्माण के प्रमुख स्तम्भों में अवेद्यनाथ जी भी थे। उनके अथक प्रयास से इस मन्दिर निर्माण की भूमिका बनी, जिसका स्वरूप अब साकार हो रहा है। यह महन्त अवेद्यनाथ जी के प्रति सच्ची श्रद्धांजलि है। उन्होंने अपने जीवन-काल में ही अपने उत्तराधिकारी के रूप में एक अत्यन्त युवा को अपना उत्तराधिकारी बनाया और उनके निधन 12 सितम्बर, सन् 2004 के पश्चात् वहीं, योगी आदित्यनाथ उत्तराधिकारी हुए।

योगी आदित्यनाथ जी अवेद्यनाथ जी के जीवन-काल में ही मन्दिर की सारी व्यवस्था देखने लगे थे। उन्होंने अपने पूर्वाधिकारियों महन्त दिग्विजयनाथ और महन्त अवेद्यनाथ की कीर्तिपताका को और भी ऊँचा फहराया।

अवेद्यनाथ जी के जीवन-काल से ही वह लगातार गोरखपुर से लोकसभा सदस्य चुने जाते रहे और चुनाव-प्रति-चुनाव उनके मतों में वृद्धि होती रही। उन्होंने अपने कार्यों से एवं व्यक्तित्व से ऐसी धाक जमायी कि कोई पद न चाहते हुए भी उनके दल के केन्द्रीय नेतृत्व ने उन्हें उत्तर प्रदेश के मुख्यमन्त्री के रूप में प्रतिष्ठित किया। एक योगी ने एक कुशल संगठन शक्ति एवं प्रशासनिक शक्ति का यह प्रदर्शन किया है कि उन्हें देश के कोने-कोने में व्याख्यान एवं भाषण के लिए आमन्त्रित किया जाने लगा। इस मन्दिर का यह सौभाग्य है कि उसके एक योगी को ऐसी कीर्ति मिल रही है कि सम्भवत: आगे आनेवाले समय में वह विश्व-पटल पर अभिनव विवेकानन्द के रूप में प्रतिष्ठित होगा।

### शिक्षा-प्रसार का कार्य

पराधीन भारत में शिक्षा को भारतीय जीवन-दर्शन के अनुरूप करने के अभियान में 1932 ई. में महाराणा शिक्षा परिषद् की स्थापना की गयी। उसके द्वारा शिक्षा-प्रसार का महत् कार्य हुआ।

महाराणा प्रताप शिक्षा परिषद् के अन्तर्गत 1932 में बक्शीपुर में किराये के एक मकान में महाराणा प्रताप क्षत्रिय स्कूल प्रारम्भ हुआ। 1935 में इसे जूनियर हाईस्कूल की मान्यता मिल गयी और 1936 ईं में यहाँ हाईस्कूल की पढ़ाई प्रारम्भ की गयी तथा इसका नाम 'महाराणा प्रताप हाईस्कूल' हो गया। इसी बीच महन्त दिग्विजयनाथ जी महाराज के प्रयास से गोरखपुर की सिविल लाइन्स में पाँच एकड़ भूमि महाराणा प्रताप शिक्षा परिषद् को प्राप्त हो गयी और महाराणा प्रताप हाईस्कूल का केन्द्र सिविल लाइन्स हो गया तथा देश के आजाद होते समय यह विद्यालय महाराणा प्रताप इण्डरमीडिएट कॉलेज के रूप में प्रतिष्ठित हुआ। 1949-50 में इसी परिसर में महाराणा प्रताप डिग्री कॉलेज और गोरखपुर विश्वविद्यालय विद्यालय की स्थापना हुई।

अगस्त, 1958 में महन्त जी ने महाराणा प्रताप डिग्री कॉलेज को गोरखपुर विश्वविद्यालय की स्थापना हेतु समर्पित किया और विश्वविद्यालय की स्थापना के आधार-स्तम्भ बने। वर्तमान गोरखपुर विश्वविद्यालय का

वाणिज्य संकाय आज भी उसी महाराणा प्रताप डिग्री कॉलेज के भवन में चल रहा है तथा उसी परिसर में विश्वविद्यालय का एम.बी.ए., शिक्षा शास्त्र एवं वाणिज्य संकाय का नवीन भवन स्थित है। तत्पश्चात् महाराणा प्रताप शिक्षा परिषद् ने ब्रह्मलीन महन्त दिग्विजयनाथ जी महाराज के नाम से वर्तमान दिग्विजयनाथ स्नातकोत्तर महाविद्यालय की स्थापना की, सम्प्रति यह विश्वविद्यालय परिसर से सटे महानगर का एक अति प्रतिष्ठित महाविद्यालय है।

## शैक्षिक संस्थाएँ

महाराणा प्रताप शिक्षा परिषद् द्वारा वर्तमान में दर्जनों शिक्षण संस्थाएँ गोरखपुर क्षेत्र में संचालित हो रही हैं। इनमें गोरखपुर महानगर में महाराणा प्रताप पालिटेक्निक, श्री गोरक्षनाथ संस्कृत विद्यापीठ, महाराणा प्रताप शिशु शिक्षा विहार एवं बालिका विद्यालय सिविल लाइन्स, दिग्विजयनाथ बी.एड. कॉलेज, महाराणा प्रताप टेलरिंग कॉलेज सिविल लाइन्स, महाराणा प्रताप शिशु शिक्षा विहार, जू.हा. स्कूल रामदत्तपुर, महाराणा प्रताप महिला महाविद्यालय रामदत्तपुर, महाराणा प्रताप कृषक उच्चतर माध्यमिक विद्यालय, जगल धूसड़, दिग्विजयनाथ पूर्व माध्यमिक विद्यालय, चौक माफी और महाराणा प्रताप सीनियर सेकण्ड्री स्कूल, बेतियाहाता गोरखपुर प्रमुख हैं। महाराजगंज जनपद में दिग्विजयनाथ इण्टर कॉजेल, चौक बाजार, दिग्विजयनाथ शिशु शिक्षा विहार चौक बाजार, परमहंस शिशु शिक्षा सदन, सोनाडी जंगल में प्रमुख प्रतिष्ठित शिक्षण संस्थाएँ हैं। जुलाई 2011 से महाराजगंज जनपद के चौक बाजार में महन्त अवेद्यनाथ महाविद्यालय भी प्रारम्भ हो गया है। प्रतिष्ठा प्राप्त महाराणा प्रताप स्नातकोत्तर महाविद्यालय, जंगल धूसड़ इसी महाराणा प्रताप शिक्षा परिषद् द्वारा संचालित है।

गोरक्षपीठ द्वारा संचालित महाराणा प्रताप शिक्षा परिषद् शिक्षा क्षेत्र की एक अग्रणी संस्था है। पूर्वी उत्तर प्रदेश में गोरखपुर को केन्द्र बनाकर प्राथमिक से उच्च शिक्षा तक लगभग साढ़े तीन दर्जन शिक्षण-प्रशिक्षण

संस्थानों एवं सेवा केन्द्रों का संचालन करनेवाली महाराणा प्रताप शिक्षा परिषद् की स्थापना 1932 ई. में गोरक्षपीठाधीश्वर महन्त दिग्विजयनाथ जी महाराज ने की थी तथा उसे गोरक्षपीठाधीश्वर महन्त अवेद्यनाथ जी महाराज ने पुष्पित-पल्लवित किया। वर्तमान पीठाधीश महन्त योगी आदित्यनाथ के हाथों इसमें उत्तरोत्तर गतिशीलता आती जा रही है।

### चिकित्सा के क्षेत्र में

गोरखनाथ चिकित्सालय की स्थापना 2003 ई. में हुई जो135 शय्याओं तथा आधुनिकतम चिकित्सकीय और निदान यन्त्रों से परिपूर्ण है। इसके अतिरिक्त गुरु गोरखनाथ योग-संस्थान, महन्त दिग्विजयनाथ आयुर्वेदिक चिकित्सालय सुचारु रूप से इस संस्थान द्वारा संचालित है। गरीबों के लिए निःशुक्ल सेवा हेतु समय-समय पर शिविर लगाये जाते हैं। मानवता की सेवा का यह संकल्प सराहनीय है।

# गोरख-बानी

## गोरख-बानी : सबदी और पद

# सबदी

बसती न सुन्यं सुन्यं न बसती अगम अगोचर ऐसा।
गगन-सिषर महिं बालक बोलै ताका नाँव धरहुगे कैसा।।1।।
अदेषि देषिबा देषि बिचारिबा अदिसिटि राषिबा चीया।
पाताल की गंगा ब्रह्मंड चढ़ाइबा, तहाँ बिमल बिमल जल पीया।।2।।
इहां की आछै इहां ही अलोप। इहां ही रचिलै तीनि त्रिलोक।
आछै संगै रहै जू वा। ता कारणि अनंत सिधा जोगेस्वर हूवा।।3।।
वेद कतेब न षांणीं बांणीं। सब ढंकी तलि आंणीं।
गगनि सिषर महि सबद प्रकास्या। तहं बूझै अलष बिनांणीं।।4।।
अलष बिनांणीं दोइ दीपक रचिलै तीन भवन इक जोती।
तास बिचारत त्रिभवन सूझै चुणिल्यौ मांणिक मोती।।5।।
वेदे न सास्त्रे कतेबे न कुरांणे पुस्तके न बंच्या जाई।
ते पद जांनां बिरला जोगी और दुनी सब धंधै लाई।।6।।
हसिबा षेलिबा रहिबा रंग। कांम क्रोध न करिबा संग।
हसिबा षेलिबा गाइबा गीत। दिढ करि राषि आपना चीत।।7।।
हसिबा षेंलिबा धरिबा ध्यांन। अहनिसि कथिबा ब्रह्म गियांन।
हसै षेलै न करै मन भंग। ते निहचल सदा नाथ कै संग।।8।।
महंमद महंमद न करि काजी महंमद का विषम बिचारं।
महंमद हाथि करद जे होती लोहै घड़ी न सारं।।9।।

सबदैं मारी सबदँ जिलाई ऐसा महंमद पीरं।
ताकै भरमि न भूलौ काजी सो बल नहीं सरीरं।।10।।

नाथ कहंतां सब जग नाथ्या गोरष कहतां गोई।
कलमा का गर महंमद होता पहलैं मूवा सोई।।11।।

सारमसारं गहर गंभीरं गगन उछलिया नादं।
मानिक पाया फेरि लुंकाया झूठा बाद-बिबादं।।12।।

कोई बादी कोई बिबादी जोगी कौं बाद न करनां।
अठसठि तीरथ समंदि समावैं यूँ जोगी कौं गुरुमुषि जरनां।।13।।

उतपति हिन्दू जरणां जोगी अकलि परि मुसलमांनीं।
ते राह चीन्हों हो काजी मुलां ब्रह्मा बिस्नु महादेव मांनीं।।14।।

मांन्यां सबद चुकाया दंद। निहचै राजा भरथरी परचै गोपीचंद।
निहचै नरवै भए निरदंद। परचै जोगी परमानंद।।15।।

अह निसि मन लै उनमन रहै, गम की छांड़ि अगम की कहै।
छाड़ै आसा रहै निरास, कहै ब्रह्मा हूँ ताका दास।।16।।

अरधै जाता उरधै धरै, कांम दगध जे जोगी करै।
तजै अल्यंगन काटै माया, ताका बिसनु पषालै पाया।।17।।

अजपा जपै सुंनि मन धरै, पांचौ इंद्री निग्रह करै।
ब्रह्म अगनि मैं होमै काया, तास महादेव बंदै पाया।।18।।

धन जोवन की करै न आस, चित्त न राषै कांमनि पास।
नाद बिंद जाकै घटि जरै, ताकी सेवा पारबती करै।।19।।

बालै जोबनि जे नर जती, काल दुकालां ते नर सती।
फुरतै भोजन अलप अहारी, नाथ कहै सो काया हमारी।।20।।

सबदहिं ताला सबदहिं कूंची, सबदहिं सबद जगाया।
सबदहिं सबद सूं परचा हूआ, सबदहिं सबद समाया।।21।।

पंथ बिन चलिबा अगनि बिन जलिबा, अनिल तृषा जहटिया।
ससंबेद श्री (गुर) गोरष (नाथ) कहिया बूझिल्यौ पंडित पढ़िया।।22।।

गगन मंडल मैं ऊंधा कूबा तहां अंमृत का बासा।
सगुरा होइ सु भरि भरि पीवै निगुरा जाइ पियासा।।23।।

गगने न गोपंत तेजे न सोषंत पवने न पेलंत बाई।
यही भारे न भाजंत उदके न डूबन्त कहौ तौ को पतियाई।।24।।

बास सहेती सब जग बास्या, स्वाद सहेता मीठा।
साच कहूँ तौ सतगुर मांनैं रूप सहेता दीठा।।25।।

मरौ वे जोगी मरौ, मरण है मीठा।
तिस मरणीं मरौ, जिस मरणीं गोरष मरि दीठा।।26।।

हबकि न बोलिबा, ठबकि न चालिबा धीरै धारिबा पावं।
गरब न करिबा सहजै रहिबा भणत गोरष रावं।।27।।

भर्‌या ते थीरं झलझलंति आधा।
सिधें सिध मिल्या रे अवधू बोल्या अरु लाधा।।28।।

नाथ कहै तुम सुनहु रे अवधू दिढ करि राषहु चीया।
काम क्रोध अहंकार निबारौ तौ सबै दिसंतर कीया।।29।।

स्वामी बन षंडि जाउं तो षुध्या व्यापै नग्री जाउं त माया।
भरि भरि षाउं त बिंद बियापै क्यों सीझति जल ब्यंद की काया।।30।।

धाये न षाइबा भूषेन मरिबा अहनिसि लेबा ब्रह्म अगनि का भेवं।
हठ न करिबा पड्या न रहिबा यूँ बोल्या गोरष देवं।।31।।

थोड़ा बोलै थोड़ा षाइ तिस घटि पवनां रहै समाइ।
गगन मंडल से अनहद बाजै प्यंड पड़ै तो सतगुर लाजै।।32।।

अवधू अहार तोड़ौ निद्रा मोड़ौ कबहुँ न होइगा रोगी।
छठै छ मासै काया पलटिबा ज्यूं को को बिरला बिजोगी।।33।।

देव कला ते संजम रहिबा, भूत कला अहारं।
मन पवना लै उनमनि धरिबां ते जोगी तत सारं।।34।।

अवधू निद्रा कै घरि काल जंजालं अहार कै धरि चोरं।
मैथुन कै घरि जुरा गरासै अरध-उरध लै जोरं।।35।।

अति अहार यंद्री बल करै नासै ग्यांन मैथुन चित धरै।
व्यापै न्यंद्रा झंपै काल ताके हिरदै सदा जंजाल।।36।।

घटि घटि गोरष बाही क्यारी। जो निपजै सो होइ हमारी।
घटि घटि गोरष कहै कहांणीं। काचै भांडै रहे न पांणीं।।37।।

घटि घटि गोरष फिरै निरूता। को घट जागे को घट सूता।
घटि घटि गोरष घटि घटि मींन। आपा परचै गुर मुषि चींन्ह।।38।।

पावड़ियां पग फिलसै अवधू लोहै छीजंत काया।
नागा मूनी दूधाधारी एता जोग न पाया।।39।।

दूधाधारी पर घरि चित। नागा लकड़ी चाहै नित।
मोनीं करै म्यंत्र की आस। बिन गुर गुदड़ी नहीं बेसास।।40।।

दषिणी जोगी रंगा चंगा, पूरबी जोगी बादी।
पछमी जोगी बाला भोला, सिध जोगी उतराधी।।41।।

अवधू पूरब दिंसि व्याधिका रोग, पछिम दिसि मिर्तू का सोग।
दछिण दिस माया का भोग, उत्यर दिसि सिध का जोग।।42।।

धूतारा ते जे धूतै आप, भिष्या भोजन नहीं संताप।
अहूठ पटण मैं भिष्या करै। ते अवधू सिव पुरी संचरै।।43।।

घरबारी सो घर की जाणै। बाहरि जाता भीतरि आणै।
सरब निरंतरि काटै माया। सो घरबारी कहिए निरञ्जन की काया।।44।।

गिरही सो जो गिरहै काया। अभि अंतरि की त्यागै माया।
सहज सील का धरै सरीर। सो गिरही गंगा का नीर।।45।।

अमरा निरमल पाप न पुंनि। सत रज बिबरजित सुंनि।
सोहं हंसा सुमिरै सबद। तिहिं परमारथ अनंत सिध।।46।।

पाषंडी सो काया पषालै। उलटि पवन अगनि प्रजालै।
व्यंद न देई सुमनैं जाण। सो पाषंडी कहिए तत्त समांन।।47।।

मनवां जोगी गाया मढी। पंच तत्त ले कंथा गढी।
षिमा षड़ासण ग्यान अधारी। सुमति पावड़ी डंड बिचारी।।48।।

चालत चंदवा षिसि षिसि पड़ै। बैठा ब्रह्म अगनि परजलै।
आडै आसणि गोटिका बंध। जावत प्रथिमी तावत कंध।।49।।

यहु मन सकती यहु मन सीव। यहु मन पांच तत्त का जीव।
यहु मन ले जै उन मन रहै। तौ तीनि लोक की बातां कहै।।50।।

अवधू नव घाटी रोकि लै बाट। बाई बणिजै चौसठि हाट।
काया पलटै अबिचल बिध। छाया बिबरजित निपजै सिध।।51।।

अवधू दंम कौं गहिबा उनमनि रहिबा, ज्यूं बाजबा अनहद तूरं।
गगन मंडल मैं तेज चमंकै, चंद नहीं तहां सूरं।।52।।

सास उसास बाइ कौ भषिबा, रोकि लेहु नव द्वारं।
छठै छमासि काया पलटिबा, तब उनमँनीं जोग अपारं।।53।।

अवधू सहंस्त्र नाड़ी पवन चलैगा, कोटि झमंकै नादं।
बहतरि चंदा बाई सोष्या किरणि प्रगटी जब आदं।।54।।

अमावस कै घरि झिलिमिलि चंदा, पूनिंम कै घरि सूरं।
नाद कै घरि ब्यंद गरजै, बाजंत अनहद तूरं।।55।।

उलटंत नादं पलटंत ब्यंद, बाई कै घरि चीन्हसि ज्यंद।
सुंनि मंडल तहाँ नीझर झरिया, चंद सुरजि लै उनमनि धरिया।।56।।

अवधू प्रथम नाड़ी नाद झमंकै, तेजंग नाड़ी पवनं।
सीतंग नाड़ी ब्यंद का बासा, कोई जोगी जानत गवनं।।57।।

उठंत पवनां रवी तपंगा बैठंत पवनां चंद।
दहूँ निरंतरि जोगी बिलंबै, बिंद बसै तहाँ ज्यंद।।58।।

केता आवै केता जाई, केता मांगै केता खाई।
केता रूष विरष तलि रहै, गोरष अनभै कासौ कहै।।59।।

पढ़ि देखि पंडिता रहि देषि सारं, अपणीं करणीं उतरिबा पारं।
बदंत गोरषनाथ कहि धू साषी, घटि घटि दीपक (बलै) षणि
पसु न (पेषे) आंषी।।60।।

सुसबदे हीरा बेधिलै अवधू जिभ्या करि टकसाल।
औगुंन मध्ये गुंन करिलै, तौ चेला सकल संसार।।61।।

अभरा तथा तें सूभर भरिया नीझर झरता रहिया।
षांडे थैं षुरसाण दुहेला, यूं सतगुरि मारग कहिया।।62।।

प्यंडै होइ तौ पद की आसा, बंनि निपजै चौतारं।
दूध होई तौ घृत की आसा, करणीं करतब सारं।।63।।

मन मैं रहिणां भेद न कहिणां, बोलिबा अंमृत बांणीं।
आगिला अगनी होइबा अवधू, तौ आपण होइबा पांणीं।।64।।

उनमनि रहिबा भेद न कहिबा पीयबा नींझर पांणीं।
लंका छांडि पलंका जाइबा, तब गुरमुष लेबा बांणीं।।65।।

नग्री सोभंत बहु जल मूल बिरषा, सभा सोभंत पंडिता पुरषा।
राजा सोभंत दल प्रवांणी, यू सिधा सोभंत सुधि बुधि की वांणीं।।66।।

बिरला जाणंति भेदांनिभेद बिरला जाणंति दोइ पष छेद।
बिरला जाणंति अकथ कहांणीं, बिरला जाणंति सुधिबुधि की बांणी।।67।।

उत्तरषंड जाइबा सुंनिफल षाइबा, ब्रह्म अगनि पहरिबा चीरं।
नीझर झरणैं अंमृत पीया यूं मन हूवा थीरं ।।68।।

हिन्दू ध्यावै देहुरा मुसलमान मसीत।
जोगी ध्यावै परमपद जहाँ देहुरा न मसीत।।69।।

हिन्दू आषैं अलष कौ, तहाँ राम अछैं न षुदाइ।।70।।

प्यंडे होइ तौ मरै न कोई, ब्रह्मंडे देषै सब लोई।
प्यंड ब्रह्मंड निरंतर बास, भणंत गोरष मछ्यंद्र का दास।।71।।

बैठा अवधू लोह की षूंटी, चलता अवधू पवन की मूंठी।
सोवता अवधू जीवता मूवा, बोलता अवधू प्यंजरै सूवा।।72।।

गोरष कहै सुणहुरे अवधू जग मैं ऐसै रहणां–
आंषै देषिबा कांनैं सुणिबा मुष थैं कछू न कहणां।।73।।

नाथ कहै तुम आपा राषौ, हठ करि बाद न करणां।
यहु जुग है कांटे की बाड़ी, देषि देषि पग धरणा।।74।।

गोरष कहै सुणौं रे वधू सुसूपाल थैं डरिये।
ले मुदिगर की सिर मैं मेलै, तौ बिनही षूटी मरिये।।75।।

दृष्टि अग्रज्ञ दृष्टि लुकाइबा, सुरति लुकाइबा कांनं।
नासिका अग्रे पवन लुकाइबा, तब रहि गया पद निरबांनं।।76।।

अवधू मनसा हमारी गींद बोलिये, सुरति बोलिये चौगानं।
अनहद ले षेलिबा लागा, तब गगन भया मैदानं।।77।।

पंच तत सिधां मुडाया, तब भेटिलै निरंजन निराकारं।
मन मस्त हस्ती मिलाइ अवधू, तब लूटिलै अषै भंडारं।।78।।

अरध–उरध बिचि धरी उठाई, मधि सुनिं मैं बैठा जाई।
मतवाला की संगति आई, कथंत गोरषना परमगति पाई।।79।।

डंडी सो जे आप डंडै, आवत जाती मनसा षंडे।
पंचौ इंद्री का मरदै मांन, सो डंडी कहिये तत समांन।।80।।

पाया लो भल पाया लो सबद थांन सहेती थीति।
रूपा संहेता दीसण लागा, तब सर्व भई परतीति।।81।।

अरधंत कवल उरधंत मध्ये, प्रांण पुरिस का बासा।
द्वादस हंसा उलटि चलैगा, तब हीं जोति प्रकासा।।82।।

आसण बैसिबा पवन निरोधिबा, थांन-मांन सब धंधा।
बदंत गोरषनाथ आतमां विचारंत, ज्यूं जल दीसै चंदा।। 83।।

गोरष बोलै सुणिरे अवधू, पंचौ पसर निबारी।
अपणी आत्मां आब बिचारी, तब सोवौ पान पसारी।।84।।

असार न्यंद्रा बैरी काल, कैसैं कर, रखिबा गुरु का भंडार।
असार तोड़ो, निंद्रा मोड़ौ, सिव सकती ले करि जोड़ौ।।85।।

तब जांनिबा अनाहद का बंध, ना पड़ै त्रिभुवन नहीं पड़ै कंध।
रकत की रेत अंग थै न छूटै, जोगी कहतां हीरा न फूटै।।86।।

सबद एक पूछिबा कहौ गुरु दयालं, बिरिधि थै क्यूंकरि होइबा बालं।
फूल्या फूल कली क्यूं होई, पूछें कहै तौ गोरष सोई।।87।।

सुणौ हो देवल तजौ जंजालं, अमिय पीवत तब होइना बालं।
ब्रह्म अगनि सींचत मूलं, फूल्या फूल कली फिरि फूलं।।88।।

उलट्या पवनां गगन समोइ, तब बाल रूप परतषि होई।
उदै ग्रहि अस्त हेम ग्रहि पवन मेला, बंधिलै हस्तिय निज साल मेला।। 89।।

बारा कला सोषै सोला कला पोषं, चारि कला साधै अनंत कला जीवै।
ऊरम धूरम जोती ज्वाला सीधि, साधंत चारि कला पीवै।।90।।

असाध साधंत गगन गाजंत, उनमनी लागंत ताली।
उलटंत पवनं पलटंत बांणीं, अपीव पीवत जे ब्रह्मग्यांनी।।91।।

अलेष लेषंत अदेष देषंत, अरस परस ते दरस जांणीं।
सुंनि गरजंत बाजंत नाद, अलेष लेषंत ते निज प्रवांणीं।।92।।

निहचल घरि बैसिबा पवन, निरोधिबा कदे न होइगा रोगी।
बरस दिन मैं तीनि बर काया पलटिबा, नाग बंग बनासपती जोगी।।93।।

षोडस नाड़ी चंद्र प्रकास्या, द्वादस नाड़ी मांनं।
सहंस्त्र नाड़ी प्रांण का मेला, जहां असंष कला सिव थांनं।।94।।

अवधू ईड़ा मारग चंद्र भणीजै, प्यंुगुला मारग भांमं।
सुषमनां मारग बांणीं बोलिये, त्रिय मूल अस्थांनं।।95।।

अवधू काया हमारी नालि बोलिये, दारू बोलिये पवनं।
अगनि पलीता अनहद गरजै, ब्यंद गोला उड़ि गगनं।।96।।

काजी मुलां कुरांण लगाया, ब्रह्म लगाया बेदं।
कापड़ी संन्यासी तीरथ भ्रमाया न पाया नृबांण पद का भेवं।।97।।

देवल जात्रा सुंनि जात्रा, तीरथ जात्रा पांणीं।
अतीत जात्रा सुफल जात्रा, बोलै अंमृत बांणीं।।98।।

अबरा धरे बिचारिया, घर या ही मैं सोई।
धर अधर परचा हूवा, तब उती नाहीं कोई।।99।।

ऊभा मारूं बैठा मारूं, मारूं जागत सूता।
तीनि लोक भग जाल पसार्‌या कहां जाइगौ पूता।।100।।

ऊभा षंडौ बैठा षंडौ षंडौ जागत सूता।
तिहूं लोक तैं रहूँ निरंतरि, तौ गोरख अवधूता।।101।।

न्यंद्रा कहै मैं अलिया बलिया, ब्रह्मां विष्न महादेव छलिया।
न्यंद्रा कहै हूँ षरी विगूती, जागै गोरष हूँ पड़ि सूती।।102।।

जोगी सो जे मन जोगवै, बिन बिलाइत राज भोगवै।
कनक कांमनीं त्यागें दोइ, सो जोगेस्वर निरभै होइ।।103।।

संन्यासी सोई करै सर्ब नास, गगन मंडल महि मांडै आस।
अनहद सूं मन उनमन रहै, सो संन्यासी अगम की कहै।।104।।

लाल बोलंती अम्हे पारि उतरिया, मूढ रहै उर वारं।
थिति बिहूंणां झूठा जोगी, ना तस वार न पारं।।105।।

उलटिया पवन षट चक्र बेधिया, तातै लोहै सोषिया पांणीं।
चंद्र सूर दोऊ निज घरि राष्या, ऐसा अलष बिनांणीं।।106।।

नाद हमारै बावै कवन नाद बजाया तूटै पवन।
अनहद सबद बाजता रहै, सिध संकेत श्री गोरष कहै।।107।।

सुणि गुणवंता सुणि बुधिवंता, अनंत सिधां की बांणीं।
सीस नवावत सतगुर मिलिया, जागत रैंणिं विहांणीं।।108।।

भिष्या हमारी कामधेनि बोलिये, संसार हमारी वाड़ी।
गुर परसादै भिष्या षाइबा, अंतिकालि न होइगी भारी।।109।।

बड़े बड़े कूले मोटे मोटे पेट, नहीं रै पूता गुरू सौं भेट।
षड़ षड़ काया निरमल नेत, भई रे पूता गुरू सौ भेंट।।110।।

निरति न सुरति जोगं न भोगं, जुरा मरण नहीं तहाँ रोगं।
गोरष बोलैं एकंकार, नहिं तहँ बाचा ओअंकार।।111।।

उदै न अस्त राति न दिन, सरबे सचराचर भाव न भिन।
सोई निरंजन डाल न मूल, सब व्यापीक सुषम न अस्थूल।।112।।

ब्रह्मांड फूटिबा नगर सब लूटिबा, कोई न जांणवा भेवं।
बदंत गोरषनाथ प्यंड दर जब घेरिबा, तब पकड़िबा पंच देवं।।113।।

अहंकार तुटिबा निराकार फूटिबा, सोषीला गंग जमन का पानीं।
चंद सूरज दोऊ सनमुषि राषिला, कहो हो अबतू तहां की सहिनांणी।।114।।

चेता रे चेतिबा आपा न रेतिबा, पंच की मेटिबा आसा।
बदंत गोरष सति ते सूरिवां उनमनि मन मैं बास।।115।।

सिध क संकेत बूझिलै सूरा, गगन अस्थांनि बाइलै तूरा।
मींमा के मारग रोपीलैं भांणं, उलट्या फूल कली मैं आंणं।।116।।

बाल बासंत तहां प्रगट्या षेलं, द्वादस अंगुल गगन घरि मेलं।
बदंत गोरष पूतां होइबा चिराई, न पडंत काया न जंम घरि जांई।।117।।

अंन का मास अनिल का हाड, तत का बन्द भषिबा बाई।
बदंत गोरषनाथ पूता होइबा चिंराई, न पड़ै घट न जंमघरि जाई।।118।।

ॐ लीहा पीर। ताँबा तकबीर।
रूपा महंमद सोना षुदाई, दुहुँ बिचि दुनियां गोता षाई।
हम तो निरालंभ बैठे देषत रहैं ऐसा, एक सुषन बाबा रतनहाजी कहै।।119।।

कहणि सुहेली रहणि दुहेली कहणि रहणि बिन थोथी।
पढ्या गुंण्या सूबा बिलाई षाया पंडित के हाथि रह गई पोथी।।120।।

कहणि सुहेली रहणि दुहेली, बिन षायां गुड़ मींठा।
खाई हींग कपूर बषांणै गोरष कहै सब झूठा।।121।।

मूरिष सभा न बैसिबा अवधू पंडित सौं न करिब बादं।
राजा संग्रामे झूझ न करबा हेलै न षोइबा नादं।।122।।

हिरदा का भाव हाथ मैं जाणिये यहु कलि आई षोटी।
बदंत गोरष सुणौ रे अवधू करवै होई सु निकसै टोटी।।123।।

जल कै संजमि अटल अकास अन कै संजमि जोति प्रकास।
पवनां संजमि लागै बंद ब्यंद कै संजमि थिरह्वै कंद।।124।।

सबद बिंदौ रे अवधू सबद बिंदौ थांन मांन सब धंधा।
आतमां मधे प्रमातमां दीसै ज्यौं जल मधे चंदा।।125।।

आसण दिढ अहार दिढ जै न्यंद्रा दिढ होई।
गोरष कहै सुणौ ले पूता मरै न बूढ़ा होई।।126।।

कोई न्यंदै कोई ब्यंदै कोई करै हमारी आसा।
गोरष कहै सूणौ रे अवधू यहु पंथ षरा उदासा।।127।।

इक लष सींगणि नव लष बांन। बेध्या मींन गगन अस्थांन।
बेध्या मींन गगन कै साथ। सति सति भाषंत श्रीगोरषनाथ।।128।।

तूटी डोरी रस कस बहै। उनमनि लागा अस्थिर रहै।
उनमनि लागा होइ अनंद। तूटी डोरीं बिनसै कंद।।129।।

सबद बिन्दौ अवधू सबद बिन्दौ सबदे सीझंत काया।
निनांणवै कोडि राजा मस्तक मुडाइले परजा का अंत न पाया।।130।।

षरतर पवनां रहै निरंतरि। महारस सीझै काया अभिअंतरि।
गोरष कहै अम्हें चंचल ग्रहिया। सिव सक्ती ले निज घरि रहिया।।131।।

पेट कि अगनि बिबरजित दिष्टि को अगनि षाया।
ग्यांन गुरु का आगै ही होता पणि बिरलै अवधू पाया।।132।।

अगम अगोचर रहै निहकांम। भंवर गुफा नांहीं बिसराम।
जुगति न जांणैं जागैं राति। मन कांहू कै न आवै हाथि।।133।।

नव नाडी बहोतरि कोठा। ए अष्टांग सब झूठा।
कूंची ताली सुषमन करै उलटि जिभ्या ले तालू धरै।।134।।

पंडित ग्यांन मरौ क्या झूझि। औरै लेहू परमपद बूझि।
आसण पवन उपद्रह करैं। निसिदिन आरम्भ पचि-पचि मरैं।।135।।

उनमन जोगी दसवैं द्वार। नाद ब्यंद ले धूंधूंकार।
दसवे द्वार देइ कपाट। गोरष षोजी औरै बाट।।136।।

आंरम्भ जोगी कथीला एकसार
षिण षिण जोगी करै सरीर विचार।
तलबल ब्यंद धरिबा एक तोल।
तब जांणिबा जोगी आरंभ का बोल।।137।।

घट ही रहिबा मन नजाई दूर। अह निस पीवै जोगी बारुणीं सूर।
स्वाद बिस्वाद बाई काल छींन। तब जांनिबा जोगी घट का लछीन।।138।।

परचय जोगी उनमन षेला। अहनिसि इंछया करै देवता स्यूं मेला।
षिन षिन जोगी नांनां रूप। तब जांनिबा जोगी परचय सरूप।।139।।

निसपती जोगी जांनिबा कैसा। अगनी पांणीं लोहा मांनै जैसा।
राजा परजा संमि करि देष। तब जांनिबा जोगी निसपतिका भेष।।140।।

अवधू षारै षिरै षाटै झरै मीठै उपजै रोग।
गोरष कहै सुणौ रे अवधू अंनै पांणीं जोगं।।141।।

बजरी करंतां अमरी राषै अमरि करंतां बाई।
भोग करंतां जे ब्यंद राषै ते गोरष का गुरभाई।।142।।

भग मुषि ब्यद अगनि मुषिपारा। जो राषै सो गुरु हमारा।।143।।

जिभ्या स्वाद तत तन षोजै हेला करै गुरु बाचा।
अगनि बिहूँणां बंध न लागै ढलकि जाइ रस काचा।।144।।

अवधू ईश्वर हमारै चेला भणींजै मछींद्र बोलिये नाती।
निगुरी पिरथी परलै जाती ताथै हम उल्टी थापना थापी।।145।।

भरि भरि षाइ ढरि ढरि जाइ। जोग नहीं पूता बडी बलाइ।
संजय होइ बाइ संग्रहौ। इस विधि अकल पुरिस कौ गहौ।।146।।

षांये भीं मरिये अणषांये भी मरिये। गोरष कहै पूता संजंमि हीं तरिये।
मधि निरंतर कीजै बास। निहचल मनुवा थिर होइ सास।।147।।

पवन हीं जोग पवन हीं भोग। पवन हीं हरै छतीसौ रोग।
या पवन कोई जांणै भेव। सो आपैं करता आपैं देव।।148।।

ब्यंद हीं जोग ब्यंद हीं भोग। ब्यंद हीं हरै चौसठि रोग।
या बिंद का कोई जांणै भेव। सो आपैं करता आपैं देव।।149।।

साच का सबद सोना का रेख
निगुरां क चाणक सगुरा कौं उपदेश।
गुरु का मुंड्या गुंण मैं रहै।
निगुरा भ्रमै औगुण गहै।।150।।

अवधू बूझना ते भूलना नहीं अनबूझ मग हारै।
सूंने जंगल भटकत फिरहीं, मारि लिहीं बटमारै।।151।।

गुरु की बाचा षोजैं नाहीं, अहंकारी अहंकार करै।
षोजी जीवैं षोजि गुरू कौं, अहंकारी का प्यंड परै।। 152।।

यंद्री का लड़बड़ा जिभ्या का फूहड़ा। गोरष कहै ते पर्तषि चूहड़ा।
काछ का जती मुष का सती। सो सत पुरुष उंतमो कथी।।153।।

अवधू मन चंगा तो कठौती ही गंगा। बांध्या मेल्हा तौ जगत्र चेला।
बदंत गोरष सति सरूप। तत बिचारैं ते रेष न रूप।।154।।

सीषि साषि बिसाह्या बुरा। सुपिनैं मैं धन पाया पड़ा।
परषि परषि लै आगैं धरा। नाथ कहै पूता षोटा न षरा।।155।।

आओ देबी बैसो। द्वादिस अंगुल पैसो।
पैसत पैसत होइ सुष। तब जनम मरन का जाइ दुष।।156।।

स्वामी काची बाई काचा जिंद। काची काया काचा बिंद।
क्यूंकरि पाकै क्यूंकरि सीझै। काची अगनीं नीर न षीजै।।157।।

तौ देबी पाकी बाई पाका जिंद। पाकी काया पाका बिंद।
ब्रह्म अगनि अषंडित बलै। पाका अगनीं नीर परजलै।।158।।

सोवत आडां ऊभां ठाढां अगनीं ब्यंद न बाई।
निश्चल आसन पवनां ध्यानं अगनीं ब्यंद न जाई।।159।।

उगवंत सूर पत्र पूर काल कंटक जाइ दूर।
नाथ का भंडार भर पूर रिजक रोजी सदा हजूर।।160।।

थांन मांन गुर ग्यांन बेधां बोध सिधां परग्रांम।
चेतनि बाला भ्रम न बहै। नाथ की कृपा अषंडित रहै।।161।।

अधिक तत्त ते गुरु बेलिये हींण तत ते चेला।
मन मांनैं तौ संगि रमौ नहीं तौ रमौ अकेला।।162।।

चलंत पंथा तूटंत कंथा उडंत षेहा बिचलंत देहा।
छूटंत ताली हरि सूं नेहा।।163।।

पंथि चलै चलि पवनां तूटै नाद बिंद अरु बाई।
घट हीं भींतरि अठसठि तीरथ कहां भ्रमै रे भाई।।164।।

जोगी होइ पर निंद्या झषै। मद मांस अरु भांगि जो भषै।
इकोतरसै पुरिषा नरकहि जाई। सति सति भाषंत श्रीगोरष राई।।165।।

अवधू मांस भषंत दया धरम का नास। मद पीवत तहां प्रांण निरास।

भांगि भषंत ग्यांन ध्यांन षोवंत। जम दरबारी ते प्रांणीं रोवंत।।166।।

चालिबा पंथा कै सींबा कंथा। धरिबा ध्यांन कै कथिबा ग्यांनं।
एकाएकी सिध कै संग। बदंत गोरषनाथ पूता न होयसि मन-भंग।।167।।

पढ़ि देखि पंडिता ब्रह्म गियांनं। मूवां मुकति बैकुंठा थांनं।
गाड्या जाल्या चौरासी मैं जाइ। सति सति भाषंत (श्री) गोरषराइ।।168।।

आकास तत सदा-सिव जांण। तसि अभिअंतरि पद निरबांण।
प्यंडे परचांनैं गुरमुषि जोइ। बाहुडि आबा गवन न होइ।।169।।

ऊरम धूरम ज्वाला जोति। सुरजि कला न छीपै छोति।
कंचन कवल किरणि परसाइ। जल मल दुरगंध सर्ब सुषाइ।।170।।

घटि घटि सूण्यां ग्यांन न होइ। बनि बनि चंदन रूष न कोइ।
रतन रिधि कवन कै होइ। ये तत बूझै बिरला कोइ।।171।।

नींझर झरणैं अंमींरस पीवणां षट दल बेध्या जाइ।
चंद बिहूंणां चांदिणां तहां देष्या श्री गोरषराइ।।172।।

कै मन रहै आसा पास। कै मन रहै परम उदास।
कै मन रहै गुरू कै ओलै। कै मन रहै कांमनि कै षोले।।173।।

दाबि न मारिषा षाली न राषिबा जांनिबा अगनि का भेवं।
बूढी हीं थै गुरबानी होइगी सति सति भाषंत श्री गोरष देवं।।174।।

बाहरि न भीतरि नेड़ा न दूर। षोजत रहे ब्रह्मा अरु सूर।
सेत फटक, मनि होरैंबीघा। इहि परमारथ श्री गोरष सीधा।।175।।

आवति पंच तत कूं मो है जाती छैल जगावै।
गोरष पूछैं बाबा मछिंद्र या न्यंद्रा कहां थैं आवै।।176।।

गगन मंडल मैं सुंनि द्वार। बिजली चंमकै घोर अंधार।
ता महि न्यंद्रा आवै जाइ। पंच तत मैं रहै समाइ।।177।।

ऊभां बैठां सूतां लीजै। कबहूँ चित भंग न कीजै।
अनहद सबद गगन मैं गाजै। प्यंड पड़ै तो सतगुर लाजै।।178।।

एकलौ बीर, दूसरौ धीर, तीसरौ षटपट चौथौ उपाध।
दस पंच तहाँ वाद बिवाद।।179।।

एकाएकी सिध नांउं दोइ रमति ते साधवा।
चारि पंच कुटुम्ब नांउ दस बीस ते लसकरा।।180।।

मन मुषि जाता गुर मुषि लेहु। लोही मास अगनि मुषि देहु।
मात पिता की मेटौ धात। ऐसा होइ बुलावै नाथ।।181।।

नाद नाद सब कोइ कहै। नादहिं ले को बिरला रहै।
नाद बिंद है फीकीसिला। जिहिं साध्या ते सिधैं मिला।।182।।

दरवेस सोइ जो दरकी जांणैं। पंचे पवन अपूठां आंणै।
सदा सुचेत रहै दिन राति। सो दरवेस अलह की जाति।।183।।

बैसंत पूरा रमंति सूरा, एक रसि राषंति काया।
अंतरि एक रसि देषिबा बिचरंति गोरषराया।।184।।

नाद बिंद बजाइले दोऊ पूरिले अनहद बाजा।
एकंतिका बासा सोधि ले भरथरी कहै गोरष मछिंद्र का दासा।।185।।

सूर माहिं चंद चंद माहिं सूर। चपंपि तीनि तेहुड़ा बाजल तूर।
भणन्त गोरषनाथ एक पद पूरा। भाजंत भौंदू साधंति सूरा।।186।।

छत्र पवन निरंतर रहै छीजै काया पंजरा रहै।
मन पवन चंचल निजि गहिया बोलै नाथ निरंतरि रहिया।।187।।

इकटी बिकुटी त्रिकुटी संधि पछिम द्वारे पवनां बंधि।
षूटै तेल न बूझै दीया बोलै नाथ निरन्तरि हूवा।।188।।

ज्यूं ज्यूं भुयंगम आवै जाइ सुरही धरि नहीं गरड़ रहाइ,
तब लग सिध दुलंभ जोग तोयं अहार बिन व्यापै रोग।।189।।

ग्यांन सरीषागु रू न मिलिया चित्त सरीषा चेला।
मन सरीषा मेलू न मिलिया तीथैं गोरष फिरै अकेला।।190।।
सांग का पूरा ग्यान का ऊरा। पेट का तूटा डिंभ का सूरा।
बदंत गोरषनाथ न पाया जोग। करि पाषंड रिझाया लोग।।19।।
अगनि ही जोग अगनि हीं भोग। अगनि हीं हरै चौसठि रोग।
जो इहि अगनि का जाणै भव। सो आप ही करता आप ही देव।।192।।

जीवता जोगी अमीरस पीवता अहनिस अषंडित धारं।
दिष्टि मधे अदिष्टि बिचारिबा ऐसा अगम अपारं।193।।

जीवता बिछायबा मूंवां बोढिबा कबहु न होयबा रोगी।
बरसवै दिन काया पलटिबा यूं कोई कोई बिरला जोगी।।194।।

सूरजे षायबा चंद्र सोयबा उभै न पीबा पांणी।
जीवता कै तलि मूंवा बिछायबा यूं बोल्या गोरष बांणी।।194।।

जहां गोरष तहाँ ग्यांन गरीबी दुंद बाद नहीं कोई।
निसप्रेही निरदावै षेलै गोरष कहीयै सोई।।196।।

गिगनि मंडल मैं गाय बियाई कागद दही जमाया।
छांछि छांणि पिंडता पीवी सिधां माषण षाया।।197।।

गूदड़ी जुग च्यारि तै आई। गूदड़ी सिध साधिकां चलाई।
गूदड़ी मैं अतीत का बासा। भणंत गोरषनाथ मछिंद्र का दासा।।198।।

असाध कंद्रप बिरला साधंत कोई। सुर नर गण गंध्रप ब्याप्या
बालि सुग्रीव भाई।
ब्रह्मा देवता कंद्रप ब्याप्या। यंद्र सहंस्र भग पाई।। 199।।

अठ्यासी सहंस्र रषीसर कंद्रप ब्याप्या असाधि विष्न की माया।
यंन कंद्रप ईस्वर महादेव नाटारंभ नचाया।।200।।

विष्न दस अवतार थाप्या असाधि कंद्रप जती गोरषनाथ साध्या।
जनि नीझर झरंता राष्या।।201।।

आसति छै हो पिंडता नासति नांहीं अंनभै होय परतीति निरंतरिमाहीं।
ग्यांन षोजि अमे बिग्यांन पाया। सतिसति भाषंत सिध सति नाथ राया।।202।।

माता हमारी मनसा बोलिये पिता बोलिये निरंजन निराकार।
गुरू हमारै अतीत बोलिये जिनि किया पिंड का उधारं।।203।।

आपा भांजिबा सतगुर बोजिबा जोग पंथ न करिबा हेला।
फिरि फिरि मनिषा जनम न पायबा करि लै सिध पुरिस सूं मेला।।204।।

थंभ बिहूँणी गगन रचीलै तेल बिहूँणी बाती।
गुरु गोरष के वचन पतिआया तब द्यौंस नहीं तहां राती।।205।।

पंडित ग्यांनी षर तर बोलै सति का सबद उछेदै।
काया कै बलि करड़ा बोलै भीतरि तत्त न भेदै।।206।।

महमां धरि महमां कूं मेटै सति का सबद बिचारी।
नांन्हां होय जिनि सतगुर षोज्या तिन सिर की पोट उतारी।।207।।

एक कांमध्येनि बारि सिधि कै गगन सिषर लै बांधी।
लागि जीव ऊपरि बारि सिधि की ल्यौ निरंजन सूं सांधी।।208।।

आफू षाय भांगि भसकावै। ता मैं अकलि कहां तै आवै।
चढ़तां पित्त ऊतरतां बाई। तातैं गोरष भांगि न बाई।।209।।

मिंदर छाड़ै कुटी बंधावै। त्यागै माया और मंगावै।
सुन्दरि छाड़ै नकटी बासै। तातैं गोरष अलगै न्हासै।।210।।

त्रिया न स्वांति (? सांति) बैद र रोगी रसायणी अर जाचि षाय।
बूढा न जोगी सूरा न पीठि पाछै घाब यतनां न मानैं श्रीगोरषराय।।211।।

हंड ब्रह्मण्ड चहोड़ीया मानूं बेस्या अंन।
कोई कोई कोरड़ रह गया यूं भाषै नाथ रतंन।।212।।

निंद्रा सुपनैं बिद कूं हरै। पंथ चलंतां आतमां मरै।
बैठां षटपट ऊभां उपाधि। गोरष कहै पूता सहज समाधि।।213।।

सूकै कंठ अरु भूष संतापै। देह बिसर अर निंद्रा ब्यापै।
बुधि बिन बकै विकल होय जाय। तातैं गोरष भांगि न षाय।।214।।

रूसता रूठा गोला-रोगी। भोला भछिक भूषा भोगी।
गोरष कहै सरबटा जोगी। यतनां मैं नहीं निपजै जोगी।।215।।

अवधू अहार कूं तोड़िबा पवन कूं मोडिबा ज्यं कबहु न होयबा रोगी।
छठै छमासि काया पलटंत नाग बंग बनासपती जोगी।।216।।

सूरां का पंथ हास्यां का बिसराम सुरता लेहु बिचारी।
अपरचै पिंड मिथ्या षात है अंति कालि होयगी भारी।।217।।

उलटी सकति चढ़ै ब्रह्मांड नष सष पवनां षेलै सरबंग।
उलटि चन्द्र राह कूं ग्रहै। सिध संकेत जती गोरष कहै।।218।।

धरे अधर बिचारीयां धरी याही मैं सोय।
धरे अधर परचा हूवा तब दुतीया नाहीं कोय।।219।।

जिभ्या इन्द्री एकैं नाल। जो राषै सो बंचै काल।
पंडित ग्यांनी न करसि गरब। जिभ्या जीती जिन जीत्या सरब।।220।।

गोरष कहै हमारा षरतर पंथ। जिभ्या इन्द्री दीजै बन्ध।
लोग जुगती मैं रहै समाय। ता लोगी कूं काल न षाय।।221।।

बरष एक देखिलै हो पंडिता तत एक चीन्हिबा सबदैं सुरति समाई।
गोरषनाथ बोलै भ्रम न भूलिबा रे भाई।।222।।

अबूझि बूझिलै हो पंडिता अकथ कथिलै कहांणी।
सीस नवांवत सतगुर मिलीया जागत रैंण बिहांणी।।223।।

विद्या पढ़ि र कहावै ग्यांनी। बिनां अविद्या कहै अग्यांनी।
परम तत का होय न मरमी। गोरष कहै ते महा अधरमी।।224।।

पंथ चले चलि पवनां तूटै तन छीजै तत जाई।
काया तै कछू अगम बतावै ताकी मूंडूं माई।।225।।

महमंद महमंद न करि काजी महमंद का बौहोत बिचारं।
महमंद साथि पैकंबर सीधा ये लष अजी हजारं।।226।।

जीव सीव संगे बासा। बधि न षाइबा रुध्र मासा।
हंस घात न करिबा गोतं। कथंत गोरष निहारि पोतं।।227।।

जीव क्या हतिये रे प्यंड धारी। मारि लै पंचभू भ्रगला।
चरै थारी बुधि बाड़ी। जोग का मूल है दया दाण।
कथंत गोरष मुकति लै मानवा मारि लै रै मन द्रोही।
जाकै बप बरण मास नहीं लोही।।228।।

जिनि मन ग्रासे देव दाण। सो मन मारिले गहि गुरु ग्यांन बांण।।229।।

जोगी सो जो राषै जोग। जिभ्या यंद्री न करै भोग।
अंजन छोडि निरंजन रहै। ताकू गोरष जोगी कहै।।230।।

सुंनि ज माई सुंनि ज बाप। सुंनि निरंजन आपै आप।
सुंनि कै परचै भया सथीर। निहचल जोगी गहर गंभीर।।231।।

तजौ कुलती मेटौ भंग। अह निसि राषौ ओजुद बंधि।
सरब संजोग आवै हाथि। गुरु राषै निरबाण समाधि।।232।।

अकुच कुचीया बिगसिया पोहा। सिधि परिजलि उठी लागिया धुवा।
कहे गोरषनाथ धुवा प्राण। ऐसे पिंड का परचा जाणै प्राण।।233।।

अवधू योो मन जात है याही तै सब जांणि।
मन मकड़ी का ताग ज्यूं उलटि अपूठौ आंणि।।234।।

जे आसा तो आपदा जे संसा तो सोग।
गर मुषि बिना न भाजसी (गोरष) ये दून्यों बड़ रोग।। 235।।

इह ओजुदा मैं मारि लै गोता, कछु मगज भीतरि ष्याल रै।
पंच कटार है भीतरि निमस करि बेहाल रै।।236।।

ब्यंद ब्यंद सब कोई कहै। महाब्यंद कोइ बिरला लहै।
इह ब्यंद भरोसे लावै बंध। असथिरि होत न देषो कंध।।237।।

उलटै मूल डाल नहीं रहै। फाड़ि कछोटा रात्यौ बहै।
न वोह छीजै ना वोह गलै। ब्यंद नहीं सो भगभुष ढलै।।238।।

बिणि बैसंदर जोति बलत है गुर प्रसादे दीठी।
स्वामी सीला अलुणी कहिये, जिनि चीन्हा तिन दीठी।।239।।

ऊजल मीन सदा रहै जल मैं सुकर सदा मलीना।
आतम ग्यांन दया बिणि कछु नाहीं कहा भयौ तन षीणा।।240।।

धोतरा न पीवो है अवधू भांगि न षावौ रे भाई।
गोरष कहै सुणो रे अवधू या काया होयगी पराई।।241।।

सांइ सहेली सुत भरतार सरब सिसटि कौ एकौ द्वार।
पैसता पुरसि निकसता पूता ता कारणि गोरष अवधूता।।242।।

राष्या रहै गमाया जाय सति सति भाषंत श्री गोरषराय।
येकै कहि दुसरै मानी गोरष कहै वो बड़ो ग्यानी।।243।।

च्यंत अच्यंत ही उपजै च्यंता सब जुग षीण।
जोगी च्यंता बीसरै तौ होई अच्यंतहि लीन।।244।।

गिरही को ग्यांन अमली को ध्यांन। बूचा को कान बेश्या को मान।
बैरागी अर माया स्यूं हाथ या पांचां को एको साथ।।245।।

गिरही होय करि कथै ग्यांन, अमली होय करि धरै ध्यांन।
बैरागी होय करै आसा, नाथ कहै तीन्यों षासा पासा।।246।।

रांड मुवा जती, धाये भोजन सती धन त्यागी।
नाथ कहै ये तीन्यौ अभागी।।247।।

पढि पढि पढि केता मुवा कथि कथि कथि कहा कीन्ह।
बढि बढि बढि बहु घटि गया पारब्रह्म नहीं चीन्ह।।248।।

सति सति बोलै गोरष राणा।
तीनि जणै का सङ्ग निवारौ नकटा बूचा काणा।।249।।

कदे न सोभै सुन्दरी सनकादिक के साथि।
जब तब कलंक लगाइसी काली हांडी हाथि[×]।।250।।

पासि बैठी सोभै नहीं रमाई भुंडि।
गोरष कहै असतरी कहा सलह कह मुंडि।।251।।

जरणा जोगी जुगि जुगि जीवै झरणा मरि मरि जाय।
षोजै तन मिलैं अविनासी अगह अमर पद पाय।।252।।

जप तप जोगी संजम सार। साले कंद्रप कीया छार।
येहा जोगी जग मैं जोय। दूजा पेट भरै सब कोय।।253।।

जोगेसर की इहै परछ्या सबद बिचारया षेलै।
जितना लाइक बासणा होवैं, तेतौ तामैं मेल्है।।254।।

चापि भरै तो बासण फूटै बारै रहै तौ छीजै।
बसत घणेरी बासण वोछा कहो गुर क्या कीजै।।255।।

× यह सबदी बीजक के 'साखी' अंग में कबीर की मानी गयी है।

अवधू सहजै लैणा सहजै दैणा सहजै प्रीती ल्यौ लाई।
सहजै सहजै चलैगा रै अवधू तौ बासण करँगा समाई।।256।।

तूंबी मैं तिरलोक समाया त्रिबेणी रिब चंदा।
बूझो रे ब्रंभ गियानी अनहद नाद अभंगा।।257।।

सत्यो सीलं दोय असनांन त्रितीये गुर बाधक।
चत्रथे षीषा असनान पंचमे दया असनान।
ये पंच असनान निरमला निति प्रति करत गोरष बाला।।258।।

त्रियाजीत ते पुरिषा गता मिलि भागत ते पुरिषा गता।
बिसासघातगी पुरिषा गता कायरौ तत ते पुरिषा गता।
अभष भषंते पुरिषा गता। सबद हीण ते पुरिषा गता।
उदिक राषंत ते पुरिषा गता। पर त्रिया राचंत ते पुरिषा गता।
सति-सति भाषत गोरष बाला। इतना त्यागि रहो निराला।।259-260।।

पंडित भंडित अर कतवारी। पलटी सभा बिकलता नारी।
अपढ बिपर जोणी घरबारी। साथ कहै रै पूता इनका सङ्ग निबारी।।261।।

राति गई अध राति गई बालक एक पुकारै।
है कोई नगर मैं सूरा बालक का दुःख निबारै।262।।

दिसटि पड़ै ते सारी कीमति कीमति सबद उचारं।
नाथ कथै अगोचर वाणी ताका वार न पारं।।263।।

सबद हमारा षरतर षांडा, रहणि हमारी साची।
लेषै लिषी न कागद माडी, सो पत्री हम बाची।।264।।

मन बांधूंगा पवन स्यूं पवन बांधूंगा मन स्यूं।
तब बोलैगा कोवत स्युं।
मन तेरा की माई मूंडू, पवना दउं र बहाई।

मन पवन का गम नहीं, तहाँ रहै ल्यौ लाई।।265।।

कोण देस स्यूं आये जोगी, कहां तुम्हारा भाव।
कौण तुम्हारी बहण भाणजी, कहां धरोगो पाव।।266।।

पछिम देस स्यूं आये जोगी, उतर हमारा भाव।
धरती हमारी बहण भाणजी, पापी के सिरि पाव।।267।।

सकति अहेड़ै मिस रिध, कोस बल स्यूं बागो।
गोरष कहैं चालती मारूँ, गुरु तौ लागो।।268।।

नाथ कहै मेरा दून्यौ पंथ पूरा। जत नहीं तौ सत का नीसूरा।
जत सत किरिया रहणि हमारी। और बलि बाकलि देवि तुम्हारी।।269।।

कथणी कथै सो सिष बोलिये, वेद पढ़ै सो नाती।
रहणी रहै तो गुरू हमारा, हम रहता का साथी।।270।।

रहता हमारै गुरू बोलिये, हम रहता का चेला।
मन मानै तौ संगि फिरै, नहितर फिरै अकेला।।271।।

दरसण माई दरसण बाप। दरसण माहीं आपै आप।
या दरसण का कोई जाणै भेव। सो आपै करता आपै देव।।272।।

जिनि जाण्या तिनि षरा पहैचाण्या, वा अटल स्यूं लो लाई।
गोरष कहै अमें कानां सुणता, सो आंष्या देष्या रै भाई।।273।।

बैठां बारै चलत अठारै, सूतां तूटै तीस।
कईथन करंतां चौसटि तूटै, क्यों भजिबौ जगदीस।।274।।

नासिका अग्रे भ्रू मंडले, अहनिस रहिबा थीरं।
माता गरभि जनम न आयबा, बहुरि न पीयबा षीरं।।275।।

# पद

## राग-रामग्री

चारि पहर आलंगन निंद्रा, संसार जाइ बिषिया बाही।
ऊभी बांह गोरषनाथ पुकारै, मूल म हारौ म्हारा भाई । टेक ।
अमावस पड़िवा मन घट सूंनां, सूंनां ते मंगलवारे।
भगता गुंणता ब्राह्मण बेद विचारै, दसमी दोष निबारै।।1।।
पड़वा, आनन्दा बीजसि चंदा, पांचौं लेबा पाली।
आठमि चौदसि ब्रत एकादसी, अंगि न लाऊं बाली।।2।।
संमी सांझैं सोइबा मंझैं जागिबा, तृसंधि देणां पहरा।
तीनि पहर पर दोइ घट जाइबा, तिहां छै काल चा हेरा।।3।।
बांमा अंगे सोइबा जमचा भोगबा, संगे न पीवणां पांणीं।
इमतौ अजरावर होइ मछिंद्र, बोल्यौ गोरष बांणी।।4।।1।।

छांटै तजौ गुरु छांटै तजौ तजौ लोभ मोह माया।
आत्मां परचै राषौ गुरुदेव सुन्दर काया।।टेक।।
कांन्हीं पाव भेटीला गुरू, विद्यानग्र सैं।
ताथैं मैं पाइला गुरू, तूम्हारा उपदेसैं।।1।।
एतैं कछू कथीला गुरु सबै भैला भोलै।
सर्ब रस षोईला गुरु बाघंनी चै षोलै।।2।।
नाचत गोरषनाथ घूंघरी चे घातैं।
सबै कमाई षोई गुरू, बाघंनीं चै राचैं।।3।।
रस-कुस बहि गईला, रहि गई छोई।
भगत मछिंद्रनाथ पूता, जोग न होई।।4।।
रस-कुस बहि गईला रहि गईला सारं।
बदंत गोरषनाथ गुरु जोग अपारं।।5।।

आदिनाथ नाती मछिन्द्रनाथ पूता।
षटपदी भणींलै गोरष अवधूता।।6।।2।।

सुणौ हो मछिन्द्र गोरष बोलै, अगम गवंन कहै हेला।
निरति करी नैं नीकां सुणिज्यौ, तूम्हें सतगुर मैं चेला।।टेक।।

कांमनी बहतां जोग न होई, भंग मुष परलै केता।
जहाँ उपजै तहाँ फिरि आवटै, च्यंतामनि चित एता।।1।।

द्वादश षोड़ि षटांणं नौसत (र?), जीव सीव ना बासा।
चौदह ब्रह्मांड नौ एक दंम है, इम हीं जाइ निरासा।।2।।

पलन का नीर ले अंबर धोवै स्वासैं उसासै आया।
भणत गोरषनाथ इम होइ निरंतर, बीजै बटक समाया।।3।।3।।

बोल्या गोरष घर जोई, ये तत बूझै बिरला कोई, मेरे ग्यांनी।।टेक।।
जोज्यौ जोज्यौ रे जहूँबा बन जोज्यौ तत राष्यौ तरियाली।
आसण इन्द्री जेणै आप बसि राष्यां तेणैं पाया सर्व निरंतर मेरे ग्यांनीं।।1।।

मन मांहैं तेणै तन तारयां मन बिसवासैं मिलणां।
मन मैं कुंभ कलस रस भरिया, तेणै मनवै अलष लाषाया मेरे ग्यांनीं।।2।।

पै र जोई नै एद्धा पुरिष पधारया, पुरिष नी पारिषा पाई।
पुरिषै मिलि पुरिष रस राष्या, पुरिषैं पुरिष निषाया, मेरे ग्यांनीं।।3।।

जिहि घरि चंद सूर नहिं ऊगै तिहि घरि होसी उजियारा।
तिन्हां जे आसण पूरौ तौ सहज का भरौ पियाला, मेरे ग्यांनीं।।4।।

मन मांहिला हीरा बीधा सो सोधीनै लीणां, सो षाणां सो पीवणां मछिंद्र
प्रसादैं जती गोरष बोल्या, विमल रस जोई जोई नैं मिलणां मेरे ग्यांनी।।5।।4।।

गोरष जोगी तोला तोलै, भिड़ि, भिड़ि बाधीलै रतन अमोलै।।टेक।।

आछै आछै बिंद न पड़िबा कंघ।
लाष तोला मोल जाये जे एक षिसैं बिंद।।1।।

जैसी मन उपजै तैसा करम करै।
काम क्रोध लोभ लै संसार सूंनां मरै।।2।।

गगन सिषर आछै अंबर पांणीं।
मरतां मूढां लोकां मरम न जांणीं।।3।।

पूनिम महिला चंदा जिम नारी संगै रहणां।
ग्यांन रतन हरि लीन्ह परांणां।।4।।

आदि नाथ नाती मछिंद्र नाथ पूता।
ब्यंद तोलै राषीले गोरष अवधूता।।5।।5।।

सोनां ल्यौ रस सोनां ल्यौ, मेरी जाति सुनारी रे।
धंमणि धमीं रस जांमणि जांम्या,
तब गगन महा रस मिलिया रे।।टेक।।

आपैं सोनां नै आप सुनारी, मूल चक्र अंगीठा।
अहरणि नाद नैं ब्यंद हथौड़ा, घटिस्यूं गगन बईठा।।1।।

अषै आरण नै विषै कोइला, सहज, फूक दो नलियां।
चंद सूर दोऊ समि करि राष्या आपै आप जु मिलिया।।2।।

रती का कांम मासे की चोरी, रती मैं मासा चोरै।
मासा चोरि रहै मासे मैं, इहि बिधि गरथै जोरै।।3।।

अरधे सोनां उरधै सोनां, मध्ये सोनम् सोनां।
तीनि सुन्यं की रहनीं जानैं, ता घटि पाप न पुंनां।।4।।

उनमनि डांडी मन तराजू, पवन कीया गदियांनां।
आपै गोरषनाथ जोषण बैठा, तब सोनां सहज समांनां।5।।6।।

जांणानैं जोसी जोओ नै विचारी, पहलां पुरिष कै नारी जी । टेक।

बाइ नहीं तहं वां बादल नाहीं, बिन थाभां बाबै मंडप रचीया।
तिहां आप उपांवन हारी जी।।1।।

बाप नहीं होतौ तिह्यां बैठणड़ै रे, माता बाल कुंवारी जी।
पीवनैं पौढ्यो माझौ पालनैं, तिहां हूँ हीं ज हिंडोलँन-हारी जी।।2।।

ब्रह्मा विष्न नै आदि महेस्वर, ये तीन्यूं मैं जाया।
इन तिहुँवां नी मैं घर घरणीं, द्वैकर मोरी माया जी।।3।।

गंग जमुन मोरी षाटलड़ी रे, हंसा गवन तुलाई जी।
धरणि पाथरणौ नै आभ पछेवड़ौ, तौ भी सौड़ी न माई जी।।4।।

षांडतडी मांझौ जनम बदीतौ, चांवल सांबि न सारी जी।
मछिन्द्र प्रसादैं जती गोरष बोल्या, ये तत जोओ बिचारो जी।।5।। ।।7।।

चाल्योरे पांचौ भाइला तेणैं बन जाइला।
जहाँ दुष सुष नांव न जानिये।।टेक।।
षेती करौं तौ मेह बिन सूकै। बनिज करौं तौ पूंजी तूटै।।1।।

अस्त्री करौं तौ घर भंग ह्वैला। मिंत्र करौं तौ बिसहर भैला।।2।।
जुवटै षैलौं तौ बैठड़ौ हारौं। चोरी करौं तौ प्यंडड़ों भारौं।।3।।
बन षंड जांऊं तौ बिरछ न फलना। नगरी मैं जाऊं तौ भिष्या न मिलनां।।4।।
बोल्या गोरषनाथ मछिंद्र का पूता। छाड़ि नैं माया भया अवधूता।।5।।8।।

गुरदेव स्वंभ देव सरीर भींतरिये।
आत्मां उत्तिम देव ताही की न जांणौं सेव।
आंन देव पूजि पूजि इमही मरिये।।टेक।।

नवे द्वारे नवे नाव, तृबेणीं जगन्नाथ, दसवें द्वारि केदारं।।1।।

जोग, जुगति सार तौ भौ तिरिये पारं।
कथंत गोरषनाथ विचारं।।2।।9।।

मनसा मेरी ब्यौपार बांधौ, पवन पुरषि उतपनां।
जाग्यौ जोगी अध्यात्म लागौ, काया पाटण मैं जांनां।। टेक।।

इकबीस सहंस षटसां आदू, पवन पुरिष जप माली।
इला प्यंगुला सुषमन नारी, अहनिसि बहै प्रनाली।।10।।

षटसां षोडि कवल दल धारा, तहाँ बसै ब्रह्मचारी।
हंस पवन ज फूलन पैठा, नौ सै नदी पनिहारी।।2।।

गङ्गा तीर मतीरा अवधू, फिरि फिरि बणिजां कीजै।
अरध बहन्ता उरधैं लीजै, रवि सस मेला कीजै।।3।।

चंद सूर दोऊ गगन बिलूधा, भईला घोर अंधारं।
पंच बाहक जब न्यंद्रा पौढ्या, प्रगढ्या पौलि पगारं।।4।।

काया कंथा, मन जोगोटा, सत गुर मुझ लषाया।
भणंत गोरषनाथ रूड़ा राषौं, नगरी चोर मलाया।।5।।10।।

अवधू बोल्या तत बिचारी, पृथ्वी मैं बकवाली।
अष्टकुल परबत जल बिन तिरिया, अदबुद अचंभा भारी।। टेक।।

मन पवन अगम उजियाला, रवि ससि तार गयाई।
तीनि राज त्रिविधि कुल नांहीं, चारि जुग सिधि बाई।।1।।

पांच सहंस मैं षट अपूठा, सप्त दीप अष्ट नारी।
नव षंड पृथी इकबीस मांहीं, एकादसि एक तारी।।
द्वादसी त्रिकुटी यला पिंगुला, चवदसि चित्त मिलाई।
षोड़स कवल दल सोल बतीसौ, जुरा मरन भौ गमाई।।2।।

दसवैं द्वार निरंजन उनमन बासा, सबदैं उलटि समांनां।
भणंत गोरषनाथ मछींद्र नां पूता अबिचल थीर रहांनां।।3।।11।।

ॐ नमो सिवाई बाबू ॐ नमो सिवाइ।
अह निसि बाइ मंत्र कौणें रे उपाइ।।
भ्यंने भ्यंने अष्यरे जे देवै रे बुझाइ,
ताका मैं चेला बाबू सो गुरू हमारा।।टेक।।

ॐकार आछै बाबू मूल मंत्र धारा,
ॐकार ब्यापीले सकल संसारा।

ॐकार नाभी हृदैं देव गुर सोई,
ॐकार साधे बिना सिधि न होई।।1।।

नादै लीन ब्रह्मा नादै लीना नर हरि,
नादैं लीना ऊमापती जोग ल्यौ धरि धरि।
नाद हीं तौ आछै बाबू सब कछू, निधांनां,
नाद हीं थैं पाइये परम निरवांनां।।2।।

बाई बाजै बाई गाजै बाई धुनि करै,
बाई षट चक्र बेधै अरधैं उरधैं मधि फिरै।
सोहं बाई हंसा रूपी प्यंडै बहै,
बाई कै प्रसादि ब्यंद गुरमुष रहै।।3।।

मन मारै मन मरै मन तारै मन तिरै।
मन जै अस्थिर होइ तृभुवन भरै।
मन आदि मन अंत मन मधें सार।
मन ही तैं छूटै बाबू विषै विकार।।4।।

सक्ति रूपी रज आछै सिव रूपी ब्यंद।
बारह कला रव आछै सोलह कला चंद।
चारि कला रवि की जे ससि घरि आवै।
तौ सिव सकती संमि होवै, अन्त कोई न पावै।।5।।

एही राजा राम आछै सर्वे अंगे बासा।
ये ही पांचौं तत बाबू सहजि प्रकासा।
ये ही पांचौं तत बाबू समझि समांनां।
बदंत गोरष इम हरि पद जांनां।6।।।12।।

अवधू जाप जपौ जपमाली चीन्हौं, जाप जप्यां फल होई।
अगम जाप जपीला गोरष, चीन्हत बिरला कोई ।।टेक।।

कवल बदन काया करि कचंन, चेतनि करौ जपमाली।
अनेक जनम नां पातिग छूटै, जपंत गोरष चवाली।।1।।

एक अवीरी एकंकार जपीला, सुंनि अस्थूल दोइ वांणीं।
प्यंड ब्रह्मांड समि तुलि ब्यापीले, एक अषिरी हम गुरमुषि जांणीं।।2।।

द्वै अषिरी दोई पष उधारीला, निराकार जापं जपियां।
जे जाप सकल सिष्टि उतपंनां, ते जाप श्रीगोरषनाथ कथियां।।3।।

त्रिअषिरी त्रिकोटी जपीला, ब्रह्मकुंड निज थांनं।
अजपा जाप जपंता गोरष, अतीत अनुपम, ग्यांनं।।4।।

चौ अक्षरी चतर वेद थापिला, चारि षोंणी चारि वांणी।
मछिंद्र प्रसादै जती गोरष बोल्या, अजपा जपिला धीर रहांणी।।5।।13।।

रमि रमिता सौ गहि चौगांन, काहे भूलत हौ अभिमांन।
धरन गगन बिचि नहीं अंतरा, केवल मुक्ति मैदांनं।।टेक।।

एक मैं अनंत अनंत मैं एकै, एकै अनंत उपाया।
अंतरि एक सौ परचा हूवा, तब अनंत एक मैं समाया।।1।।

अहरणि नाद नैं ब्यंद हथौड़ा, रवि ससि षालां पवनं।
मूल चापि डिढ आसणि बैठा, तब मिटि गया आवागवनं।।2।।

सहज पलांण पवन करि घोड़ा, लै लगांम चित चबका।
चेतनि असवार ग्यांन गुरू करि, और तजौ सब ढबकाई।।3।।

तिल कै नाकै तृभवन सांध्या, कीया भाव विधाता।
सो तौ फिर आपणं हीं हूवा, जाकौ ढूंढण जाता।।4।।

आस्ति कहूँ तौ कोइ न पतीजै, बिन आस्ति (अनंत सिध) क्यूं सीधा।
गोरष बोलै सुणौ मछिंद्र हीरै हीरा बीधा।5।।14।।

तत बणिजील्यौ तत बणिजील्यौ, ज्यूं मोरा मन पतियाई।।टेक।।

सहज गोरषनाथ बणिज कराई, पंच बलद नौ गाई।
सहज सुभावै बाषर ल्याई, मोरे मन उड़ियांनी आई।।1।।

सुरहट घाट अम्हे बणिजारा, सुंनि हमारा पसारा।
लेण न जाणौं देण न जाणौं एद्वा बजण हमारा।।2।।

भणंत गोरषनाथ मछिंद्र का पूता, एद्वा बणिज ना अरथी।
करणीं अपणीं पार उतरणां, बचने लेणा साथीं।3।।15।।

मांहरा रे बैरागी जोगी, अहनिसि भोगी जोगणि संग न छाड़ै।
मानसरोवर मनसा झूलंती आवै, गगन मंडल मठ मांडै रे ।।टेक।।

कौण अस्थांनिकि तोरा सासू नैं सुसरा, कौंण अस्थांन क तोरा बासा।
कौण अस्थानं-क तू नै जोगणि भेटी, कहां मिल्या घर बासा।।1।।

नाभ अस्थांन-क मोरा सासू नैं सुसरा, ब्रह्म अस्थानं-क मोरा बासा।
इला प्यंगुला जोगण भेंटी सुषमन मिल्या घर बासा।।2।।

कांम क्रोध बाली चूंनां कीधा, कंद्रप कीया कपूरं।
मन पवन दो काथ सुपारी, उनमनीं तिलक सींदूरं।।3।।

ग्यांन गुरू दोऊ तूबा अम्हारे, मनसा चेतनि डांडी।
उनमनी तांती बाजन लागी, यहि विधि तृष्णां षाडीं।।4।।

एण सतगुरि अम्हे परणांब्या, अबला बाल कुवांरी।
मछिंद्र प्रसाद श्रीगोरष बोल्या, माया नां भौ टारी।5।।16।।

तत बेली लो तत वेली लो, अवधू गोरषनाथ जांणी।
डाल न मूल पहुप नहीं छाया, विराधि करै बिन पांणी।।टेक।।

काया कुंजर तेरी बाड़ी अवधू, सत गुर बेलि रुपांणि।
पुरिष पांणती करै धणियांणौ नीकैं बालि घरि आंणी।।1।।
मूल एद्वा जेद्वा ससिहर अवधू, पांन एद्वा जद्वा भांणं।
फल एद्वा जेद्वा पुनिम चंदा, जीउ जोउ जांण सुजणं।।2।।

बेलडियां दौं लागी अवधू, गगन पहूँती झाला।
जिम जिम बेलीं दाझबा लागी, तब मेल्है कूं पल डाला।।3।।
काटत बेली कूँपल मेल्ही सींचतड़ां कुमलाये।
मछिंद्र प्रसादैं जती गोरष बोल्या, नित नवेलड़ी थाये।।4।।17।।

बूझौ पंडित ब्रह्म गियांनं, गौरष बोलै जाण सुजांनं।।टेक।।
बीज बिन निसपती मूल बिन बिरषा पांन फूल बिन फलिया।
बांझ केरा बातूड़ा, प्यंगुल तरवरि चढ़िया।।1।।

गगन बिना चंद्रम ब्रह्मांड बिन सूरै, झूझ बिन रचिया थानं।
ए परमारथ जे नर जांणैं, ता घिटि परम गियांनं।।2।।

सुंनि न अस्थूल ल्यंग नहीं पूजा, धुंनि बिन अनहद गाजै।
बाड़ी बिन पहुप पहुप बिन साइर, पवन बिन भृंगा छाजै।।3।।

राह बिन गिलिया अगनि बिन जलिया, अंबर बिन जलहर भरिया।

यहु परमारथ कहौ हो पंडित, रुग जुग स्यांम अथरबन पढ़िया।।4।।

ससंमवेद सोहं प्रकासं, धरती गगन न आदं।

गंग जमुन बिच षेलै गोरष, गुरु मछिंद्र प्रसादं।।5।।18।।

बदंत गोरषनाथ दसवीं द्वारी सुर्ग नैं केदार चढ़िया।
इकबीस ब्रह्मण्ड ना सिषर ऊपरि, ससंमवेद ऊचरिया।।टेक।।

द्वादस दल भींतरि रवि सक्ती, ससि षोड़स सिव थांनं।
मूल सहंसर जीब सींब धरि उनमनी अचल धियांयनं।।1।।

नाद अनाहद गरजै गेणं, पछिम ऊग्या भांणं।
दक्षिण डीबी उत्तर नाचै, पाताल पूरब तांणं।।2।।

चंद सूर नीं मुंद्रा कीन्हीं, धरणि भस्म जल मेला।
नादी ब्यंदी सींगी आकासी, अलख गुरू नां चेला।
तीन सै साठि थेगली कंथी, इकबीस सहंस छ सै धागं।

बहतरि नाड़ी सुई नवासी, बावन बीर सीया लगं।।4।।
इली सोधि धरि प्यंगुली पूरी, सुषमनी चढ़ असमांनं।
मछिंद्र प्रसादै जती गोरष बोल्या, निरंजन सिधि नैं स्थानं।5। ।।19।।

आंबलियौ थलि मौरियौ ऊपरि नींब बिजौरै फलियौ।
सो फल षातां लागै मीठौ, जांणै रे जिन गुरु प्रसादैं दीठौ।।टेक।।

ऊँट सिचाणैं जब ग्रह्यौ जाइ कैरो डाली बैठौ।
बांझै बेटा जनमियूं नैणें पुरिष न दीठौ।।1।।

लाकड़ डूबै सिल तिरै, देषतां जग जाइ।
ऊँट प्रनालै बहि गयो, सुसिल्यो पौली न माइ।।2।।

डूंगरि मंछा जलि सुसा पांणीं मैं दौं लागा।
अरहट बहै तुसालवां, सूलै कांटा भागा।।3।।

एक गाइ नौ बछड़ा, पंच दुहेबा जाइ।
एक फूल सोलह करंडियां मालनि मन मैं हरिष न माइ।।4।।

पगां बिहूनड़ै चोरी कीधी, चोरी ने आंणी गाई।
मछिंद्र प्रसादै जाति गोरष बोल्या, दूझै पाणी न ब्याई।।5।।20।।

गोरष लो गोपलं लो, गगन गाइ दुहि पीवै लो,
मही बिरोलि अंमी रस पीजै, अनभै लागा जीजै लो।टेक।
ममिता बिनां माइ मुइ, पिता बिनां मूवा छोरू लो।
जाति बिहूँनां लाल ग्वालिया, अहनिस चारै गोरू लो।।1।।

अनहद सबदैं संष बुलाया, काल महादल दलिया लो।
काया कै अंतरि गगन मंडल मैं, सहजै स्वामी मिलिया लो।।2।।

ऐसी गायत्री घर बारि हमारै, गगन मंडल मैं लाधी लो।
इहि लागि रह्या परिवार हमारा, लेइ निरंतरि बांधी लो।।3।।

कानां पूछां सींग बिबरजित बर्न बिवरजित गाई लो।
मछिंद्र प्रसादै जती गोरष बोल्या, तहां रहै ल्यो लाई लो।4।।21।।

अवधू ऐसा ग्यांन बिचारी, ता मैं झिलिमिलि जोति उजाली।।टेक।

जरां जोग तहां रोग न ब्यापै, ऐसा परषि गुर करना।
तन मन सूं जे परचा नांहीं, तौ काहे को पचि मरनां।।1।।

काल न मिट्या जंजाल न छुट्या, तप करि हूवा न सूरा।
कुल का नास करै मति कोई, जै गुर मिलै न पूरा।।2।।

सप्त धात का काया पींजरा, ता मांहि जुगति बिन सूवा।
सतगुरु मिलै तो ऊबरै बाबू, नहीं तौ परलै हूवा।।3।।

कंद्रप रूप काया का मंडण, अँबिरषा कांइ उलींचौ।
गोरष कहै सुणौ रे भौंदू, अरंड अँमीं कत सींचौ।4।22।।

आऊं नहीं जाऊं निरंजन नाथ की दुहाई।
प्यंड ब्रह्मंड षोजंता, अन्हें सब सिधि पाई।।टेक।।
काया गढ़ भींतरि नव लष खाई।
दसवै द्वारि अवधू ताली लाई।।1।।

काया गढ़ भींतरि देव देहुरा कासी।
सहज सुभाइ मिले अबिनासी।।2।।

बदंत गोरषनाथ सुणौ नर लोई।
काया गढ़ जीतैगा बिरला कोई।।3।।23।।

पवनां रे तूं जासी कौनैं बाटी।
जोगी अजपा जपै त्रिबेणीं, कै घाटी।।टेक।।

चंदा गोटा टीका करिलै, सूरा करिलै बाटी।
मूंनी राजा लूगा धोवै, गंग जमुन की घाटी।।1।।

अरधैं उरधैं लाइलै कूंची, थिर होवै मन तहाँ थाकीले पवनां।

दसवां द्वार चीन्हिले, छूटै आवा गवनां।।2।।

भणत गोरषनाथ मछिंद्र ना पूता, जाति हमारी तेली।
पीड़ी गोटा काढ़ि लीया; पवन षलि दीयां ठेलीं।।3।।24।।

अवधू गागर कंधै पांणींहारी, गवरी कंधै नवरा।
घरका गुसांई कौतिग चाहै, काहे न बंधौ जौरा।।टेक।।

लूँण कहै अलूंणां बाबू, घृत कहै मैं रूषा।
अनल कहै मैं प्यासा मूवा अंन कहै मैं भूषा।।1।।

पावक कहै मैं जाडण मूवा, कपड़ा कहै मैं नागा।
अनहद मृदंग बाजै, तहां पांगुल नाचन लागा।।2।।

आदिनाथ बिहवलिया बाबा, मछिंद्रनाथ पूता।
अभेद भेद भेदीलै जोगी, बदंत गोरष अवधूता।।3।।25।।

अवधू अहूंठ परबत मंझार, बेलडी माड्यौ बिस्तार।
बेली फूल बेलीं फल, बेलि अछै मोत्याहल।।टेक।।

सिष्टि उतपनीं बेली प्रकास, मूल न थी, चढ़ी आकास,
उरघ गोढ किंयौ विसतार, जांण नै जोसी करै विचार।।1।।

आईसौ भील पारधी हाथ नहीं, पाई प्यंगुलो मुष दांत न काहीं।
हयों हयों मृघलौ धुणहीं न तहीं, घंटा सुर तिहां नाद नाहीं।।2।।।

भीलड़ै तिहां ताणियौ बांण मन हीं मृघली बेधियौ प्रमांण।
हयौं हयौं मृगलौ बेधियौ बांण, धुण ही बांण न थी सर तांण।।3।।

भीलणीं मातंगी रांणी, मृघलौ आंणीं ठांणी।
चरण बिहूँणौं मृघलौं आंण्यौ सीस सींग मुष जाइ न जांण्यौ।।4।।

भणत गोरषनाथ मछिंद्र नां पूता, मार्‌यो मृघ भया अवधूता।
याहि हियाली जे कोई बूझै, ता जोगी कौ तृभुवन सूझै।5।।26।।

अवधू ऐसा नग्र हमारा, तिहाँ जोवौ ऊजू द्वारं।
अरध उरध बजार मड्या है, गोरष कहै विचारं।। टेक।।

हरि प्रांण पातिसाह साह विचार काजी।
पंच तत ते उजहदांर मन पवन दोऊ हस्ती घोड़ा गिनांन ते अषै भंडारं।।1।।

काया हमारैं सहर बोलिये, मन बोलिये हुज दारं।
चेतनि पहरै कोटवाल बोलिये, तौ चोर न झंकै द्वारं।।2।।

तीनि सै साठि चीरा गढ़ रचीले सोलह षणिलैं षाई।
नव दरवाजा प्रगट दीसै, दसवाँ लष्या न जाई।।3।।

अठारह भार कोट कठंजरा लाइलै, बहतर कोठडी निपाई।

नव सुत्र ऊपरै जंत्र फिरै, तब काया गढ़ लिया न जाई।।4।।
अनहद घड़ी घड़ियाल बजाइ लै परम जोति दुइ दीपक लाई।।5।।

काम क्रोध दोइ गरदनि मारिलै, ऐसी अदली पातिसाही,
बाबै आदम चलाई।

तहां सत्य बीबी संतोष साहिजादा, षिमां भगति द्वै हाई।
आदिनाथ नाती मछिंद्र नाथ पूता, काया नगरी गोरष बसाई।।6।।27।।

ईकीस ब्रह्मंड भाठी चिगावै, पीवत सदा मतिवालं,
मनसा कलालिनि भरि भरि देवै आछा आछा मद नां प्यालं।। टेक।।

अमृत दाषी भाठी भरिया, ता मधै गुड़ झकोल्या।
मन महुवा तन धाहुवा, बनासपती अठारै मोल्यां।।1।।

भ्रमर गुफा मैं मन थरि ध्यानैं, बैस्या आसण बाली।
चेतनि रावल यह भरि छाक्या, जुग जुग लागो ताली।।2।।

तृकुटी संगम कृपा भरिया, मद नीपज्या अपांर।
कुसमल होता ते झड़ि पड़िया, रहि गया तहाँ तत सारं।।3।।

एबहां मद श्री गोरष केवट्या, बदंत मछींद्र ना पूता।
जिनि केवट्या तिनि भरि भरि पीया, अमर भया अवधूता।4।28।।

सति सति भाषंत श्री गोरष जोगी, अमे तौ रहिबा रंगै।
अलेष पुरसि जिनि गुर मुषि चीन्ह्यां, रहिबा तिसकैं संगै।।टेक।।

सतजुग मधे जुग एक रचीला, बिसहर एक निपाया।
ग्यांन बिहूणां गण गंध्रप अवधू, सब हीं डसि डसि षाया।।1।।

त्रेता जुग मधे जुग दोइ रचीला, राम रमाइंणा कीन्हां।
नर बंदर सब लड़ि लड़ि मूये, तिन भी ग्यांन न चीन्हां।।2।।

द्वापर जुग मधे जुग तीनि रचीलै, बहु डम्बर बहु भारं।
कैरों पांडौ लड़ि लड़ि मुये, नारद कीया संघारं।।3।।

कलिजुग मधे जुग चारि रचीला, चूकीला चार बिचारं।

घरि घरि दंदी घरि घरि बादी, घरि घरि कथण हारं।।4।।

चौहु जुग मधे जुग चारि थापिला, ग्यानं निरालंब रहिया।
मछींद्र प्रसादं जती गोरष बोल्या, कोई बिरला पार उतरिया।5।।29।।
ऐसा जाप जपौ मन लाई, सोहं सोहं अजपा गाई।।टेक।।

आसण दिढ करि धरौ धियानं, अहनिस सुमिरौ ब्रह्म गियानं।
जाग्रत न्यंद्रा सुलप अहारं, काम क्रोध अहंकार निवारं।।1।।
नासा अग्र निजु ज्यौ बाई, इड़ा प्यंगुला मधि समाइ।।2।।

छसै संहस इकीसौ जाप, अनहद उपजै आपहि आप।
बंक नालि मैं ऊगै सूर, रोम रोम धुनि बाजै तूर।।3।।
उलटै कमल सहंस्त्रदल बास, भमर गुफा महि जोति प्रकास।
सुणि मथुरा सिव गोरष कहै, परम तत ते साधु लहै।4।।30।।

जागा जोगी कनक रावलिया, गुरुदेव मेंहलौ बूठौ।
षोजतां षोजतां सतगुरु पाया, सहजै नैं भावै तूठौ।।टेक।।

उतर देस मैं मेंह धड़क्या, दक्षिण आचल छाया।
पूरब देस थीं पाणिग बिछूटी, पछिम खेत्र मैं पाया।।1।।

मन पवना धोरी जोतावो, सतनां सांतीड़ा समधावो।
दया धर्म नां बीज अणावो, इणीं परिषे त्रे जावो।।2।।

षातां न षूटै, देतां न निठै, जम बार नहीं जाइ।
मछींद्र प्रसादै जती गोरष बोल्या, नित नवेरड़ौं थाइ।3।।31।।

जीव सीव ना संगै, बासा, ना बधि षाइबा रे रुध मासा।। टेक।।
घाव न घातिबा हंस गोतं, बदंत गोरषनाथ निहारि पोतं।।1।।
मारिबा रे नरा मन दोही, जाकै बप बरण नहीं मास लोही।।2।।
सब जग ग्रासिया देव दाणं, सो मन मारीबा रे गहि गुरु ग्यांन बाण।।3।।

बसू क्या हतिये रे प्यंड धारी,
मारिये पंच भू मृघला जे चरै बुधि बाड़ी
जोग का मूल है दया दांनं।
भणत गोरषनाथ ये ब्रह्म ग्यांन।4।।32।।

## राग असावरी

ऐसा रे उपदेस दाषै श्री गोरष राया,
जिनि जग चतुर बरन रह लाया।।टेक।।

पढ़िलै ससंवेद। करिलै बिधि नषेद।
जांणिलै भेदांनभेद। पूरिलै आसा उमेद।।1।।

विषमो संधि मझारी। संझाया पंचौ वषत सारि।
रहिबा दसवैं दुबारि। सेइबा पद निराकार।।2।।

जपिलै अजपाजाप। बिचारिलै आपै आप।
छुटिला सबै बियाप। लिपै नहीं तहाँ पुनि पाप।।3।।

अहो निसि समा ध्यांन। निरंतर रमेबा राम।
कथै गोरषनाथ ग्यांन। पाइया परम निधांन।4।।33।।

गुर कीजै गहिला निगुरा न रहिला,
गुर बिन ग्यांन न पायला रे भाईला।।टेक।।

दूधैं धोया कोइला उजला न होइला
कागा कंठै पहुप माल हंसला न भैला।।1।।

अभाजै सी रोटली कागा ले जाइला
पूछौ म्हारा गुरू नै कहां बैसि षाइला।।2।।

उतर दिस आविला, पछिम दिस जाइला,
पूछौ म्हारा सत गुरू नै, तिहां बैसि षाइला।।3।।

चीटी केरा नेत्र मैं गज्येंद्र समाइला,
गावडी के मुष मैं बाघला बिवाइला।।4।।

बारे वरसैं बंझ व्याई, हाथ पाव टूटा,
वदंत गोरषनाथ मछिंद्र ना पूता।5।।34।।

कहा बुझै अवधू राई गगन न धरनीं
चंद न सूर दिवस नहीं रैंनी।।टेक।।
ऊँकार निराकार। सूछिम न अस्थूलं पेड़ न पत्र फलै नहीं फूलं।।1।।
डाल न मूल न वृष न बेला, साषी न सब्द गुरू नहीं चेला।।2।।
ग्यांनें न ध्यानें जोगे न जुक्ता, पापे न पुंने मोषे न मुक्ता।।3।।
उपजै न बिनसै आवै न जाई, जुरा न मरण वांकै बाप न माई।।4।।
भणत गोरषनाथ मछींद्र नां दासा,
भाव भगति और आस न पासा।।5।।35।।

आवो माई धरि धरि जावो, गोरष बाला भरि भरि खावो।। टेक।।
झरै न पारा बाजै नाद, ससि हर सूर न बाद बिबाद।।1।।

पवन गोटिका रहणि अकास महियल अंतरि गगन कविलास।।2।।
पयाल नीं डोबी सुनि चढ़ाई, कथंत गोरषनाथ मछींद्र बताई।।3।।36।।

कैसे बोलौ पंडिता देव कौंनै ठांई,
निज तत निहारतां अम्हें तुम्हें नाहीं।। टेक।।

पषांण ची देवली पषांण चा देव,
पषांग पूजिला कैसै फटीला सनेह।।1।।

सरजीव तेड़िया निरजीवी पूजिला
पाप ची करणीं कैसें दूतर तिरीला।।2।।

तीरथि तीरथि सनांन करीला,
बाहर धोये कैंसैं भीतरि भेदीला।।3।।

आदिनाथ नाती मछींद्रनाथ पूता
निज तत निहारै गोरष अवधूता।।4।।37।।

पंडित जण जण बाद न होई अणबोल्या अवधू सोई।।टेक।।

पत्रे ब्रह्मा कली बिसना, फल मधे रुद्रम् देवा।
तीनि देव का छेद किया, तुम्हें करहु कौन की सेवा।।1।।

येक डंडी दुडंडी त्रियडंडी भगवांन हुवा।
बिष्न कौ तिन पार न पायौ, तीरथां भ्रमि भ्रमि मूवा।।2।।

येक काल मुहां जटाधारी, ल्यंग उपासिका हूवा।
महादेव कौ तिन पार न पायौ, राष रौलि रौलि मूवा।।3।।

चारि महाधर बारह चेला, येकंकारी हूवा।
कायम कौ तिन पार न पायौ, जौति बालि बालि मूवा।।4।।

चौदसियांनै पूनमिया, जैन ब्रतधारी हूवा।
अरहंत कौ तिन पार न पायौ, केस लौचि लौचि मूवा।।5।।

येक मुलांनम् दोई कुरांनम्, ग्यारह षुरसाणी हूवा।
अलह कौ तिन पार न पायौ, बंग देइ देइ मूवा।।6।।
नौ नाथ नै चौरासी सिधा, आसणधारी हूवा।
जोग कौ तिन पार न पायौ, बन षंडां भ्रमि भ्रमि मूवा।।7।।
पंच तत्त की काया बिनसी, राषि न सक्या कोई
काल दवन जब ग्यांन प्रकास्या, बदंत गोरष सोई।8।।38।।

भणंत गोरषनाथ कायागढ़ लेबा,
कायागढ़ लेबा जुते जुगी जीवा।।टेक।।,

कायागढ़ भींतरि नौ लष षाई, जंत्र फिरै गढ़ लिया न जाई।।1।।
ऊँचे नीचे परबत झिलमिलि षाई, कोठड़ी का पांणी पूरण गढ़ जाई।।2।।
इहां नहीं उहां नहीं त्रिकुटी मँझारी, सहज सुंनि मैं रहनि हमारी।।3।।
आदिनाथ, नाती मछिंद्रनाथ पूता, कायागढ़ जीतिले गोरष अवधूता।।4।।39।।
बदंत गोरष राई परसि ले केदारं, पांणी पीओ पूता तृभुवन सारं।।टेक।।
ऊँचे ऊँचे परबत विषम के घाट, तिहां गोरषनाथ कै लिया सेबाट।।
काली गङ्गा धौली गङ्गा छि झिलिमिलि दीसै,
काउरू का पांणीं पुनि र गिर पईसै।।2।।

अरधैं जोगेस्वर उरधैं केदारं,
भोला लोक न जानैं मोष दुवारं।।3।।

आदिनाथ नाती मछींद्र नाथ पूता,
काया केदार साधीले गोरष अवधूता।।4।।40।।

कासौ झूझौ अवधू राइ, विपष न दीसै कोई।
जासौ अब झूझै रे आत्मा राम सोई।।टेक।।

आपण हीं मछ कछ आपण हीं जाल,
आपण हीं धीवर आपण हीं काल।।1।।

आपण हीं स्यंध बाघ आपण ही गाइ,
आपण हीं मारीला, आपण हीं षाइ।।2।।

आपण हीं टाटी, फड़िका, आपण हीं बंध,
आपण हीं मृतग, आपण हीं कंध।।3।।

न्हाइबे कौ तीरथ न पूजिबे कौ देव
भणंत गोरषनाथ अलष अभेव।4।।41।।

मेरा गुरु तीनि छंद गावै,
ना जाणौ गुर कहां गैला, मुझ नींदडी न आवै।।टेक।।

कुम्हरा कै घरि हांडी आछै, अहीरा कै घर सांडी।
बमना कै घरि रांडी आछै, रांडी सांडी हांडी।।1।।

राजा कै घरि सेल आछै, जंगल मधे बेल।
तेली कै घरि तेल आछै, तेल बेल सेल।।2।।

अहीर कै घरि महकी आछै, देवल मध्ये ल्यंग।
हाटी मधे हींग आछै, हींग ल्यंग स्यंग।।3।।

एकै सुत्रै नाना बणियां, बहु भांति दिखलावै।
भणंत गोरषि त्रिगुणीं माया सत गुरु होइ लषावै।4।।42।।

गुरु जी ऐसा करम न कीजै, ताथैं अमीं महारस छीजै।।टेक।।
दिवसै बाघणि मन मोहै राति सरोवर सोषै।
जाणि बूझि रे मूरिष लोया घरि घरि बाघणि पोषै।।
नदी तोरै बिरषा नारी संगै पुरषा अलप जीवन की आसा,
मनथैं उपज मेर षिसि पड़ई ताथैं कंध बिनासा।।1।।

गोड़ भए डगमग पेप्त भया ढीला, सिर बगुलां की पंषियां
अमीं महारस बाघणीं सीष्या घोर मथन जैसी अषियाँ।।2।।

बाघनी कौ निंदिलै बाघनीं कौ बिंदिलै बाघनीं हमारी काया
बाघनीं घोषि घोषि सुंदर षाये भणत गोरष राया।3।।43।।

भोगिया सूते अजहूँ न जागे। भोग नहीं रे रोग अभागे।।टेक।।
भोगिया कहैं भल भोग हमारा। मनसइ नारि किया तन छारा।।1।।
एक बूँद नर नारी रीधा। ताही मैं सिय साधिक सीधा।।2।।
भोगिया सोइ जो भगथैं न्यारा। राजस तामस झरै न द्वारा।।3।।
भणत गोरषनाथ सुणो नर लोई। कथणीं बदणीं जोग न होई।।4।।44।।

मारौ मारौ स्त्रपनीं निरमल जल पैठी,
त्रिभुवन डसती गोरषनाथ दीठी।।टेक।।

मारौ स्त्रपणीं जगाईल्यो भौरा,
जिनि मारी स्त्रपणीं ताकौ कहा करै जौंरा।।1।।

स्त्रपणी कहै मैं अबला बलिया,
बहा बिष्न महादेव छलिया।।2।।

माती माती स्त्रपनीं दसौ दिसि धावै,
गोरषनाथ गारड़ी पवन बेहगि ल्यावै।।3।।

आदिनाथ नाती मछिंद्र नाथ पूता,
स्त्रपणीं मारिलै गोरष अवधूता।4।।45।।

थान दे गोरीए गोरष बाला माई बिन प्याले प्याला।
गिगांन ची डाल्हीला पालंषू गोरषबाला पौढ़िला।।टेक।।

देव लोक ची देव कन्या, मृत लोक ची नारी,
पाताल लोक ची नाग कन्या, गोरषबाला भारी।।1।।

माया मारिणी मावसी तजीली, तजीला कुटंब बंधु,
सहंसर कवल तहां गोरषबाला जहां मन मनसा सुर संधू।।2।।

आसा तजीला तृसनां तजीला तजीला मनसा माई,
नौ षंड पृथ्वी फेरि ने आल गोरष रहीला मछिंद्र ठांई।।3।।46।।

नाथ बोलैं अमृत बांणी बरिषैगी कंबली भीजैगा पांणी।।टेक।।
गाड़ि पडरवा बांधिलै षूंटा, चलें दमांमां बाजिले ऊँटा।।1।।
कउवा की डाली पीपल बासै भूसा के सबद बिलइया नासै।।2।।
चले बटावा थाकी बाट, सोवै डुकरिया ठौरै षाट।।3।।
ढूकिले कूकर भूकिले चोर, काढै धणीं पुकारै ढोर।।4।।
ऊजड़ षेड़ा नगर मझारी तलि गागरि ऊपर पनिहारी।।5।।
मगरी परि चूल्हा धूंधाइ, पोवणहारा कौ रोरी खाइ।।6।।
कांमिनि जलै अगीठी तापै, बिचि बैसंदर थरहर कांपै।।7।।
एक जु रढिया रढती आई, बहू बिवाई सासू जाई।।8।।
नगरी कौ पांणी कूई आवै, उलटी चरचा गोरष गावै।।9।।47।।

भग राकसि लो, भग राकसि लो, बिंणं दंतां जग षाया लो।
ग्यांनी हुता सु ग्यांन मुष रहिया, जीव लोक आपै आप गंवाया लो।। टेक।।

दिन दिन बाघिनी सींया लागी, राति सरीरै सोषै।
विषै लुबधी तत न बूझै, धरि लै बाघनीं पोषै।।1।।

भणंत गोरषनाथ द्वै कर जोड़ी। भिड़ैं आगैं चावड़ तोड़ी।
चांमैं चांम घसंता लोई, दिन दिन छीजै काया,
आपा परचै गुर मुष न चिन्हैं, फाड़ि फाड़ि बाघणीं षाया।।2।।

बाघनीं उपाया बाघनी निपाया बाघनी पाली काया।
बाघनी डाकरै जौरियों पाषरै, अनभुइ गोरष राया।।3।।48।।

रूपे रूपे करूपे गुरदेव, बाघनीं भोले भोले,
जिन जननीं संसार दिषाया, ताकौ ले सूते षोले।।टेक।।

गुर षोजौ गुरदेव गुरू षोजौ, बदंत गोरष ऐसा,
मुषते होइ तुम्हें बंधनि पड़िया, ये जोग है कैसा।।1।।

चांम हीं चांम घसंतां गुरदेव दिन दिन छीजै काया,
होठ कंठ तालुका सोषी, काढ़ि मिजालू षाया।।2।।

दीपक जोति पतंग गुरदेव, ऐसी भग की छाया,
बूढ़े होइ तुम्हें राज कमाया नां तजी मोह माया।।3।।

बदंत गोरषनाथ सुनहु मछंदर तुम्हें ईश्वर के पूता,
ब्रह्म झरंता जे नर राषै, सो बोलौ अवधूता।।4।।49।।

सरवा रे सरवा त्रिभुवन ते गरवा। पांणी तै पतला पहुप तै हलवा।।टेक।।

काया थैं मन जांन न देह। राति दिवस अभि अंतरि लेह।
मन मुद्रा कै रूप न रेष। जगत रूप मन हीं मन देषि।।1।।

उलटैगा पवनां तब काया कौ गहैगा। काच गहे कंचन ह्वै रहेगा।
यहु तन साच का घरवा। रुध्र पलट अमींरस भरवा।।2।।

अतीत पुरस ग्यांन पद परसै। अविचल होइ सरीरं दरसै।
जुरा मृतु काल का भछिण। निसपति जोगी जोगी का लक्षिण।।3।।

गरड़ भुवंगम संमि करि सूता। देव द्वार रस मरदौ पूता।
मर्दत मर्दत ह्वै है पीटी। ते बात गोरष प्रतषि दीठी।4।।50।।

बांधौ बांधौ बछरा पीओ षीर। कलि अजरावर होय सरीर।। टेक।।
आकास की धेन बछा जाया। ता धेन कै पूछ न पाया।।1।।
बारह बछा सोलह गाई। धैनु दुहावत रैनि बिहाई।।2।।
अचरा न चरै धेन कटरा न षाई। पंच ग्वालियां कौ मारण धाई।।3।।
याही धेन का दूध जु मींठा। पीवै गोरषनाथ गगन बईठा।।4।।51।।
आवै संगैं जाइ अकेला। ताथैं गोरष रांम रमेला।।टेक।।
काया हंस संगि ह्वै आवा। जाता जोगी किनहूँ न पावा।।1।।
जीवत जगमैं मूवां मसांणं। प्राणं पुरिस कत कीया पयाणं।।2।।
जांमण मरणां बहुरि बिओगी। ताथै गोरष भैला जोगी।3।।52।।

चेला सब सूता नाथ सतगुर जागै। दसवै द्वारि अवधू मधुकरी मांगै।। टेक।।

सहजैं षपरा सुषमनि डंडा। पांच संगाती मिलि षेलैं नव षंडा।
गंग जमन मधि आसण बालौ। अनहद नाद काल भै टालौ।
गगन मंडल मैं रमूं अकेला। उरध मुषि बंक नालि अमीरस झेला।
कथंत गोरषनाथ गुरू उपदेसा, मिल्यां संत जन टल्या अंदेसा।।53।।

रे मन हीरै हीरा बेधिला, तौ काया केणैं जाई।
गिनन सिषर चंदा रहिबौ समाई।। टेक।।

सात पांच तीनि नव धरि लै उपाई।
बिपरति करणी करिलै ज्यूं थिर ह्वै बाई।।
बाई जब थिरि ह्वै महारस सीझै।
कोट्यां मधे गुरू देवा गोटा एक बूझै।।1।।

कांने रांता डौरौ गाटा किणि मीर मूले।
सदा अभ्यास रहै जोगी गंगा जमुन कूंले।
गंगा जमुना कूंले पैसि करिले असनांनं।
चांपीला भूले अवधू धरीला धियांनं।।2।।

मेर डंड थिरि करै स्यौ सकती जोड़ै।
कोई गुरू आराधीला जो ब्रह्म गांठि छोड़ै।।
छूटै जब ब्रह्म गांठि भरिये मेर नाला।
सहचैं पांचै चूरा भया पूरण कला।।3।।

चंदा गोटा षूटा करि लै सूरिज करि लै पाटी।
अह निसि धोबी धोवै त्रिबेणी की घाटी।।
तलै एक चंदा गोटा पाटी गोटा आछै।
भौजल नदी पारि उतरीया सिध गोरष भाछै।।4।।54।।

जागौ हो जोगी अध्यात्म लागौ जागतड़ा मूल महारौ म्हारा भाई रे
अंदरि बैठौ अपणौ साहिब, देषै सोधै सकल कमाई रे ।।टेक।।

दासी नैं नारी अरू घर द्वारी, तुम्हें बेस्यां न करम न कीज्यो रे।
विधवा नारी नौ संग करेस्यौ, तौ रोमि रोमि नरक पड़ीस्यौ रे।।
एक बूंदि कै कारणि आप सबारथि, तुम्हें बाल हत्या फल लेस्यौ रे।
नर नारी दोन्यूं नरकि पड़िस्यौ, घाणी घालि पड़ेस्यौ रे।
अंजनि भूला निरंजन चूका तुम्हें लीयां सालि म बालौ रे।
मछिंद्र प्रसादै जती गोरष बोल्या जीती सारि न हारौ रे।।55।।

चलि रे अबिला कोयल मौरी, धरती उलटि गगन कूं दौरी।।टेक।।
गईयां बपड़ी सिघ नै घेरे। मृतक पसू सूद्र कूं उचरै।
काटै ससत्र पूजै देव। भूप करै करसा की सेव।।
तलि करि ढकणी ऊपरि झाल। न छीजैगा महारस बंचैगा काल।
दीपक बालि उजाला कीया। गोरष कै सिरि परबत दीया।।56।।

सांभलि राजा बोल्या रे अवधू। सुणौ अनोपम बांणी जी।
निरगुण नारी सूं नेह करंतां। झबकै रैणि बिहांणी जी।।टेक।।

डाल न मूल पत्र नहिं छाया। विण जल पिगुला सीचै जी।
बिण ही मढीयां मंदला बाजै। यण बिधि लोका रीझै जी।।1।।

चींट्यां परबत ढोल्या रे अवधू। गायां बाघ बिडार्‌याजी।
सुसलै समदां लहरि मनाई, मृघां चीता मार्‌याजी।।2।।

ऊझड़ मारगि जाता रे अवधू, गुर बिण नहीं प्रकासा जी।
जीत्या गोरष अब नहीं हारै, समझि ररालै पासा जी।।3।।57।।

तुझि परि वारी हो अणघड़ीया देवा।
घड़ी मूरति कूं सब कोई सेवै, ताहि न जांणै भेवा।।टेक।।

तू अबिनासी आदू कहीए, मोहि भरोसा पड़ीया।
सब संसार घड़्या है तेरा, तू किनहूँ नहि घड़ीया।।1।।

सदस औतार औतिरीया तिरिया, बै पणि राम न होई।
कमाई अपणी उनहूँ पाई, करता औरै कोई।।2।।

तूं पूरण ब्रह्म पुरष प्रिथमी का, सूरति मूरति सारा,
श्रवणां सुण्यां न नैनां देष्या, तेरा घड़णैं हारा।।3।।

तूं तौ आप आप तैं हूवा, तूं देष्यां उजियारा।
गोरष कहै गुरु कै सबदां तूं हीं घड़नै सारा।4।।58।।

## राग रामगरी

मन रे राजा राम होइलै नृदंद, मूलै कमलै साजि लै रविचंद।।टेक।।

अनहद भौरौ भवैं तृबेणीं कै घाट,
पीयलै महारस फाटिलै कपाट।।1।।

चंदा करिलै षूटा सूरजि करिले पाट,
नित उठ धोबी धोवे, तृबेणीं कै घाट।।2।।

भरिलै नाड़ी षोड़ी, पूरिलै बंक नालि।
बदंत गोरषनाथ अवधू, इम उतरिबौ पारि।3।।59।।

गोरष बालूड़ा बोलै सतगुरु बांणीं रे।
जीवता न परण्यां तेन्हैं अगनि न पांणीं।।टेक।।

षीलौ दूझै भैंसि बिरोलै, सासूड़ी पालनड़ै बहुड़ी हिंडोलै।।1।।

कोयल मोरी आंबौ बास्यौ गगन मछलड़ी बगलौ ग्रास्यौ।।2।।

करसन पाकु रषवालू षाधू, चरि गया मृघला पारधी बांधू।।3।।

सींगी नांदै जोगी पूरा, गोरषनाथ परन्यां तिहां चंद न सूरा।।4।।60।।

## आरती

नाथ निरंजन आरती गाऊं। गुरदयाल अग्यां जो पाऊं।।टेक।।
जहां अनंत सिधां मिलि आरती गाई। तहां जम की बाच न नैड़ी आई
जहां जोगेसुर हरिकूं ध्यांवैं। चंद सूर तहां सीस नवांवैं।

मछिंद्र प्रसादै जती गोरषनाथ आरती गावै।
नूर झिलमिलि दीसै तहां अनत न आवै।।61।।

नाथ निरंजन आरती साजै। गुर के सबदूं झालरि बाजै।।टेक।।
अनहद नाद गगन मैं गाजै। परम जोति तहाँ आप बिराजै।।
दीपक जोति अषंडत बाती। परम जोति जगै दिन राती।
सकल भवन उजियारा होई। देव निरंजन और न कोई।
अनत कला जाकै पार न पावै। संष मृदंग धुनि बेनि बजावै।
स्वांति बूँद ले कलस बंदाऊँ। निरति सुरति ले पहुप चढ़ाऊँ।
निज तत नांव अमूरति मूरति। सब देवां सिरि उदबुदि सूरति।
आदिनाथ नातीं मछेंद्र ना पूता। आरती करै गोरष औधूता।।62।।

•••